小学
数学
拓展课

学什么
怎么学

陈加仓 著

江西教育出版社
JIANGXI EDUCATION PUBLISHING HOUSE

图书在版编目 (CIP) 数据

小学数学拓展课 : 学什么 , 怎么学 / 陈加仓著 . --
南昌 : 江西教育出版社 , 2022.8
ISBN 978-7-5705-3111-0

Ⅰ . ①小… Ⅱ . ①陈… Ⅲ . ①小学数学课 – 教学研究
Ⅳ . ① G623.502

中国版本图书馆 CIP 数据核字 (2022) 第 104317 号

小学数学拓展课：学什么，怎么学
XIAOXUE SHUXUE TUOZHAN KE: XUE SHENME, ZENME XUE

陈加仓　著

江西教育出版社出版
(南昌市抚河北路 291 号　　邮编：330008)
各地新华书店经销
安徽联众印刷有限公司印刷
720 毫米 ×1000 毫米　　　16 开本　　19.5 印张　　字数 298 千字
2022 年 8 月第 1 版　　　2022 年 8 月第 1 次印刷
ISBN 978-7-5705-3111-0
定价：56.00 元

赣教版图书如有印装质量问题，请向我社调换 电话：0791-86710427
投稿邮箱：JXJYCBS@163.com　　　电话：0791-86705643
网址：http://www.jxeph.com

赣版权登字 -02-2022-255

每一位名师都有自己的教学专长与风格。温州大学城附属学校的陈加仓校长，一直坚持课堂教学，他让人印象深刻的便是对小学数学拓展课的教学与研究。

当前，全国各地都在探索与研究拓展课程的开发与实施。在深化义务教育课程改革的背景下，重视学生的深度学习和核心素养发展已经成为教育教学的必然追求。而对于拓展课程的探索和实施，是在基础教育达到一定水准后，对内涵发展提出的新要求。

一般而言，小学数学拓展课程的开发与实施有两种思路。其一，从理论出发，探讨在教材已有内容之外小学生还需要学习什么数学知识，建构出小学数学拓展课程理论框架，并据此来开发相应的数学拓展课例，这是一种自上而下"演绎"的路径；其二，乃是从一节一节具体的课例出发，从多种资源中挖掘包含数学内容的素材，经过加工，合成为适合课堂的内容，再实施教学，这是一种自下而上"归纳"的路径。第一种路径需要更多的理论思考，对于广大一线教师来说存在一定难度。相比而言，第二种路径更有实践取向的味道，老师们容易上手，可以拿来即用。事实上，两种路径殊途同归，既要思考基于教材又高于教材的数学教学目标，又要开发反映这些目标的课例。最终都是为了能让学生的数学学习更加有趣、有料、有味。

可以看出，陈加仓老师及其团队选择了第二种路径，这与他们一直深耕于小学数学课堂教学是密切相关的。因为深耕课堂，才知道从哪里找到那么多好素材；因为深耕课堂，才能将这些素材开发成课例。更为难得的是，在开发出这些课例之后，他们做了将其进一步梳理并形成体系的尝试。除了具体的数十节课例之外，更能帮助老师思考如何挖掘素材并研发拓展课。

在拓展课还鲜有人关注的时候，陈加仓老师就已经着手教学与研究了，而且二十年如一日，终于开花结果。2017 年出版的《小学数学拓展课：教什么，怎么教》已印刷 5 次，足以说明深受广大老师喜爱。之后，他与团队老师又陆续出版了《小学数学拓展课案例精选》（6 卷本）。学为中心是如今教育教学改革的核心，无论是基础课程还是拓展课程，都是为了让学生更好地学。因此，陈加仓老师及其团队对小学数学拓展课的研究也经历了从教到学的思考。如果说，之前出版的《小学数学拓展课：教什么，怎么教》是从教的角度，让老师认识到除了教材之外，我们还可以有怎样的"教"材以让数学课更丰富。那么，此次出版的《小学数学拓展课：学什么，怎么学》则更加关注学生"学"的视角。所以，我们在书中看到了三个转变。

第一，是从少数学生到全体学生，这是课程内容的改变。正如书中指出的，数学拓展课的学习内容具有一定的挑战性，这种挑战性主要来自学生对于所研究的问题存在着许多现实的不确定性，在学习过程中，学生经常需要面对全新的、非常规的挑战性问题。正因如此，才会导致一些老师片面地将数学拓展课学习对象确定为优等生，而将其他学生排除在外。但陈加仓老师及其团队对此并不认同，在本书中，特别强调了"学习素材"的开发绝对不是简单地"拿来主义"，而是须进行课程化改造，真正实现"低门槛、大空间"，以能适应更多学生的学习。而在课例开发上也采用了实验探究学习模式、主题研究模式、小课题研究模式、阅读式学习模式等更多贴近学生学习的方式。

第二，是从个人学习到合作学习，这是学习方式的改变。陈加仓老师及其团队之前开发的数学拓展课基本会以一课时为单位，由教师带着学生一起学习。虽然中间也会穿插一些同桌合作或者小组合作学习，但更多的还是以个人的学习活动为主。与常规数学课相比，拓展课的学习对于很多学生来说是有难度的，更加注重让学生提出问题、分析问题和解决问题。因此，需要更加重视让学生在小组合作、实践操作、分析比较、归纳推理等活动中探究，促成学习方式的改变。

第三，是从课堂资源到课外资源，这是课程形态的改变。陈加仓老师及其团队原先开发的拓展课基本在 40 分钟的课堂时间内完成，有时有学生学习的主动性不足，下课后也没有进一步进行深入研究。事实上，既然是拓展课，学习是需要经历较长时间思考的，这样才能让学习真正发生，从课堂到课外延伸的思考，是小学数学拓展课开发与实施的应有之义。难能可贵的是，陈加仓老师及其团队还从学习时空的规划和学习内容的开发上给老师们提供了诸多非常实在的建议。

此外，在本书中，我们可以很明显看到陈加仓老师及其团队已将德育作为了拓展课的重要目标。通过合适的素材选择和教学实施，将 21 世纪 5C 素养等关键能力的培养也纳入了拓展课教学的目标中，让学生在学习数学知识之外，同时发展核心素养，真正做到数学育人，实现立德树人。

让学生在数学学习中更有获得感，是每一位数学老师应当承担的使命，这也是陈加仓老师及其团队一直追求的事。

权作为序。

章勤琼

福建师范大学教育学院教授

数学教育学博士

2022 年 4 月 6 日

　　《小学数学拓展课：教什么，怎么教》于 2017 年 11 月由中国人民大学出版社出版发行，深受广大读者喜爱，现已第 5 次印刷。邱学华、张良朋老师在 2020 年第 3 期《小学教学》杂志发表的《2019 年小学数学教育热点问题的探讨》一文中指出，《小学数学拓展课：教什么，怎么教》为广大教师提供了教学范本，充分肯定了小学数学拓展课的实践研究成果。《小学数学拓展课案例精选》(6 卷本)，于 2018 年 5 月至 2019 年 4 月期间由浙江教育出版社出版发行，现已第 2 次印刷。其间，我撰写的《小学数学说课指导》一书，于 2020 年 9 月由江西教育出版社出版发行。2021 年 12 月 31 日，我同时收到了《小学数学拓展课：教什么，怎么教》第 5 次印刷样书与《小学数学说课指导》第 2 次印刷样书，甚为激动。

　　小学数学拓展课的研究成果开始在各级各类研讨活动上展示。例如：2018 年 12 月 5 日，在全国"小学数学文化"课程教学观摩暨实验研究经验交流研讨会上，我执教了数学拓展课《蚂蚁爬的路线》；2019 年 4 月 2 日，在浙江省教育厅"百人千场"名师送教活动上，我执教了数学拓展课《三角形的最多个数》；2020 年 4 月，我携名师工作室成员公益录制 19 节数学拓展课，用于湖北疫情期间线上教学；2021 年 3 月 7 日开始，陈加仓名师工作室团队承担了温州大学浙江华侨网络学院海外华人华侨子女数学拓展课线上教学任务；2021 年 3 月 9 日，我执教的主题研学类数学拓展课《国旗绘制》《党旗绘制》入选学习强国，《浙江教育报》、《温州日报》、《温州晚报》、温州电视台等媒体进行报道；2021 年 7 月 28 日开始，我承担了国务院侨办主办、温州大学承办的海外华人华侨小学数学教师线上培训任务；等等。

小学数学拓展课的研究成果也在小学数学各级期刊上得以发表。例如：《小学数学拓展课素材的开发策略》《老大哥分数》等多篇文章发表在《小学数学教师》杂志，《小学数学拓展课的教学策略》发表在《小学教学研究》2020 年第 6 期，《无理数是可以画出来的》发表在《教学月刊》2020 年第 11 期，等等。

小学数学拓展课的研究不知不觉已经经历了近二十年。我带着工作室团队研发了大量的数学拓展课教学内容，并在大量拓展课教学实践的基础上提炼出数学拓展课素材的开发策略，以及数学拓展课的教学策略。接下来，拓展课研究应该走向哪里、怎么走，我陷入了深思。陈加仓名师工作室团队经过多次讨论研究，发现之前的小学数学拓展课的研究成果主要定位在"教什么，怎么教"，更多关注的是教师的"教"，对学生的"学"却关注不够。因此，我们将研究视角进行转换，思考如何引导学生在拓展课中进行有效的"学"。方向明确了，研究思路也打开了。

2021 年是中国共产党成立 100 周年，作为一位普通的小学数学教师、校长，如何让学生感受幸福生活的来之不易呢？我想到了尝试开展"画国旗""画党旗"等研学活动。引导学生查阅资料，现场参观温州市瑞安国旗教育馆、平阳县苏步青励志教育馆；坐轮渡到温州江心屿，参观温州革命历史纪念馆、温州革命烈士纪念馆。在瑞安国旗教育馆大门前的广场以及苏步青励志教育馆内绘制一面标准的五星红旗；在温州市革命烈士馆内的英雄纪念碑下绘制一面标准的中国共产党党旗。孩子们在整个研学过程中兴趣浓厚，自发地进行小组研讨，查阅资料，尝试各种方法进行绘制。数学拓展课学习成了学生内心的真实需求，学习的过程自然生成，学习成果也超乎我们的设想。这两节研学拓展课的尝试更加坚定了我对小学数学拓展课的研究方向，即关注学生的"学"。

2021 年 9 月，浙江省陈加仓名师网络工作室学科带头人符玲利、唐慧荣撰写的《小学数学实验：做什么，怎么做》由浙江教育出版社出版发行。

她们也是从"学"的角度，思考怎样更好地落实学科育人工作。为此，我又经过半年的实践与思考，决定将近几年来的研究成果进行整理、总结并提炼成《小学数学拓展课：学什么，怎么学》一书。

在研究过程中，我得到了浙江省小学数学教研员斯苗儿老师、杭州师范大学初等教育研究所所长徐丽华教授、《小学数学教师》执行主编蒋徐巍、《小学教学》主编殷现宾、温州大学原教授章勤琼博士、温州大学金丽芳教授以及原温州市小学数学教研员雷子东、温州市教师教育院王炜等老师的指导与帮助。许多想法和做法得到了陈加仓名师工作室苏浙闻、符玲利、谷尚品、唐慧荣、戴本琴、伍渊波、郑建锋、李明哲、黄海欧、黄静、李盛冰、杨威等学员的帮助与支持。每周三上午，我与孩子们的数学拓展课上，戴志远、朱陈真、徐滨伊、徐学蕾、胡依贴、潘慧慧等老师都参与听课研讨，潘照团校长基于"境脉课堂"的教学理念，参与课堂解读与点拨。借此机会，向他们表示衷心感谢。

陈加仓

2022 年 4 月 2 日

—— 主题研学类案例 ——

第一章
为什么要研究数学拓展课的学习

　　小学数学拓展课就是对小学数学教材进行扩充、开拓、扩展、延伸、展开的课堂教学，通过创设问题情境，提供活动空间，让学生在动手操作、实践探究等活动中发现知识，感悟数学思想与方法，提高数学素养。

　　小学数学拓展课的学习内容不是学生一看就懂、一做就对的常规习题。它与教材相比，更具趣味性、探索性与挑战性。为了让更多的老师会上数学拓展课，十多年来，我带着团队开发了近 200 节数学拓展课案例，在大量教学实践的基础上总结出了小学数学拓展课教学模式与教学流程。为什么我们还要研究小学数学拓展课的学习，主要有以下几个方面的思考。

一、解决前期研究中发现的问题

　　数学拓展课的教学旨在开发学生的思维，使其在探究过程中感悟数学思想与方法。过去十多年，我们更多的是以知识为本位，教师则是教学中的主体，带着学生一步一步去研究、去探索。学生在教师预设圈内完成探究任务，缺乏自主性。其学习方式跟在常规课堂上没有什么区别，加上数学拓展课内容比教材内容更具有挑战性，很多学力较弱的学生学习的参与度并不高。因此，我们对前期研究中所存在的问题进行了认真反思与梳理。

1. 数学拓展课学习不只是优等生的事情。

数学拓展课的学习内容具有一定的挑战性。这种挑战性主要来自学生对于所研究的问题存在着许多现实的不确定性，包括研究方法的发散性、研究过程的复杂性及研究结果的多样性。在学习过程中，学生经常需要面对一个全新的、非常规的挑战性问题。正因如此，才会导致一些教师错误地将数学拓展课学习等同于奥数知识学习，从而片面地将数学拓展课学习与优等生建立联系，把数学拓展课学习对象确定为优等生，将其他学生排除在外。在此需要强调的是，"学习素材"的开发绝对不是简单的"拿来主义"，须结合学生的年龄特征进行课程化改造，真正实现"低门槛、大空间"。

比如"剪拼正方形"一课。首先，直接要求学生将边长是 1∶2 的两个正方形组成的拼接图，剪拼成一个大正方形；接着研究将边长是 1∶3、1∶4 及任意大小的两个正方形的拼接图，剪拼成一个大正方形；最后，将一个正方形和斜边紧贴该正方形的等腰直角三角形的拼接图，剪拼成一个大正方形。（见图1.1）

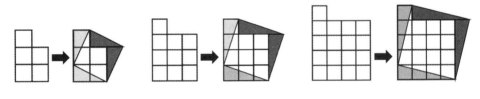

图 1.1

整个教学过程，学生在有层次的教学设计中逐步挑战、体验成功。如果仔细剖析，我们会发现这节课至少存在两个问题：一是教师始终"牵"着学生学，虽然学生最终能到达成功的彼岸，但学习主动性与自主性不够，不是通过探索研究获得成功；二是学生参与面不够广，少数优秀生撑"台面"，多数学生当配角。造成这一问题的根本原因在于学习素材难度较大，且学生没有相关的活动经验。

于是，我采用"阅读式学习模式"，引导学生在阅读文本的基础上，提出自己读不懂的问题；接着分两个阶段进行探究，先在方格图中画两个任意大小的正方形的拼接图，试着将它剪拼成一个大正方形，然后在方格图中画一个等腰直角三角形与正方形组成的拼接图，也试着剪拼成一个大正方形；紧接着再次阅读文本；最后进行拓展延学。整个教学过程，学生经历了"阅读—提问—研究—再读—延学"的学习过程，学习难度大大降低。低门槛进入，小步子走路，螺旋式上升，最终解决大问题。

2. 数学拓展课学习不只是个人的事情。

以往的数学拓展课基本会以一个课时为单位，由教师带着学生一起学习研究。虽然中间也会穿插一些同桌合作或者小组合作学习，但是更多的还是以个人的学习活动为主。数学拓展课的学习对于多数学生来说是有难度的，时间、空间的限制致使很多学生不能及时地获得同伴帮助，无法深入参与、思考、理解，这与我最初研究数学拓展课的宗旨也是不相符的。数学拓展课学习内容应不受基础性课程知识体系的限制，可以从不同领域、多个方向进行拓展和挖掘。拓展课与常规课相比，更加注重学生发现问题、提出问题、分析问题和解决问题能力的培养，而这种能力的培养更需要以小组合作的方式展开，在实践操作、分析比较、讨论沟通、归纳推理等活动中进行探究。总而言之，数学拓展课是以合作探究为主的课堂形态。

如胡依帖老师执教的"一封密码信"一课，用有趣的情境，将枯燥的旋转知识融入其中，让学生在享受破解密码信过程的同时，发展其空间想象能力。课始，先呈现一封奇怪的信与解码表，让学生正确地读出信的内容。（见图1.2）

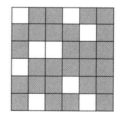

图 1.2

结果发现"解密"是一件十分不容易的事，需要学生两人或多人一组合作进行"商学"，贡献个人的方法与智慧，并借助解码表用不同的方法，从不同的角度进行尝试，最终获得成功体验。（见图1.3）

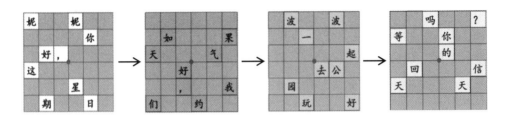

图 1.3

接着小组合作寻找合适的信纸并设计解码表。信的原文："天天你好，我很期待与你相见！妮妮。"学生在合作探究中，不断尝试让每个字符旋转后不重复出现。如果图中左上角的方格标记为 1，旋转一下会到哪儿？通过想象，最终得到完整的数字标记图；相同的数字，只能挖一个空。最后，小组合作一起设计 6×6 解码表。（见图 1.4）

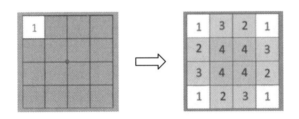

图 1.4

像这样比较复杂的学习内容，虽然趣味性强，但仅靠学生一人操作，就会困难重重，容易使其产生畏难情绪。没有了同伴合作，思维无法碰撞，大大减少了探究成功的机会。

3. 数学拓展课学习不只是课堂中的事情。

以往我们总是将学习和课堂联系在一起，课堂以外的学习活动以巩固作业为主。拓展课也不例外，原先我们开发的数学拓展课案例基本上是在 40 分钟以内就能上完，大部分以常规数学课的形式进行教学。我们发现学生学习的主动性不足，课后也鲜有进一步进行深入研究的例子。这就需要打破学习的时空，让学习真正地持续发生。我重新翻开以往开发的一些数学拓展课案例，进行反思、改进。

"兔子跳跳游戏"一课，原先教学中先呈现问题：图 1.5 中"空位置"的两边各有 100 只兔子,左边的兔子想往右边跳,右边的兔子想往左边跳。如果让它们互换位置,一共需要跳多少次呢?学生对这个游戏非常感兴趣,跃跃欲试。

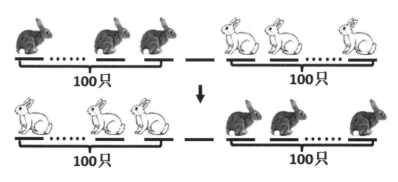

图 1.5

接着,师生一起制订游戏规则:①每个位置只能站 1 只兔子,每次只能有 1 只兔子往前跳;②每次只能向前跳 1 格或 2 格,不能后退。再接着,让学生猜测兔子跳的总次数。最后,引导学生化难为易、化繁为简,从空位置的左右两边分别只有 1 只兔子开始研究,直到发现规律。随着游戏活动的推进,学生慢慢感知到游戏有难度,特别是左右两边各有 2 只兔子时,学生受思维定式的影响而被"卡"住,使研究不能继续或者顺利推进。教师只有努力地带着学生在比较分析中寻找失败的原因。而对于左右两边各有 3 只、4 只兔子……也就无法深入下去,学生也就无法寻找到游戏中蕴含的数学规律与思想方法。

这节课也让我反思:为什么不可以将游戏活动前置呢?难道学习只在课堂中发生?有了这样的思考,我进行了调整,让学生在课前先研究,然后将问题带到课堂中来。

课前,很多学生会在空位置的左右两边各有 2 只兔子处被"卡",但是至少有一部分学生会在多次试错中找到症结所在并获得成功,至少有一部分学生会在同伴帮助或与家人共同研究下获得成功。那么,课中只要帮助剩下的一部分学生进行研究即可。因此,课始就可以直接让学生汇报课前研究情况。对于存在的问题,可以由教师帮助指导,也可以让已学会的"小老师"去"教"还不会的学生,让教学在此关键处发力。

二、校本课程实施过程中引发的反思

2015 年至今，我一直任职于温州大学城附属学校，学校地处"大学城"，为温州医科大学、温州大学、温州理工学院、温州商学院、温州职业技术学院等高校的附属学校。人力上，有温州资深的专家，国际性高端交流活动也非常频繁，很多家长也具有较深的专业背景和较高的学历。物力上，有人体科学馆、神农百草园、发绣研究所、民俗博物馆、科技成果展示厅、各类工程实训中心等体验式场馆。同时学校地处全国杨梅之乡，瓯柑故里，素有"四季香、四季红、十二熟"美誉的"茶山"。学校因地制宜，因势利导，发挥周边人力、物力的资源优势，创建了大境脉课程体系。

在此基础上，学校提出了"24 品"拓展性课程。如"24 馆"，每学期组织学生参观大学城及周边 2 个特色场馆，六年一共完成 24 个场馆的体验学习。再如"24 智"，让每一位学生在小学六年学会魔方、魔尺、汉诺塔、九连环、华容道等数学智力游戏。"24 品"拓展性课程大大增加了学生各种活动经验的积累。学校还开设了跨学科主题整合课，打破学科间的壁垒，围绕一个核心展开合作教学，借托各学科教学的资源与优势，让不同学科教师走进同一课堂，实现优质教学的最大化。

学校一系列的探索研究延伸出了多种学习方式。如多学科主题整合课，它与小学数学拓展课类似，也没有现成的教材、教学参考书以及教案。它需要不同学科教师自由组合、研讨设计，在充分解读学生的基础上，寻找学生感兴趣、符合学生知识储备及已有的生活经验且富有教育意义与时代特征的主题。运用学生喜闻乐见的教学形式，组织学生探究体验。如"韦恩（Venn）图"主题整合课。数学学科郑潇潇老师、英语学科许明明老师与信息技术学科姚晓丽老师等一起研讨，以体验式教学法，帮助学生根据不同的信息，利用现代信息技术绘制韦恩图，并利用韦恩图解决生活中简单的问题，同时也借助英语学科培养学生分类的高阶思维能力。而数学学科徐滨伊老师、语文学科林岚老师与音乐学科廖亮老师则以"超市里的物品"为主题，从另外一个角度引导学生学习探究"分类"知识。

学校拓展性课程建设，为小学数学拓展课的研究打开了新的研究思路，这几年我们一直在大量实践中摸索适合小学生的学习方式。我们尝试对这些学习方式做一个全面的梳理总结，为适应不同区域学校、学生的数学拓展课学习服务。

三、顺应当前 5C 的育人要求

2018 年 3 月 28 日，北京师范大学中国教育创新研究院发布了《21 世纪核心素养 5C 模型研究报告（中文版）》，在 "21 世纪核心素养 5C 模型" 之前，美国全国教育协会（NEA）就已经做了大量调查并提出了 4C 核心素养的概念。4C 核心素养也被世界广泛接受为 21 世纪最重要的技能，被看作未来培养人才的关键。它包括审辨思维、创新素养、沟通素养、合作素养四个方面。5C 核心素养是在 4C 核心素养的基础上，增加一个新素养——"文化理解与传承"，旨在引导青少年从优秀传统文化中汲取营养，规范行为、涵养人格，在全球化的进程中葆有中国心。培养学生立足中国、拥有世界的眼界和格局，无论以后在哪里工作生活，都可以为祖国贡献力量，造福世界。

2021 年 11 月 29 日，教育部在深入调研的基础上，研究形成了《中华人民共和国教师法（修订草案）（征求意见稿）》，面向社会公开征求意见。其中第十条提出教师应当履行下列义务：……（三）继承和弘扬中华优秀传统文化、革命文化和社会主义先进文化，对学生进行爱国主义、中华民族共同体意识和国家安全教育，思想品德和法治教育以及科学文化、环境保护、卫生健康等方面的教育，组织、带领学生开展有益的社会活动……数学学科也要引导学生了解和珍视本民族文化、理解并欣赏与我们产生互动的他国或他民族的文化，5C 核心素养将成为培养学习者和工作者迈向成功的重要途径。

新课程体系下，教育越来越关注学生综合素质以及各种能力的培养。作为小学数学拓展课，也承担着学科育人的重要使命。比如，在"国旗绘制""党旗绘制"中，通过主题研学活动，激发了学生内在的爱国主义与革命文化情怀；在"数字华容道""分油问题"等数学拓展课中，学生通过实验探究等学习方式，了解中国古代历史、古人解决问题的智慧等中国优秀传统文化；在"多面体的秘密""地图与颜色"等数学拓展课中，学生通过自主阅读、查阅资料等学习方式了解中外数学家的探究精神……核心素养的养成并不能仅靠教师的谆谆教诲，而是在自主学习活动中不断建构、内化、养成。因此，拓展课要以多样化的、适合学生的学习方式展开，让更多学生的综合素质和能力得到发展。

第二章
小学数学拓展课学什么

在前期的研究中，我们对数学拓展课"教什么"有了一些成果，对"学什么"却考虑不够。学生"学什么"是由教师"教什么"来决定的，也就是说教师教什么，学生才能学到什么，教师不教，则学习没有发生。怎样才能达到"没有教师，没有课堂，学习照样可以进行"的这一学习状态？近几年来，我们一直在思考与实践，试图将研究方向从"教什么"转向"学什么"，让学生找到工具与方法，可以自主学习新知识。要研究"学什么"，首先要解决小学数学拓展课"什么时候学"以及"在哪里学"的问题。

一、小学数学拓展课学习时空的规划

1. 什么时候学。

在数学拓展课的研究及成果推广过程中，经常有人问我，它的课时从哪里来。我在《小学数学拓展课：教什么，怎么教》一书中做了简单阐述，就是在总课时不变、学习总负担不变的情况下，通过教材整合，用多出来的课时安排数学拓展课。数学拓展课离不开教材整合，没有教材整合也就没有数学拓展课；没有数学拓展课，数学整合课也就失去了存在的意义与价值。

（1）进行单元整体教学。

近几年来，"教材整合"越来越被教育研究者及广大教师所关注，很多教师也在践行各种整合方案。仔细剖析不难发现，"教材整合"也存在一定的问题。一是"整合自主权"牢牢地掌握在教师手中，"整合与不整合""整合多少内容"都是教师说了算。教师凭经验进行整合，缺乏科学依据，随意性较强。二是整合往往基于对知识的分析，缺乏对学情的深入了解。对于学习方式的整合较少去思考设计，学生在学习过程中仍然存在自主性差、主动性缺乏的问题。三是没有以单元为单位进行有效的整合，学生对整个知识体系缺乏了解，对各个课时之间的内在联系不够清晰，更不知道这个单元内容的后续知识，处于"只见树木，不见森林"的状态，不利于其知识结构的完整建构。

由此，我进行了"单元整合教学"研究。虽然只增加了"单元"两个字，但是要求发生了实质性的变化。我从单元整体视角出发，对教材进行整合，主要按照以下三个步骤进行：

第一步，建立全局观念。全局观念，顾名思义，就是从客观整体利益出发，站在全局的高度看问题、想办法、做决策。全局观念影响着事物的全面协调发展。而数学的全局观则是让学生了解整个单元数学知识的安排情况，弄清数学知识发展的逻辑走向及来龙去脉。我们从单元整体视角进行研究，旨在帮助学生建立对单元整体的全局观念。单元整体视角的建立关键在于起始课的教学与设计，通过起始课的教学与设计让学生了解整个单元知识体系，激发学生往后学习探究的兴趣与欲望，提升学生自主学习与探究的能力。

第二步，教材整合。教材整合不能随意进行，想怎样整合就怎样整合。而应该在充分了解学生学情、对教材有了充分分析的基础上进行，还要基于学生视角，站在学生的角度思考"教材整合"问题。当学生拥有了单元整体视角，他们会以单元起始课（或前几课时）为起点，继续进行课后探究。我们要做的便是对学生的探究效果进行分析与判断，并在此基础上进行教材整合。

第三步，拓展课学习。整合之后，会产生多余的课时，此时我们需要思考如何在多余课时中让学生进行拓展研究。拓展研究内容不能随意选择与插入，应源于教材、宽于教材且又高于教材，尽量与教材学习内容配套，起到补充与提升的作用。

下面就以五年级"分数的意义和性质"这一单元为例，谈谈我的一些做法。

第一步也是最关键一步，即帮助学生建立全局观念。重点要设计好单元起始课《分数的意义》。此课重点在于引导学生经历分数意义的探究过程，理解分数的意义；难点在于理解单位"1"以及平均分的含义。

首先，让学生表示一个圆片的 $\frac{1}{4}$，唤起学生已有的知识经验。接着，表示 4 个圆片的 $\frac{1}{4}$ 及多个圆片的 $\frac{1}{4}$，丰富单位"1"的概念；分析比较几个 $\frac{1}{4}$ 的异同点，概括 $\frac{1}{4}$ 的意义。再接着，引导学生表示不同长短或粗细的 8 支笔的 $\frac{1}{4}$。通过操作、质疑再次理解平均分的含义，概括分数的意义。最关键的在于最后一个环节，让学生在数轴上标出分数，扩充数域。

学生在 0~1 之间分别标出了 $\frac{1}{8}$、$\frac{2}{8}$……$\frac{8}{8}$，引导学生思考，还可以用哪些分数表示这些点，从而顺利地引出"分数的基本性质"；接着让学生继续用分数表示 1~2 之间的各个点，分别得到 $\frac{9}{8}$……从而巧妙地渗透"真分数和假分数"等知识，让学生对整个单元知识有一个全局的认识。（如图 2.1）

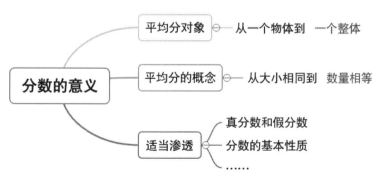

图 2.1

那么，这个单元可以怎么整合呢？我们先要进行学情分析。当学生有了"分数的意义和性质"单元的全局观，我们就可以将"真分数和假分数"与"将假分数化为整数或带分数"整合为一个课时；将分数与小数的互化整合为一个课时；将"约分"和"实际应用"整合为一个课时。那么，像这样的大单元经过整合就有 2 到 3 个课时空余出来了，如图 2.2 所示。

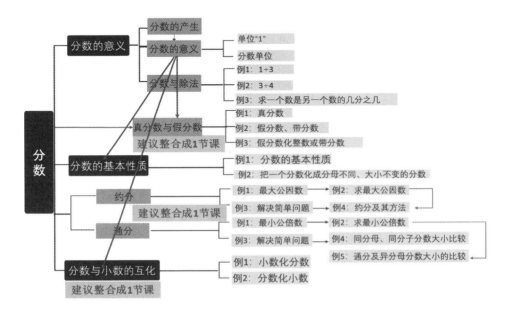

图 2.2

多余出来的课时干什么？这是需要严谨思考、认真设计的问题，它关系到学生"学什么"及"达成目标"的问题。因此，我认真分析了教材编排特点、知识结构及前后联系，做了慎重决定。首先，增补一节"一个数比另一个数多或少几分之几"的数学拓展课，为后续学习"分数乘除法""用分数除法解决问题""百分数"等知识打下基础。其次，在"真分数和假分数"这节课之后，插入一节"老大哥分数"数学拓展课，进一步发展学生的数感。最后，在"分数与小数互化"之后，增加一节"分数与小数的巧化"数学拓展课。此课不仅能发展学生的数感，还可以将数的互化从有限小数向无限小数扩充，有助于学生整体建构起小数与分数之间的知识结构。

（2）处理好数学课与数学拓展课之间的关系。

学生在校学习的时间是有限的，各学科的课时也是按一定的比例科学合理地进行设置的。数学学科的课时也是有严格规定的，不能随意增减。如果没有以教学内容的科学整合为前提，就进行数学拓展课的教学，是贸然的。有些教师开发了一节比较心仪的数学拓展课，为了上好这节数学拓展课，甚至不惜将前面的教材内容进行简单压缩，以致学习基础并不扎实，而"急切"进入数学拓展课的学习，也是本末倒置的。可见，正确处理好数学课与数学拓展课之间的关系，是十分重要的。

数学拓展课是我们根据学情并基于教材进行自主研发的，旨在促进数学教材的有效实施，弥补数学教材的空缺，照顾学生的个性差异。经过近二十年的实践研究发现，数学拓展课是数学课的有益补充，能促进学生更好地学习数学。

如果我们把数学课比作学生的"主食"，那么，数学拓展课就是学生的"点心"，两者之间的关系是主食与点心的关系。学生数学学习仍然以数学课为主，数学拓展课只起到辅助作用，也可以说它们之间的关系属于主辅关系。"辅"是对主的补充，"主"产生变化时会影响到"辅"的补充和协助作用。因此，我们不能盲目地增加数学拓展课的课时，否则主次颠倒。

综上所述，我们认为数学课是研究数学拓展课的基础，也是前提条件。数学课没有研究好，没有"教"好，学生没有学好，研究数学拓展课也就失去了意义。当然，教学研究永远在路上，不可能有句号。因此，也不一定非要研究好数学课之后，再来研究数学拓展课。可以同时进行，相辅相成，共同提高。但是，我们不提倡过分重视数学拓展课，而忽视了数学课的研究与教学。

2. 在哪里学。

学生数学眼光的培养，数学思考能力的提升，需要我们将学习的空间打开。而真正要做的是突破教室的壁垒，让学习无处不在。当前倡导的"泛在学习"理论，也就是这个意思。泛在学习，顾名思义就是指每时每刻的沟通，无处不在的学习，是一种任何人可以在任何地方、任何时刻获取所需的任何信息的学习方式。它是一种新型的学习理论体系，目的在于真正提升学生学习的内驱力。那么，数学拓展课学习可以在哪里发生呢？我认为课堂教学是主阵地、主渠道，除此之外，场馆学习及区域学习都是拓宽学习空间的学习方式。

（1）场馆学习。建构主义认为，个体主动地发现现实，比要求儿童按照既定的意志形式、按照现成的真理去认识的教育高明得多。比如场馆学习情境就是利用馆中陈列和展示品激发学生的好奇心与学习兴趣，加深对知识的理解，建构相应的知识。

在"国旗绘制"主题研学活动中，学生始终不能画一幅标准的五星红旗。在此基础上，我组织学生参观了瑞安国旗教育馆，学习欣赏了国旗设计者曾联松先生的设计稿；同时，又参观了平阳县苏步青励志教育馆，欣赏了数学家苏步青先生的著作原稿。通过场馆学习情境，学生深受启发，在瑞安国旗教育馆广场二画国旗、在平阳县苏步青励志教育馆内三画国旗，得到了一幅幅标准的五星红旗，并且画标准的五角星的方法也呈现了多样化，学生获得成功体验并深受教育。

在"党旗绘制"主题研学活动中，我组织学生参观了温州革命历史纪念馆、温州革命烈士纪念馆，阅读了大量的温州革命斗争以及革命烈士的珍贵史料。在这个过程中，学生感受到了中国共产党的艰辛，有了绘制党旗的内驱力，课后结合网上查阅的资料以及《中国共产党党旗档案》一书，也画出了一幅幅标准的中国共产党党旗。

（2）区域学习。除了具有教育参观价值的正式场馆，还可以是一些非正式的区域。可以在教室，可以在图书馆，可以在操场，还可以在家里，甚至在自己居住的小区，等等。根据学习的需要，这些区域都可以成为学习的地方。

如数学拓展课"绘制校园平面图"，学习的地点就是学生自己所在的校园。这节课主要安排两大活动：一是制定测量方案，测量校园主要建筑物的相关数据（如表2.1），汇总并进行分析处理；二是根据纸张大小与实际数据，确定合适的比例尺，准确绘制校园平面图。

表 2.1　学校主要建筑物测量统计表

建筑物	长度（米）	宽度（米）	建筑物	长度（米）	宽度（米）
同德楼			N 次方馆		
同学楼			学术报告厅		
同行楼			童心食代		
同乐楼			操场		

　　学生在实际操作活动中，经历方案设计、实践测量、汇报交流等活动过程，提高了综合运用知识解决问题的能力，体验了团结协作并获得成功的快乐；在实践测量、绘制等活动中感受数学与生活之间的密切联系，进一步提高了学习兴趣。

　　如数学拓展课"如何测量高度"，学习地点可以安排在自己居住的小区，实地测量自己小区内大楼的高度；学习地点还可以安排在就近的景区，实地测量山峰的高度；等等。再如数学拓展课"掷一掷：游戏公平吗？"，学习地点可以安排在自己的家里，与家人一起玩掷骰子游戏，亲身经历收集数据、整理数据、分析数据、总结规律等探究过程。

二、小学数学拓展课学习内容开发

1. 基于学习普适性设计开发学习内容。

　　"普适性设计"这一概念源自建筑学。建筑师们认为在建筑设计阶段就应力求使每一部分建筑具有"普适性"，即尽可能多地适用于各种类型的使用者（包括残疾人）。数学拓展课学习设计同样也不能只适用于部分学生，在学习素材选择上要考虑面向每一位学生。在学习设计上，对不同学习者各个方面可能存在的学力差异要给予充分考虑。在此基础上，将学习素材以多种形式、多个层次呈现，让每一位学生都能参与。在分层中观照每一位学生，践行"普适性设计"理念。

　　接下来，我以数学拓展课"怎样做最大"为例，简单阐述对"普适性设计"理念的思考与实践。

　　"怎样做最大"一课，于 2004 年 12 月 1 日在市级教研活动平台上首次展示。这是我研究的第一节数学拓展课，这节课也是我众多拓展课中特别经典的一节课，在 2012 年 4 月 16 日"千课万人"全国第二届小学数学学导课堂教学研讨观摩活动上，再次展示。时隔多年再次展示，感觉却不如第一次。细细分析，原因很多，其中学生因素是至关重要的。第一次展示是用自己任教的班级，而且这个班级学生较为优秀，每次测试成绩优秀率均接近100%。第二次展示虽然借用杭州名校的学生，但是研究存在较大困难并没有达到预期的效果。此后，我将教学难度适当调低。当学生提出"将一张正方形铁皮的四个顶点处各剪去一个大小相同的小正方形，做成一个无盖的长方体"的想法后，教师直接给定数据，引导学生进入研究状态。如果时间充裕，再引导学生探究第二种甚至第三种方法。经过几次教学展示，效果比较满意。

　　2018 年 10 月，在浙江省"三江名师"小学数学经典优质课教学艺术展示活动中，该课教学又受挫了，这再次引起我深刻反思。在浙江省小学数学教研员斯苗儿老师的点拨下，我豁然开朗。教学"失败"的原因在于我过度关注了"教"及对教案的完美执行，忽视了学情，没有充分考虑学生的"学"，不知道学生"在哪里"。在斯老师的建议下，我做了两点调整。一是在课前，让学生按要求先动手制作一个无盖的长方体盒子，并带到上课现场，了解有多少学生能够完成；二是在课中安排"动手操作"环节，让学生在一个边长 18 cm 的正方形纸片（不同颜色）的四个顶点处分别剪掉一个边长为 1 cm、2 cm、3 cm、4 cm、5 cm、6 cm、7 cm、8 cm 的正方形，然后张贴在黑板上，再让学生想象后，将它们分别折成一个无盖长方体，并猜测容积大小。

　　操作活动大大降低了空间想象的难度，也让每一个孩子都投入了学习活动中。学生猜测时，可以借助自己动手操作积累的数学活动经验，也可以借助剪后的正方形纸片这一直观材料。学生猜测时很容易受面积大小的影响，往往认为使用材料越多，做成的无盖长方体盒子的容积就越大。此时的猜测虽然不准确，却能激发学生积极思考与主动探究的欲望。接着让学生将平面图形折成一个无盖长方体进行比较与计算，发现当剪去的小正方形边长为 3 cm 时，做成的无盖长方体容积最大（如表 2.2）。并非剪去的小正方形越小，使用材料越多，做成的无盖长方体容积就越大，也并非剪去的小正方形边长为 6 cm 时，做成的无盖正方体容积最大。

表 2.2 "怎么做最大"研究表

边长（cm）	1	2	3	4	5	6	7	8
容积（cm³）	256	392	432	400	320	216	112	32

这节课也让我充分体会到数学拓展课不只是班级优等生的事，更应引导全体学生积极主动参与。只有转"教"为"学"，每一位学生才能真正地去操作、思考。不仅学力强的班级能够参与学习研究，学力薄弱的班级也可以参与；不仅城镇学校的学生可以，乡村、山区学校的学生也可以。总之，数学拓展课学习设计应具有"普适性"。

2. 基于数学核心素养开发学习内容。

《义务教育数学课程标准（2022 年版）》提出了小学数学的 11 个核心素养，即数感、量感、符号意识、空间观念、几何直观、数据分析观念、运算能力、推理能力、模型思想、应用意识和创新意识。这 11 个核心素养反映了对小学生数学素养的基本要求，是学生数学素养的重要标志。在这 11 个核心素养中，有的核心素养直接指向一个或几个课程内容。比如空间观念，就与平面、立体图形的认识，周长面积的计算，立体图形的表面积和体积等内容直接相关，这些内容的学习可以直接帮助学生建立空间观念，而空间观念的形成又有利于对这些知识进行进一步学习。而有的核心素养与多个课程内容密切相关，不是直接指向某一个特定的学习内容，比如推理能力、模型思想、应用意识与创新意识，贯穿整个小学阶段的学习内容。这几项核心素养的培养注重活动经验的积累，往往在学生自主学习过程中慢慢生成，但由于没有现成的学习素材，往往被老师们忽略。基于上述思考，我们在设计拓展课的学习内容时，注重知识的联结、沟通，使内容具有系统性，将推理能力、模型思想、应用意识等融入其中。下面我以推理能力、应用意识的培养为例进行说明。

（1）培养推理能力。

小学是学习数学的初级阶段，而数学是一门要求学生具有较强逻辑思维能力的学科，其有效途径之一就是培养推理能力，因而在教学过程中，我们应注重学生推理能力的培养，小学数学拓展课的学习更是如此。在数学拓展课中，我们特别注重创设富有趣味性、思考性与挑战性的学习情境，促使学生对未知问题产生好奇，激发学生进行推理的欲望，使学生感受数学的学习乐趣，从而实现推理能力的培养，且将它作为每一节数学拓展课的基本要求。

如"'烦人'的计算"一课，我紧紧地抓住学生"普遍不喜欢多位数乘法计算题"这种心理，运用夸张的手法，故意制造"更烦人""不可能计算"的假象，激发学生思考的积极性与主动性。让学生在解决问题的过程中获得智力上的满足，这种满足将给孩子带来一种成功体验。

教学中首先呈现下题：你会计算 2021 位数乘 2021 位数吗？

$$\underbrace{11\cdots\cdots11}_{2021\,个\,1}\times\underbrace{99\cdots\cdots99}_{2021\,个\,9}$$

学生只有"三位数乘两位数"的计算基础，面对如此繁杂的大数据计算，感到"烦"。虽然少数优秀学生能够利用乘法分配律进行计算，但是多数学生难以接受。

$$\underbrace{11\cdots\cdots11}_{2021\,个\,1}\times\underbrace{99\cdots\cdots99}_{2021\,个\,9}=\underbrace{11\cdots\cdots11}_{2021\,个\,1}\times(\underbrace{100\cdots\cdots00}_{2021\,个\,0}-1)=\underbrace{11\cdots\cdots11088}_{2020\,个\,1}\underbrace{\cdots\cdots889}_{2020\,个\,8}$$

由此产生了"从简单入手，进行探究发现"的想法，由 $11\times99=1089$，$111\times999=110889$，类推得到 $1111\times9999=11108889$，并用计算器验证后，最终通过推理得到正确答案。

接着呈现以下两题，让学生再次经历"大胆猜想、举例验证、发现规律"的探究推理过程。

$$\underbrace{22\cdots\cdots22}_{2021\text{个}2}\times\underbrace{99\cdots\cdots99}_{2021\text{个}9} \qquad \underbrace{444\cdots\cdots44}_{2021\text{个}4}\underbrace{888\cdots\cdots88}_{2021\text{个}8}\div\underbrace{666\cdots\cdots66}_{2021\text{个}6}$$

最后，进行变换研究，计算积的各个数位上数字的和。经历不同的探究过程，体验不一样的推理，克服思维定式。

$$\underbrace{88\cdots\cdots88}_{2021\text{个}8}\times\underbrace{99\cdots\cdots99}_{2021\text{个}9}$$

（2）发展应用意识。

数学源于人类的日常生活，各种各样的生活背后蕴藏着数学知识与原理。在日常生活中挖掘数学学习的素材，是培养学生用数学的眼光看问题、感受数学与生活密切联系的最佳途径。一方面可以培养学生发现问题和提出问题的能力；另一方面可以培养学生综合运用数学知识分析问题和解决问题的能力。学生在经历解决问题的过程中，学会用数学的思维思考问题，学会用数学的语言来描述问题。

在近几年的研究中，我根据数学课本的教学进度，努力寻找数学教材中与学生的生活紧密联系的知识点，组织学生进行探究活动，发展学生的应用意识。比如，学习了"比和比例"之后，可以组织学生进行"黄金比"的研究，引导学生了解黄金比，通过计算找到"穿怎样的高跟鞋"人会更漂亮。再如，学习了"认识负数"之后，可以组织学生进行"华氏度和摄氏度的关系"的研究，引导学生认识温度计的两种记录标准及代表人物，探究出华氏度和摄氏度之间的关系。又如，学习了"长度单位、质量单位以及小数乘除法"等知识之后，可以组织学生进行"鞋码和脚长的关系"研究，引导学生了解鞋尺码的几种不同的标准以及各种标准之间的转换公式；还可以组织学生进行"身高和体重的关系"的研究，引导学生认识"布洛卡公式"，了解各种版本的标准身高和体重的换算方法。像这样的例子还有很多，在此就不一一列举。

3.基于知识结构化视角开发需要的内容。

知识结构化是将逐渐积累起来的知识加以归纳和整理，使之条理化、纲领化。心理学研究发现，学习优等生和落后生的知识组织存在明显差异。优等生头脑中的知识是有组织、有系统的，知识点是按层次排列的，而且知识点之间有内在联系，具有结构层次性。而落后生头脑中的知识是水平排列，是零散的、孤立的。因此，如何促进知识结构化是学习的重要任务。

很多数学拓展课对教材内容进行延伸与补充，将多个教材知识点进行结构化组织，具有一定的综合性。学生在拓展课学习中，知识不断关联、运用。学生以一种层次网络结构的方式储存知识，减轻记忆负担。

（1）教材内容的延伸。

小学数学的教材内容主要来源于学生身边简单的实际问题，它是为今后系统学习数学知识打基础的。这些内容仅仅是数学知识体系中的冰山一角，只是"起始部分"，后续还有很多高深的数学知识。当学生学有余力时，我们不妨提前做一些渗透，让这些学生"吃得饱"。因此，数学拓展课首先要紧扣教材，寻找与之紧密联系的学习素材。

比如，在人教版教材五年级"可能性"这一单元之后，安排了"掷一掷"实践活动（如图2.3）。在这节课中，让学生思考两个骰子掷出数字之和可能是多少，接着让学生和老师分别在数字之和2～12中选择，研究哪几个数字之和出现的可能性大。教材呈现的图片是老师选择数字之和为5、6、7、8、9，学生选择数字之和为2、3、4、10、11、12，进行试验比赛。事实上，学生一般会把2～12这11个数字和按照单数、双数分组；或者按照前5个、后6个或者前6个、后5个进行分组。在多种不同分组试验中，发现各组数字和出现的可能性也是各不相同的。再引导学生寻找背后的原因，也可以达成预期目标。

图 2.3

另外，教材既然已经研究了两个骰子掷出的两数之和，我们引导学生顺势研究两数之差、两数之积，既可以培养学生有序思考的能力，又拓宽了研究内容。让学生用两数之和所学的方法分析解决两数之差、两数之积，分别存在的规律。通过这样的数学拓展课延伸性学习，使其对"概率"问题也有更加深刻的理解。

（2）教材内容的缺失部分。

教材内容相对稳定，但也会适时动态调整。随着新课程改革不断深入，小学数学教材学习的内容也在不断地调整，旨在让学习内容更加丰富和开放，并能体现时代的鲜明特征。教材与时俱进，要更适合学生学习，并在培养学生数学素养、落实立德树人的根本任务中发挥重要作用。

数学教材是精心编制出来供所有数学教师使用的教学资料，是学生数学学习的主要内容，也是教师教学的重要依据。长期以来，一些教师认为使用教材就是一成不变加以使用，忽视了地域差异、学校差异、学生差异等因素。而我们认为数学教材是学生学习数学的基本素材，我们需要教材，更要理解教材，还须正确地使用教材，即根据学情进行适当的调整、改编与补充。这里的"补充"，并不是随意进行，而是以一种研究的态度来对待。

以分数应用题为例（如图 2.4），其解决内容主要有三块：一是求一个数是另一个数的几分之几；二是求一个数的几分之几是多少；三是已知一个数的几分之几，求这个数。

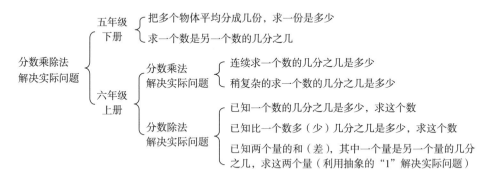

图 2.4

对比教材，六年级上册有"求比一个数多（少）几分之几的数，或已知比一个数多（少）几分之几是多少，求这个数"的内容，在六年级上册的"百分数"这个单元也有相应的内容安排。但"求一个数比另一个数多（少）几分之几"的内容却没有安排，仅在"百分数"中有出现。

求一个数比另一个数多（少）几分之几，是"已知比一个数多（少）几分之几是多少，求这个数"的基础。它跟一年级的求一个数比另一个数多（少）几完全不同，A 比 B 多几，B 就比 A 少几。但 A 比 B 多几分之几与 B 比 A 少几分之几，因为单位"1"不同，所以结果完全不同。学生没有对单位"1"变化的体验，是不利于六年级分数乘、除法解决实际问题教学的。因此，建议在人教版小学数学五年级下册"分数的意义和性质"这一单元的"求一个数是另一个数的几分之几"之后，插入数学拓展课"求一个数比另一个数多或少几分之几"。

（3）单元内容的应用。

完成一个单元的内容学习后，很多教师会采用复习课或练习课的形式巩固新知。做题固然重要，但是还需要引导学生进行实际应用，寻找数学知识与实际生活之间的联系，应用所学的数学知识解决简单的生活实际问题，加深学生对所学数学知识的理解，融会贯通，达到深度学习。数学拓展课的素材很大部分就是来自生活，教师在设计的时候要站在单元的视角，以问题激发学生解决问题的欲望，应用所学知识进行探究，进而达到对单元内容的巩固和应用。

比如，学习了"分数的加法和减法"之后，可以设计一节"埃及分数"，让学生在研究"埃及分数"的和的特征中进一步掌握分数加减法的计算方法。"埃及分数"就是分子是 1 的分数，学生可以将 1 写成几个埃及分数的和；也可以将一个埃及分数写成几个埃及分数的和；还可以将一个任意分数写成几个埃及分数的和。在研究过程中，学生体验了解决问题策略的多样性，并进行优化，突出"0"在其中的作用。如：因为 $1=\frac{1}{2}+\frac{1}{2}$，所以

$$1=\frac{1}{2}+\frac{1}{2}-\frac{1}{3}+\frac{1}{3}-\frac{1}{4}+\frac{1}{4}-\frac{1}{5}+\frac{1}{5}-\frac{1}{6}+\frac{1}{6}-\frac{1}{7}+\frac{1}{7}$$；又因为 $\frac{1}{2}-\frac{1}{3}=\frac{1}{6}$，$\frac{1}{3}-\frac{1}{4}=\frac{1}{12}$，

$\frac{1}{4}-\frac{1}{5}=\frac{1}{20}$，$\frac{1}{5}-\frac{1}{6}=\frac{1}{30}$，$\frac{1}{6}-\frac{1}{7}=\frac{1}{42}$，从而得到了 $1=\frac{1}{2}+\frac{1}{6}+\frac{1}{12}+\frac{1}{20}+\frac{1}{30}+\frac{1}{42}+\frac{1}{7}$。

如果继续往下写还可以将 1 写成更多的埃及分数之和。

学习了"四边形""三角形"等单元之后，引导学生探究生活中"渔网的规律"，发现网眼、网线以及网结点之间的关系；学习了"长方体和正方体"之后，引导学生认识正多面体的特征，探究发现凸多面体的面数、棱数以及顶点数之间的关系；学习了"多边形的面积"之后，让学生利用大小不同且并排在一起的两个正方形中的几个顶点，设计三角形，再计算面积。学生设计的三角形，有的底与高已知，有的底与高未知，这里的"未知"是指底与高的长度没有直接告知，需要转化得到。当然，也可以设计梯形进行研究。

4.基于学科育人目标开发学习内容。

数学课堂不只是数学知识、方法、过程的简单堆砌与叠加，也不仅仅是数学知识、技能和方法的机械传递与搬运。数学课堂应当是学生不断用心去触摸数学本质、感受数学内在文化特质的自由天空，是立德树人的重要阵地。数学作为学科教学承载着育人的重要使命，因此，数学拓展课学习还须

落实学科育人的学习目标。

《中华人民共和国教师法》（2009 年修正）第八条教师应当履行的义务第三条指出：对学生进行宪法所确定的基本原则的教育和爱国主义、民族团结的教育，法制教育以及思想品德、文化、科学技术教育，组织、带领学生开展有益的社会活动。教育部 2021 年发布《中华人民共和国教师法（修订草案）（征求意见稿）》，对该要求做了一些补充：继承和弘扬中华优秀传统文化、革命文化和社会主义先进文化，对学生进行爱国主义、中华民族共同体意识和国家安全教育，思想品德和法治教育以及科学文化、环境保护、卫生健康等方面的教育，组织、带领学生开展有益的社会活动。

这些要求并不是只对"道德与法治"学科提出，而是要落实到每一个学科中。这就要求每一位教师具备这样的育人观，在平时教学设计时将其渗透、落实到具体的学习活动中。数学是思维的体操，思维是数学的灵魂。数学知识更多的是以数字、符号等形式呈现，具有一定的抽象性。在落实德育目标时，很多教师采用数学故事、德育情境等去渗透，形式还是过于单一。如何深度地、有效地去落实育人目标是我们设计数学拓展课的一个重要依据。我们要筛选可以"继承和弘扬中华优秀传统文化、革命文化和社会主义先进文化"的学习内容，融入数学的元素，以数学的方式去挖掘其内在的意义，增强学生对国家、对人民的热爱之情，根据各地的实际情况，研发出具有当地特色、具有实际教育意义的主题。以温州市为例，瑞安市有国旗教育馆，馆内珍藏着国旗设计者曾联松先生设计国旗的史料；平阳县有苏步青励志教育馆，馆内珍藏着苏步青先生的珍贵资料；温州江心屿有温州革命历史纪念馆、温州革命烈士纪念馆等。这些场馆内还蕴含着一些数学元素，我们可以将它们转化为学习资源，让学生在丰富多彩的主题研学活动中潜移默化地接受爱国主义及社会主义先进文化等教育。

第三章
小学数学拓展课怎么学

　　荷兰数学家、数学教育家弗赖登塔尔提出了"再创造"理论，他认为学习数学唯一正确的方法就是实行再创造，教师的任务就是引导和帮助学生去进行这种再创造工作，而不是把现成的知识灌输给学生。在近二十年的数学拓展课教学实践中，我们不断地摸索适合学生深度学习、全员参与的教学方式，尤其在近几年的实践研究中，我们又总结出了以下几种不同的学习模式。

一、实验探究学习模式

　　数学实验伴随着数学的发展，也伴随着学生的数学学习。早在 1979 年，美国学者科普兰在《儿童怎样学习数学——皮亚杰研究的教育含义》这一著作中，就提倡"把课堂作为儿童的实验室"。近几年，国内也陆续展开了关于数学实验的研究。数学实验作为一种重要的学习方式逐渐被人们接受。陈加仓名师工作室学员符玲利、唐慧荣于 2019 年正式开始了基于"可视化思维"的数学实验研究，开启了数学拓展课新的学习方式的研究，也为拓展课的研究打开了另一扇窗。

　　她们在专著《小学数学实验：做什么，怎么做》中提出：数学实验是借助实物和工具（如纸张、剪刀、模型、测量工具、作图工具等），通过对实验素材进行"数学化"的操作来验证数学结论、建构数学概念、探索数学规律、解决数学问题的一种数学探究方式。在数学拓展课教学实践中，部分具有探究性、操作性的内容我们选择了实验探究学习模式，并根据数学拓展课自身的特征对这种学习方式进行改进，摸索出了适合数学拓展课学习的实验探究学习模式（如图 3.1）：

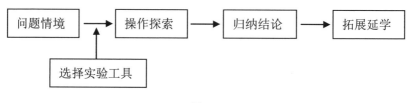

图 3.1

（一）各个环节的操作要求

1. 问题情境。实验探究学习模式首先要创设有效的情境，发展学生的问题意识。问题驱动任务探究，问题引发深度思考，激发学生的探究需求。情境创设需要符合学生心理特征，将探究主题融入趣味的故事中或者好玩的游戏中。情境创设还需要富有思考性，能够为学生提供思考的空间，引发学生广泛的联想。情境创设还需要富有挑战性，让学生在研究中找到自信，并形成"我能够而且应当学会数学地思考"的数学观。

2. 选择实验工具。数学实验工具是帮助学生理解数学、发现数学、验证数学的实物类及技术类工具的统称，是学生经历知识形成过程的重要载体。实验工具来源渠道很多，学习素材来源于教材的，可以充分利用教材配套的学具作为实验工具；教材中的素材不能满足学习需求或者学习素材不是源自教材的，可以去网上买；对于简单的实验工具，教师可以亲自帮助制作，也可以让学生自己制作，可以采用以"画"来代替"拼摆"进行实验；等等。比如：数学拓展课"认识二进制"，重点在于帮助学生找到二进制的计数单位，其中最难理解的就是二进制计数器上的第一位、第二位上的一颗珠子分别表示几。如果仅靠教师讲授，学生就缺乏深度理解。因此，需要"二进制计数器"助学。由于市场上没有这样的计数器，于是我购买了许多十进制计数器，将每个数位上的 10 颗珠子拆减成 2 颗珠子，将十进制计数器上的计数单位用胶布粘贴盖住制作成二进制计数器。实践证明，有了"二进制计数器"的帮助，学生取得了更好的学习效果。

3.操作探究。实验探究学习方式是以学生分析、探索、实践、质疑、创造等方法完成学习任务、实现学习为目标。如果继续对其进行细分的话，可以将它分为自主探究与合作探究两种形式。自主探究不受他人支配，不受外界干扰。数学拓展课中有些简单的任务，可以让学生采取自主探究的方式完成，逐步培养其探究能力。而大部分数学拓展课的学习内容具有一定的挑战性与探究性，更需要两人甚至多人小组合作共同完成学习任务。

4.归纳结论。在数学拓展课实验探究学习过程中，引导学生充分经历知识的形成过程，引导学生将注意力集中到事物共同的关键特征上来，在分析、比较的基础上进行归纳、概括，自主建构知识。这一过程伴随着学生的操作、观察和记录，随着分析、归纳的逐步提升，学生即可获得对知识的深度理解。

5.拓展延学。拓展延学的目的在于让学生将新知和方法进行应用，达到举一反三、触类旁通，学会学习的目的。实验探究除了课堂中的学习，还要进行课后的延学。拓展延学充分体现了数学拓展课的学习特点，即学习不只是课中发生，也可以在课前预学，还可以在课后继续探究。

案例：认识正多面体

【创设情境】

今天我们来认识正多面体（板书课题），看到课题，你有什么话要说？

学生提出：是不是每个面都是正多边形的立体图形叫正多面体；正多面体除了面是正多边形之外，还有什么特征；正多边形有无数种，正多面体也应该有无数种……

【选择实验工具】

准备正三角形、正方形、正五边形以及正六边形磁力板若干块（网上购买）；视频材料（网上下载）。

【操作探究】

合作拼搭：以小组合作形式，选择磁力板拼搭正多面体。学生很容易完成正四面体、正方体、正八面体、正十二面体的拼搭。

思考探究：为什么不能拼搭正六边形磁力板？学生经历用正六边形磁力板拼搭后，发现正六边形磁力板确实是拼不成正多面体的；操作过后学生深入思考得到结论：正六边形磁力板每个角都是120度，三个正六边形磁力板可以密铺，拱不成一个顶点，形成不了"立体状"。（如图3.2）

平铺时   拱起后

图 3.2

继续深入思考探究：为什么正三角形、正方形、正五边形磁力板可以用呢？学生发现正四面体一个顶点处只有3个正三角形，正八面体一个顶点处也只有4个正三角形，顶点处内角和总度数小于360度；正十二面体的一个顶点处只有3个正五边形，顶点处内角和总度数小于360度。

再次合作拼搭：顶点处的正三角形、正方形或正五边形个数还能再增加吗？学生发现正三角形的个数还可以增加到5个，并再次合作拼搭验证，得到了一个正二十面体。

【归纳结论】

正多面体是由正多边形组成的；正多面体的面可以是正三角形、正方形、正五边形；正多面体只有五种。（如图3.3）

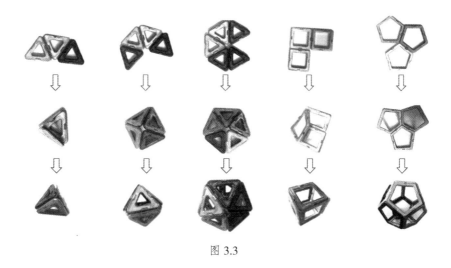

图 3.3

【拓展延学】

微课学习："柏拉图立体"视频；"正多面体"对偶关系视频。

课外探究：正多面体或多面体的面数、棱数与顶点数之间还有什么关系呢？

（二）适用的学习内容

1. 生活应用类。数学源于生活，寓于生活。教学中应牢牢抓住小学生好奇好问的心理，让学生在生活中寻找数学问题，启发他们寻找适合实验内容的选题。比如生活中有酒后驾车引发交通事故的相关报道，喝酒之后人的反应速度变慢是引发交通事故的原因之一。酒后人的反应速度与正常人的反应速度到底有多大的区别？根据这个问题，我们设计了"反应速度"的实验。

2. 益智游戏活动类。如七巧板、十四巧板、九连环、华容道、魔方、魔球、迷宫拼图等。选取游戏素材，结合小学数学教学内容，注入新鲜元素，设计一些富有创意的数学实验，从而将传统游戏改造成数学游戏课。让学生在游戏中进行实验探究、数学思考，激发其学习兴趣，帮助其加深对数学的理解，这类学习内容普遍受到学生欢迎。

3. 测量建模类。还有一类问题需要学生借助测量工具，如皮尺、天平、量角器等，对研究事物进行测量，并记录、分析数据，建构数学模型，继而解决简单的实际问题。这类内容在进行数学实验学习时，超越了课堂教学的空间，需要走到教室以外，在校园的某一个角落、在校园外的某一个场馆，或在大自然中，强化数学知识的运用，感受数学的应用价值。

二、主题研学模式

以往的数学拓展课和常规课一样，主要是以教室为学习场所，以一个课时为单位展开。受时空的限制，很多数学拓展课的学习内容无法深入展开，学生的研究能力以及兴趣并不能得到充分的挖掘，因此，我们可以尝试以主题研学的方式展开数学拓展内容的研究。主题研学是学生围绕一个主题，以小组合作的方式展开，主动提问、主动探究、主动建构知识的归纳式学习过程，根据情境主题的不同主要分为旅行式研学模式和情境式研学模式。

（一）旅行式研学模式

旅行式研学以真实研学路线为活动载体，根据研学主题设置相应任务，通过观察、测量、制作、试验等活动完成学习任务。旅行式研学方式可以有效承载道德养成教育、爱国主义教育、优秀传统文化教育等主题。教育部印发的《关于推进中小学生研学旅行的意见》中，要求各地将旅行式研学摆在更加重要位置，推动旅行式研学健康快速发展。数学拓展课中的很多主题及内容，在一节课完成不了，需要一个周期不断地观察、试验，可以以旅行式研学方式展开，从而真正地挖掘其内在的数学思想和解决策略，它可以分为"预学、商学、共学、拓学"四个阶段，让旅行式研学活动拾级而上。（如图3.4）

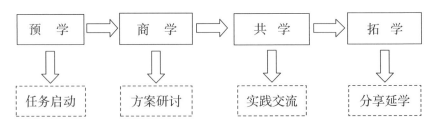

图 3.4

1.旅行式研学活动的操作要求。

（1）预学（任务启动）。在这一阶段，需要让学生提前进行知识储备，自主设计研学方案，自主尝试探究。还要让学生明确活动主题及意义、时间安排、研学地点以及任务。这里的"任务"主要指研学准备工作，包括制订研学方案。在任务启动阶段，要对学生进行分组。可以让学生自由组合，也可以由教师分组搭配。旅行式研学要坚持安全第一原则，教师须预先进行活动踩点，建立安全保障机制，制订安全措施，做到"活动有方案，行前有备案，应急有预案"，确保学生研学安全。

（2）商学（方案研讨）。商学阶段主要反馈预学情况，交流预学阶段中的困难和障碍，结合个人研学方案，制订小组研学方案，包括研学主题、具体时间安排、详细任务及分工。研制研学方案之前，需要学生在家查阅与研学主题相关的资料。网上查询相对快捷、全面，书籍查询相对系统、深入，学生可以根据研学内容的特征以及自身条件进行选择。

（3）共学（实践交流）。共学是针对主题展开学习探究、实践交流，包括各种场馆体验、小组交流、总结提升等活动。在此学习阶段，首先，要引入"真人图书馆"理念。真人图书馆是一种阅读理论，鼓励孩子通过与场馆介绍员等"真人"的交流，获得更多、更直接的见识，这是对纸质图书阅读的一种补充。其次，让学生实地参与场馆学习，仔细观察每一件藏品，认真记录与主题相关的材料，努力挖掘蕴含在其中的数学元素，包括数学知识、数学思想方法等。最后，要引导学生共同研究、共同归纳、共同提升，完成研学任务。要将学生合作共学贯穿研学活动始终。

（4）拓学（分享延学）。这一阶段是在学生基本完成研学活动时展开的，是对研究主题的一种拓展和延伸，可以是情感上的升华，也可以是数学方法上的总结，还可以是与其他相关研学主题的关联。在情感渗透时，首先，要挖掘与旅行式研学主题相关的史料，优先选择爱国主义教育、革命传统教育以及先进文化等宝贵资源，结合学生身心特点和接受能力巧妙地进行教育，达到旅行式研学的教育目的。其次，要撰写心得体会并与他人分享自己的收获。最后，还要引导学生继续寻找与研学主题相类似的其他主题进行研学。

案例：国旗绘制

【预学（任务启动）】

为了激发学生的爱国热情，借助数学学科的新视角看国旗，学校决定开展国旗绘制研学活动，活动地点在瑞安国旗教育馆。请学生查阅和国旗相关的资料，并制订国旗绘制研学方案。学生查阅的资料不一定齐全，教师可推荐学生阅读《致敬五星红旗——国旗设计者曾联松》一书。初步画一面五星红旗，两天后再组织学习研究。

【商学（方案研讨）】

（1）展示这两天学生画的五星红旗，逐一进行评价。（2）思考研究：画一幅标准的五星红旗，要克服哪些困难？学生回答后总结出"四难"，一难：画标准的五角星；二难：确定五颗五角星的位置；三难：四颗小五角星的一个角尖要朝向大五角星的中心点；四难：将旗面按要求进行等分。（3）小组分工，查阅资料，并做好后续研学活动的相关准备工作。

【共学（实践交流）】

（1）参观瑞安国旗教育馆，听讲解员介绍；（2）自主参观，记录资料；（3）组内分享，主要围绕"怎样画一幅标准的五星红旗"这一主题进行；（4）每人独立绘制一面标准的五星红旗（二画国旗）；（5）参观平阳苏步青励志教育馆，认真学习苏步青爷爷一丝不苟、严谨的治学精神，再次交流、评价二画的国旗作品，尤其是绘制五角星的方法；（6）三画国旗。

【拓学（分享延学）】

（1）介绍曾联松先生设计五星红旗的史料；（2）介绍"狱中绣红星"的故事；（3）介绍五角星的数学文化史料；（4）回家查阅"党旗绘制"的相关史料。

2.适用的学习内容。

旅行式研学是在一个主题的统领下，将学生对数学学科的认识从书本走向真实生活的学习方式。它超越了数学学科边界，在真实的情境中有利于数学学习真实地发生。比如场馆情境类学习内容、自然情境类学习内容。

（1）场馆情境类学习。场馆情境类学习内容是利用学校周边及所在区域的特色场馆资源，利用馆中陈列和展示品激发学生的好奇心与学习兴趣，从而使其加深对知识的理解，建构相应的知识。因此，教师要把握因地制宜原则，充分挖掘蕴含其中的数学知识，引导学生在场馆中探究。

（2）自然情境类学习。自然情境类学习内容是利用某一段旅程或者大自然场景，让学生实地探索研究，以数学的眼光看世界，以亲身实践来提升数学素养。同时融入其他学科知识，促进书本知识和生活经验深度融合。以温州市为例，许多著名景点就是自然情境类学习的好去处。比如温州江心屿东西双塔：东塔高 28 米，底径 8 米余，6 面 7 层，青砖围砌；西塔高 32 米，底径 7 米，六边形，7 层，中空，系楼阁式青砖仿木构建筑。松台山净光塔，塔高 65.46 米，7 级 8 面，地下 1 层，地上 7 层……这些景点蕴含着丰富的数学元素以及深厚的人文历史。我们可以开展"测量温州名塔的高度"主题研学活动，将此活动融入学校组织的春秋游活动之中。学生在活动中既发展了解决问题的能力，又了解了温州历史文化。如江心屿与鼓浪屿、东门屿、兰屿并称为"中国四大名屿"，而江心屿列中国四大名胜孤屿之首。千百年来无数文人墨客、历代名贤留有叹咏江心屿著名诗章近 800 篇。1997 年江心屿东西双塔被国际航标组织列为世界百座历史文物灯塔之一，国际航标协会正式宣布其为世界航标遗产。这样的历史文化值得我们继承并发扬，主题研学就是继承和发扬的载体。

（二）情境式研学模式

数学拓展课学习内容定位在教材的"拓展"，多数学习内容没有办法做到让学生亲身体验，甚至有些学习内容可能与学生已有的生活经验存在较大差距。如何为学生创设体验的机会？重回真实情境，经历学习全过程，需要花大量的时间，而且很不现实。我们可以将知识情境化，打通它与生活之间的联系，让学生亲身体验知识的形成过程，至少体验关键的过程。因此，我们可创设一个模拟真实的学习情境，让学生围绕一个主题进行研学。这种情境包括社会情境、历史情境、场馆情境等。情境式研学模式与旅行式研学模式比较，它们的学习流程基本相同。由于学生没有回到大自然或某场馆经历完整的知识形成过程，只能在家或者学校完成学习任务，研学之前要先启动情境，为学生创设相对真实的情境，激发学生探究的热情。

1.操作要求。

情境启动：情境创设要真实，且要在真实的情境里蕴含真实的学习任务，让学习真实发生；还要让学生体验到学习内容是有价值、有意义的，从而激发学生探究的兴趣与欲望。

方案研讨：围绕活动主题，设计小组研学方案，包括研学主题、研学时间、参与人员及分工任务等；并根据要解决的问题查阅相关的知识，不断完善方案设计，使其更具合理性、科学性。

探究交流：在探究过程中，充分挖掘蕴含在其中的数学元素；在独立探究基础上，进行小组合作学习，让每一位学生都有"亲身"参与体验的机会。

分享延学：（1）展示研学成果，分享所学所得；（2）寻找类似主题，进行研学活动。

案例：绘制奥运五环

【情境启动】

借助 2022 年北京冬奥会盛况，创设"冬奥里的数学"学习情境，启动"绘制奥运五环"这一挑战性研学任务。布置家庭作业：绘制一幅奥运五环图，两天后参与展示。

【方案研讨】

（1）"奥运五环"作品展示评价。（2）思考研究：怎样绘制一幅标准的奥运五环图？（3）小组制订研学方案，分工负责查阅资料。网上资料齐全，足以帮助学生解决遇到的学习困难。如怎样绘制奥运五环短视频、奥运五环代表什么、奥运五环标志是如何诞生的、奥运会五环旗的含义是什么等。

【探究交流】

（1）画一幅标准的奥运五环图，学生需要借助方格纸、圆规等工具，需要利用圆的有关知识进行绘制，这是一件很不容易的事。因此，组内分享交流研学成果，重点在于归纳标准的奥运五环图的绘制方法。（2）现场绘制活动，并进行展示。

【分享延学】

（1）现场欣赏奥运五环作品。（2）介绍"奥运五环"的相关史料。（3）利用双休日继续查阅资料并撰写心得体会。

2. 适用的学习内容。

（1）图形设计。一些重要的图案，不仅具有美学欣赏价值，还蕴藏着丰富的数学知识、数学原理。比如中国最美的旗帜：中华人民共和国国旗、中国共产党党旗、中国人民解放军军旗、中国共产主义青年团团旗、中国消防救援队队旗、中国少年先锋队队旗等。这些图案都可以作为学生研学的对象，可以成为情境式研学的主题。学校及周边可能没有与研学主题相关的场馆，我们可以创设一个"虚拟场馆"情境，在上网查阅相关书籍和视频资料基础上引导学生参与研学活动。如"共青团团旗绘制"情境式研学活动，创设"小初衔接"情境，提出"绘制共青团团旗"的研学任务后再展开研学。

（2）方案设计。方案设计是针对一些活动，以数学化角度进行方案的优化设计。方案的设计包括活动主题、活动目的、活动方式、活动步骤及经费使用情况等。在方案设计过程中，需要用到数学知识、数学思想方法等。比如出发地与活动目的地之间的路程，计算出租车费用，需要用到分段计算等知识；比如选择不同的交通工具，可以设计不同的出行路线，计算各条路线所需的时间与经费，并从中选择合适的路线，需要用到排列与组合、统筹优化等知识。类似这样的方案设计，适合情境式研学活动。

下面以"制订出游计划"情境式研学活动为例，说明具体操作。

【创设情境】

近段时间有一个词非常火，那就是"双减"，即减书面作业、减学科性辅导。为了响应这一号召，爸爸妈妈和老师们计划组织一场全班出游活动，时间定在双休日。

【方案研讨】

首先，确定地点。制订全班出游计划，需要考虑哪些因素？调查了解同学们最喜欢去的地方，根据调查结果确定地点。其次，规划路线。4 个地方安排 2 天行程，该如何安排？最后，选择交通方式。公交车、打车、大巴车、走路。

【实践交流】

（1）在平板电脑中搜集信息，将信息填写在对应的表格里。（2）根据表格，选择交通方式，填写在学习单上。（3）计算所需的总时间和总路费。（4）还有其他路线可选择吗？一共有几种？（5）投票表决。

【拓展延学】

（1）我们学过的统筹优化知识还有哪些？（2）设计一份全家旅游计划。

三、小课题研究模式

小课题研究给学生提供了把数学应用于生活实践的载体，将合作、自主的学习形式汇聚为一体，从而使学生真正经历问题解决的全过程，获得直接经验，提升核心素养。这种学习方式融入数学拓展课之中，让学生像研究小课题一样学习数学拓展课，开挖研究的深度，拓宽研究的广度，进一步提升学生的学习探究能力。

小课题研究方案一般包括确定课题、构建目标、制订方案、设计研究内容、展开研究过程、成果评价。（如图 3.5）根据课时的不同，我们又可以将它分成"单课型"小课题研究模式和"单元型"小课题研究模式。

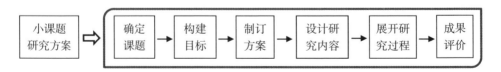

图 3.5

（一）"单课型"小课题研究模式

"单课型"小课题研究适用于难度相对较低的学习内容，要求全班学生一起参与，教师进行研究方法指导，且要求在一节课内完成学习任务。"单课型"小课题研究模式可以按照以下流程进行设计。（如图 3.6）

图 3.6

1.各环节的操作要求。

（1）创设活动情境，引发问题意识。"单课型"小课题研究，倡导创建深度学习的情境。充满趣味的活动情境能有效激发学生的探究热情，开放式的活动情境能激发学生的问题意识。教师应给予学生充分的时间和空间进行提问，引发学生的问题意识。有了问题，学生才有进一步探究的欲望和热情。

（2）引导分步探究，培养研究意识。"单课型"小课题研究是全班学生一起参与，由于学生的个体差异性以及小组合作研究能力的缺乏，教师需要将研究的过程进行分解，引导学生进行分步探究、小组合作，从而让学生在教师的协助下逐步完成课题的研究。

（3）总结研究发现，渗透研究方法。"单课型"小课题研究不仅要求学生掌握知识，还要求学生在研究过程中掌握研究方法。小课题研究方法主要有数学实验、调查统计、观察日记、文献分析、论证推理等。教师要结合学生的年龄特征、认知规律以及小课题特点，总结研究发现，渗透方法指导。

案例：怎样围面积最大

【创设活动情境】

有一条长 24 m 的铁丝，一面靠墙围成一个长方形（含正方形），长和宽取整米数时，面积最大是多少平方米？

教师提供一个开放性、挑战性问题，让学生自主研究，激发学生主动探究意识，培养学生探究能力与发散性思维。研究结果列表如下（如表 3.1）：

表 3.1 "怎样围面积最大"研究表

周长(m)	24										
长（m）	22	20	18	16	14	12	7	8	6	4	2
宽（m）	1	2	3	4	5	6	7	8	9	10	11
面积（m²）	22	40	54	64	70	72	49	64	54	40	22

初步发现：当长方形的长是宽 2 倍时，面积最大。

【引导分步探究】

学生先列表解决第一个问题，再呈现第二个问题：请再举例研究，直到发现规律为止，并尝试说明道理。于是学生不断改变铁丝长度，如 28 m、36 m……再进行研究。研究结果列表如下（如表 3.2）：

表 3.2 "怎样围面积最大"研究表

周长(m)	28												
长（m）	26	24	22	20	18	16	14	12	10	8	6	4	2
宽（m）	1	2	3	4	5	6	7	8	9	10	11	12	13
面积（m²）	26	48	66	80	90	96	98	96	90	80	66	48	26

接着引导学生选取其中的两种情况进行比较。（如表 3.3）

表 3.3 "怎样围面积最大"研究表

绳子长度（m）	24	28
直接围成的长方形最大面积（m²）	36	49
一面靠墙围成的长方形最大面积（m²）	72	98

结论：一面靠墙时围成图形面积最大的是长方形，且是铁丝直接围成正方形面积的 2 倍。

【总结研究发现】

研究"一面靠墙",发现将铁丝围成正方形,它的面积不是最大的,当围成的长方形长是宽2倍时,它的面积最大;同时发现"一面靠墙围成的面积最大的长方形,是铁丝直接围成正方形面积的2倍"。以上结论中蕴含的数学原理,需要用高等数学理论去解释。不过,教师可以用几何直观帮助学生理解,只需在"关键处"点拨,让学生知其然,并知其所以然。过程如图3.7所示:一面靠墙,则多了一条边出来,接到对边去,另一边外移,组成一个长方形。

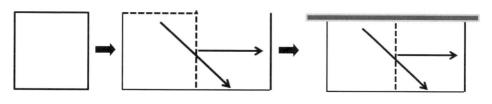

图 3.7

2.哪些学习内容适合采用这样的学习模式?

(1)教材中的"※"题。一般情况下,数学教材(也包括其他一些书)中,加"※"的题目是选学内容,或者是较难的内容,是具有思维挑战性的思考题。此类题能够帮助学生提高数学思维能力和综合应用能力,对激发学生学习数学的兴趣,增强其学好数学的信心都有着十分重要的现实意义。这些内容可以成为"单课型"小课题研究的对象。

(2)思维拓展题。在各种思维拓展类图书中,隐藏着一些名题、趣题与难题。这些题目非常适合学生通过实践操作活动进行学习研究,有着较高的研究与开发价值。不过,我们不能完全照搬照抄,应根据学生年龄特征和思维水平,选择合适的思维拓展题进行研究,或者对其进行改造,成为"单课型"小课题研究的内容。

(3)数学名题。数学名题具有解题策略多样化、解题方法巧妙等特点;不是常规题,需要较长的探究时间。如历史名题"以碗知僧":巍巍古寺在山林,不知寺内几多僧。三百六十四只碗,看看用尽不差争。三人共食一碗饭，四人共吃一碗羹，请问先生明算者，算来寺内几多僧？学生可以列方程解决，也可以用最小公倍数知识解决，还可以用分数加法及除法知识解决。类似这样的数学名题，都可以进行"单课型"小课题研究。

（二）"单元型"小课题研究模式

"单元型"小课题研究是一种长时学习方式，聚焦于超越知识点的概念，从整体的视角来理解概念，关注知识的应用。这就要求学生对学习内容产生足够的兴趣，在兴趣驱动下探索课题内容背后的数学本质，并形成显性的研究成果。美国著名教育家、哲学家约翰·杜威提出"思维起于直接经验的情境"。我们可以给学生创设一个足够有趣的情境将学生带入其中，激发学生探究的主动性；可以利用生活中有趣的现象、名题背后深厚的历史背景、创设竞赛等方式引入小课题。"单元型"小课题的研究过程往往是在课后完成的，场地可能在家里或者在户外，因此不可能像常规课堂教学那样有教师在旁指导。另外，研究的内容普遍较为开放且有深度，对许多孩子来说有挑战性，单独完成有难度。因此需要给学生安排合理的小组，通过组内的讨论、协作共同完成探究活动。同时，建议在分小组的时候，将学力好的学生与学力一般的学生进行搭配，这样有助于不同学力的孩子互相学习，顺利进行课题研究。小组合作为学生提供了一个较为轻松、不受威胁的环境，能够更好地激发学生的创造潜能，培养学生主动参与的意识和团队协作能力。

"单元型"小课题研究可以按照以下流程进行设计（如图3.8）。

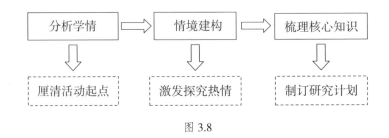

图 3.8

1.各环节的操作要求。

（1）分析学情，厘清活动起点。"单元型"小课题研究不同于以往的单元教学，它以一个研究主题贯穿整个研究过程，以一个驱动性问题引领整个研究过程。"单元型"小课题研究的设计首先要分析学生的学情，找准活动的起点。

（2）情境建构，激发探究热情。"单元型"小课题研究，需要几个课时完成。如果情境脱离学生的生活、脱离实际的问题，则难以将学生带入其中，很难使其产生学习兴趣。因此，我们要根据学生的年龄特征，认真设置符合学生生活实际的问题情境，激发学生的探究热情。

（3）梳理关键知识，制订研究计划。"单元型"小课题研究设计的关键是梳理研究的核心知识，在核心知识分析的基础上，确定研究的几个阶段，预设每个阶段的研究困难点以及相应的解决方案。"单元型"小课题研究的计划可以放手让学生在小组内先尝试制订，教师在此基础上再进行调整改进，最后确定全班的研究计划，以及每个小组重点研究的任务。制订好研究计划后，各个小组就可以课后或者在家进行研究。

"单元型"小课题研究要尊重学力差异。教师搭建有层次的支架，帮助各个层次的小组完成探究任务。对于低层级的小组，可以提供助学单，将研究的过程做详细的罗列。对于高层次的小组可以只进行必要的点拨并设计建议单，帮助学生探究拓展内容。另外，还可以安排中期汇报环节，发挥组间学习的作用，让不同层次的小组互学提升。对于能力较强的孩子，要鼓励他们课后继续做深入的研究，并将研究的过程进行记录、整理，最后写成小论文的形式进行班级交流。

案例：掷一掷：游戏公平吗？

【分析学情】

人教版小学数学教材在五年级上册第四单元"可能性"之后，安排了"掷一掷"实践活动。它以游戏的形式探讨可能性的大小，让学生经历观察、猜想、试验、验证等探究过程。学生已经研究了同时掷两个相同的骰子（六个面上分别写着数字1～6），两个朝上的数字和的可能性情况。在此基础上，研究"求两个骰子朝上数字的差（较大数－较小数）"与"求两个骰子朝上数字的积"。

【情境建构】

上次，我们一起研究了掷骰子的问题（两个骰子点数相加）。今天，我们再来研究一下关于掷骰子更多的玩法。你们觉得还有哪些不同玩法呢？（研究两个骰子点数之差、两个骰子点数之积）

【制订研究计划】

研究问题 1：两个骰子点数相减。

先抛 60 次，记录相差数；用"表格法"进行分析。设计一个比赛，规则可以是：抛到两个骰子朝上的数之差为 2、3、4，则我方赢；差为其他数，则另一方赢。

研究问题 2：两个骰子朝上点数相乘。

因为两个骰子朝上点数相乘的可能性更多，可以直接用"表格法"进行分析。从表中可以看出，两个骰子朝上的点数乘积可能性最大的是 12 和 6，可能性最小的是 16、9、25 和 36。同样，证实想法的最好办法就是进行试验。

2. 哪些学习内容适合采用这样的学习模式？

（1）数学实践活动类。数学实践活动主要指观察、测量、制作、试验等活动，它与生活有密切联系。学生在实践活动中运用数学的思维方式解决实际问题，达到对数学的理解目的，从而增强应用数学的信心，提高能力。数学实践活动内容丰富，活动地点不限，可以在校内，还可以在校外，且耗时较长。数学实践活动以学生的空闲时间为主进行研究。因此，数学实践活动适合采用"单元型"小课题研究模式。

（2）研究主题类。在"数与代数""图形与几何""统计与概率""综合与实践"四个版块中，有很多内容可以形成主题式研究。这些研究主题都是由若干个小主题构成，不可能在一节课内完成研究任务。如"数的进制"研究主题，通过先认识二进制计数单位，打开了学生对数的认识的全新视角，从而使其对"五进制""十二进制""十六进制""六十进制"等不同进制的认识和理解，顺理成章。再如"美丽的数"研究主题，通过先认识完全数〔如果一个数恰好等于它的因数之和（不包括本身），则称该数为完全数］，激发了学生研究兴趣，亲和数、对称数等知识研究也水到渠成。类似的研究主题还有很多，且适合"单元型"小课题研究模式。

四、阅读式学习模式

阅读是人类社会生活的一项重要活动，是人类汲取知识的主要手段。数学学习离不开阅读，阅读是数学学习的一项基本技能。《义务教育数学课程标准（2011年版）》与《普通高中数学课程标准（实验稿）》都强调指出，应提倡阅读、自学等多样化学习方式，教师应指导学生进行阅读学习。《义务教育数学课程标准（2022年版）》也要求突破传统数学教育的时空限制，丰富学习资源，为学生自主学习创造条件。目前，数学阅读逐步得到关注，但落实起来仍然很困难。首先，数学阅读在一定程度上被人们误解，有不少人认为，阅读是语文、英语、科学等学科的事情，与数学学科无关。许多专家学者推荐的阅读书目，也是以人文社科类居多，专业数学读物非常少。这往往给人一种错觉，即数学学科不需要阅读。其次，数学读物一般按照学段进行撰写，很少考虑不同年级段学生的阅读需求。一线教师很难找到适合自己任教年级的数学读物，从而让数学阅读成为空中楼阁。最后，数学阅读不仅是阅读文字，它需要学生从数学的文字、符号或图形中获取意义，需要学生具有较强的逻辑思维能力。数学语言又具有高度概括与抽象、严密的逻辑等特征，没有文学作品那样的文采与意境，相对"枯燥"，学生不喜欢。

随着信息技术的发展，阅读材料从文本阅读逐步拓展到多媒体阅读。我们需要关注学生的数学阅读，重视让学生在数学阅读中主动获取数学知识，发展数学思维，学习数学语言，提升数学学习能力。因此，我们将"数学阅读"概念进行拓展延伸，并结合小学生的学习特点将阅读式学习模式分为文本阅读学习模式与多媒体阅读学习模式。

（一）文本阅读学习模式

文本阅读主要是指纸质书籍或者相关纸质材料的阅读。在教学实践中，

我们提炼了文本阅读学习模式。（如图 3.9）

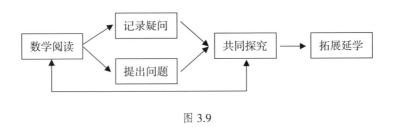

图 3.9

1. 各环节的操作要求。

（1）数学阅读。教材是数学基础知识的重要载体，无疑是数学阅读的主要内容。其中教材安排的"你知道吗？"是数学拓展课学习素材来源渠道之一。这块内容主要介绍现实生活中数学知识的应用、古代数学家的故事等。这些内容不仅可以使学生对数学本身产生浓厚兴趣，激起他们的探究欲望，而且能陶冶学生科学情操、培养科学的精神。数学阅读，可以让学生了解数学史料，丰富其对数学发展的整体认识，培养其适合未来发展的一些必备品格。挑选合适的阅读文本，精心设计，将其转化为学习资源，让学生在阅读中探究。

（2）记录疑问、提出问题。数学阅读不能只停留在"读"的层面，"读过即可"不是其目的所在。它是一种由感觉、知觉、思维、想象和记忆等多种心理因素组成的复杂心理活动，也是一个不断假设和推理的认知过程。因此，要引导学生读出数学味儿，读出蕴含在其中的数学思想方法。简单地说，学生在数学阅读中除了浅层次的"读"之外，还要走向深层次的思考与研究。因此，在阅读中要求学生记录疑问、提出问题。质疑的过程就是学生逐步理解文本的过程，也是思维能力与自学能力提升的过程。

（3）共同探究。书读百遍，其义自见。一遍不行，再读一遍，多读几遍，或许学生就能读懂。当然，要从数学读物中解析出数学知识、数学意义和方法是不容易的，还需要学生进行共同探究。首先，要共同解决学生在数学阅读中记录的疑问或提出的问题；其次，解决教师在数学阅读中提出的学生提不出来的、补充的疑问或者问题，特别是挖掘蕴藏在数学文本背后的数学思想方法。引导学生充分经历发现问题、提出问题、分析问题、解决问题的探究过程，共同体验成功的乐趣。

（4）拓展延学。学习要经过"由薄到厚"和"由厚到薄"的过程。"由薄到厚"是理解和弄懂所学知识，知其然并知其所以然；"由厚到薄"是要把学过的知识联系起来，融会贯通，提炼其精神实质，学会学习。数学阅读指导，不仅要帮助学生提升数学阅读能力，还要激发学生课后继续探究的意识，引导学生进行广泛的数学阅读。

案例：分数化成有限小数的规律

学生在"分数的意义和性质"这一单元中，学习了"分数与小数互化"，掌握了互化的方法。在此基础上，教材以阅读的形式，在"你知道吗？"板块中向学生介绍分数化成小数的规律，实际上是判断一个最简分数能否化成有限小数的方法。这个规律具有充分性和必要性，如果只让学生阅读了解，就无法帮助学生对分数与小数互化知识形成一个完整的知识脉络。

【数学阅读】

学生在阅读本段材料之前已经学习了"分数与小数的互化"，能将一个小数化成分数，也能将一个分数化成小数。在此基础上，请学生认真阅读"你知道吗？"（如图 3.10），如果读一遍不够，可以多读几遍。

◎ 你知道吗？ ◎

你知道什么样的最简分数能化成有限小数吗？你想了解这个规律吗？

其实，只要把分数的分母分解质因数，就能知道一个分数能否化成有限小数。

如果分母中除了 2 和 5 以外，不含有其他质因数，这个分数就能化成有限小数。例如，$\frac{7}{20}$ 的分母 20=2×2×5，它就能化成有限小数。

如果分母中含有 2 和 5 以外的质因数，这个分数就不能化成有限小数。例如，$\frac{7}{30}$ 的分母 30=2×3×5，它就不能化成有限小数。想一想，这是为什么？

图 3.10

【记录疑问并提出问题】

以上阅读材料，字数虽然不多，但学生未必能够理解。因此，阅读之后，学生的疑问或者问题主要聚焦于"为什么最简分数具有这样的规律?""一般分数有吗?"这两个问题。

【共同探究】

1.将 $\frac{1}{3}$、$\frac{7}{25}$、$\frac{2}{5}$ 化成小数，发现 $\frac{7}{25}$ 和 $\frac{2}{5}$ 可以化成有限小数，$\frac{1}{3}$ 不能化成有限小数；组织讨论，寻找原因。

2.快速判断下列分数能不能化成有限小数?

$$\frac{3}{4}、\frac{1}{9}、\frac{5}{8}、\frac{7}{9}、\frac{9}{25}、\frac{1}{99}、\frac{9}{40}、\frac{12}{30}$$

（1）学生初步发现：$\frac{3}{4}$、$\frac{5}{8}$、$\frac{9}{25}$、$\frac{9}{40}$ 这四个分数可以化成有限小数，因为它们的分母都只含有质因数 2 和 5；$\frac{1}{9}$、$\frac{7}{9}$、$\frac{1}{99}$、$\frac{12}{30}$ 这四个分数不能化成有限小数，因为它们的分母中除了含有质因数 2 和 5 外还含有质因数 3。

（2）质疑纠正：$\frac{12}{30}=0.4$，是可以化成有限小数的；但是它的分母中除了含有质因数 2 和 5 外，还含有质因数 3。

（3）再次阅读材料，发现分数化成有限小数的研究前提是"最简分数"；$\frac{12}{30}$ 首先要化成最简分数是 $\frac{2}{5}$，再看分母 5 只含有质因数 5，所以能化成有限小数。

（4）深入思考：为什么阅读材料中说分母中除了 2 和 5 以外，不含有其他质因数，这个分数就能化成有限小数?

学生在研究中发现只有分母是 10、100、1000……的分数能直接化成小数，而 10、100、1000……这些数都只含有质因数 2 和 5；也就是说一个最简分数的分母不含有 2 和 5 以外的质因数，这个分数可以根据分数的基本性质，转化成分母是 10、100、1000……的分数。

【拓展延学】

通过阅读，学生知道了一个最简分数化成有限小数的规律，那么只能化成无限小数的分数，有没有规律呢?

1. $\dfrac{(\ )}{9}$化成小数，在研究中发现它们分别等于$0.\dot{1}$、$0.\dot{2}$、$0.\dot{3}$、$0.\dot{4}$……

2. 循环小数$0.\dot{0}\dot{1}$，是哪个分数化成的？学生猜测后，验证得到$\dfrac{1}{99}$；由此，你还想到了什么？

3. 依据规律，$0.\dot{9}$化成分数等于$\dfrac{9}{9}$也就是1了，$0.\dot{9}$是一个无限小数，怎么会等于1呢？学生课后查阅资料研究。

学生借助"你知道吗？"阅读材料，探索最简分数化成有限小数的规律；借助拓展阅读材料，从"$\dfrac{(\ )}{9}$化成小数的规律"到"$\dfrac{(\ )}{99}$化成小数的规律"，促进学生自主寻找数学的奥秘。

2.哪些学习内容适合采用文本阅读学习模式？

（1）教材上的"你知道吗？"材料。以人教版小学数学六年级上册教材为例，在"分数乘法"单元里，通过"你知道吗？"材料《庄子·天下篇》中有一句话："一尺之锤，日取其半，万世不竭。"这根木棒是一个长度有限的物体，但它却可以无限地分割下去。学生在阅读学习中，就可以感受其中蕴含的极限数学思想。在"圆的周长"小节里，通过"你知道吗？"介绍了圆周率的一些历史材料，特别指出了我国古代数学家祖冲之在这方面的伟大成就，让学生从数学发展史的角度了解圆周率，有助于学生建立动态的数学观。在"比的应用"小节里，通过"你知道吗？"介绍"黄金比"知识及设计的艺术品、建筑物等，让学生充分感受数学与现实生活的紧密联系，体会数学的价值和美感。在"百分数的意义"小节里，通过"你知道吗?"介绍了恩格尔系数，一方面使学生了解百分数在生活中的广泛应用；另一方面，通过阅读材料，使学生了解经济、社会生活中的一些常识，培养学生的数据意识。

"你知道吗?"字数不多，内涵丰富，拓展空间大，具有可读性、探究性以及文化性，适合采用文本阅读学习模式。

（2）数学科普读物。数学科普读物凝聚了数学家、科普作家研究数学的智慧与精华，用生动活泼、幽默有趣的语言，结合生活实际讲述一道道数学趣题、难题，让学生对数学有了不一样的认识。学生走进文本，在阅读中慢慢探索，找出规律、收获知识，感受数学严密的逻辑，学会像数学家一样思考。近几年来，小学生数学科普读物大量出版，比如《这就是数学》《走进奇妙的几何世界》《数学真好玩》等。这些都值得学生阅读探究，也适合采用文本阅读学习模式。

（3）数学绘本。数学绘本将数学知识编成生动有趣的数学小故事，以文字与图画相结合的方式呈现，具有故事性、趣味性、直观性。数学绘本深受低年级学生的欢迎。因此，我们可以紧密配合教材，灵动地运用数学绘本。但是在教学中，不能简单、机械地使用数学绘本，照搬里面的故事情节，需要在推敲、研磨、修改、调整后，将其改造成为适合学生阅读、提问、探究的学习材料。

（二）多媒体阅读学习模式

多媒体阅读是借助信息技术拓展小学数学阅读的形式、时空，小学的多媒体阅读可以微课的形式展开。微课具有短小精悍、直观形象、图文并茂、针对性强等特征，能够多角度地调动学生的情绪、注意力和兴趣。微课又具有重复性，可以多看几遍，有利于突破学习难点，提高学习效率。

微课融入数学拓展课，可帮助学生解决学习中的疑难问题，即在学习关键处出现障碍时进行"助学"。经研究、实践、再研究，我们总结提炼了微课一般学习模式。（如图 3.11）

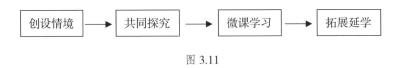

图 3.11

1. 各环节的操作要求。

创设情境：学习是从需要开始的，不管哪一种学习模式，首先要让学生产生学习"需要"。教师要寻找适合多媒体阅读的学习素材，并结合素材特征创设真实情境，通过创设趣味性、挑战性、探究性的情境，引发学生的质疑，提出驱动性问题，为后面的微课学习做好问题铺垫。

共同探究：虽然微课学习是为了解决学生心中的困惑，但并不是有了问题就马上开启微课学习，而是首先要为学生提供通过小组合作探究尝试解决问题的机会。教师要将学习内容进行层级式设计，让学习由浅入深、由易到难、拾级而上，让不同层次的学生都能参与研究过程。在研究过程中要充分暴露学生在学习过程中存在的困难、障碍或者疑惑，并对这些"难点"进行尝试研究和记录。

微课学习：为了解决学生们探究过程中遇到的疑惑，并充分理解问题背后所蕴含的思想方法和数学文化，可引导学生开启微课学习。微课学习内容大致有三类：一是将静态知识进行动态演示，直观形象，帮助理解，解决困惑；二是数学家的讲座视频，展示相关内容的研究过程、研究成果，对研究内容有更深层次的了解；三是数学文化史料，展示知识的形成过程、数学发展史及理性的探索精神，渗透数学之美。当然微课的使用时机并不是一成不变的，而是要根据学生的学情和认知的困难点，在认知障碍处插入微课。

拓展延学：微课的学习并不是学习的终止，解决了前面探究过程中遇到的困难，同时也要引发学生进一步思考，引导学生提出要继续探究的问题；鼓励学生课后去查找相关的书籍、视频，将学习的视野打开。

案例：地图与涂色

【创设情境】

呈现世界地图，提出问题：如果给全世界220多个国家和地区的地图涂色（相邻两个国家或地区涂不同的颜色），至少需要几种不同的颜色？学生大胆猜想后，进入探究环节。

【共同探究】

（1）通过化难为易、化繁为简，将世界地图进行简化处理，从只有三个国家的地图开始研究，然后四个国家、五个国家……初步发现规律。（2）学生自主设计一张地图，进行涂色研究验证。（3）学生提出疑惑：给一张地图涂色，为什么只需要4种不同的颜色呢？

【微课学习】

通过教师讲授难以解决学生困惑，此时采用微课学习，插入"学习强国"平台中天津大学顾沛教授关于"四色问题"的讲座视频，为学生答疑解惑，使其了解一百多年来数学家探究四色问题的过程与结果，感受数学家的探究精神和求知热情，从而激发其学习数学的兴趣。

【拓展延学】推荐学生阅读《有趣的数学旅行3——几何的世界》一书"地图与颜色"小节。

2.适合学习内容。

（1）数学文化介绍类。随着新课程改革不断深入，数学文化逐渐走进教材，进入数学课堂，从而让数学知识变得更加平易近人，也让学生进一步理解数学、喜欢数学、热爱数学。如何在有限的时间内让学生清楚知识的由来，了解数学背后的人文知识，感受数学之美？多媒体阅读为我们开启了新的学习方式，比如学习"科克雪花"，就可以用微课展示科克雪花的由来，以及一些分形的动态形成过程。

（2）数学难题类。数学难题是指具有挑战性、非常规的数学问题。它需要学生经过较长时间思考并认真研究才能够解决。通过教师的讲解又难以说得清楚的一些问题，就可以通过微课的形式多维通道帮助学生理解。

（3）操作演示类。数学中还有一些过程性知识，需要操作演示展示其形成过程，教师仅靠道具演示讲解很难让每个孩子看清楚。还有一些数学游戏，其操作方法复杂，需要按步骤进行分解。此时就需要将操作步骤拍摄成微视频，将学具的结构以最清晰的视角展示在学生面前，将操作步骤放慢、放大，让学生在反复观看、辨析的过程中掌握操作的要领，领悟其中的数学原理以及思想方法。比如"九连环"的教学中，除了让学生尝试解下一个环、两个环、三个环等，还需要配上正确的操作视频，让学起来有困难的学生也能跟着做一做。

微课可以以片段的形式穿插在教学的某一个环节，在师资缺乏的地方也可以代替教师上课，直接以微课引入、展开，学生跟着微课的步骤一步一步去研究。不管以哪一种方式进入课堂，学生观看完微课后都要记录疑问或提出问题，接着师生共同探究，最后拓展延学。为了能让更多的教师、学生受益，陈加仓名师工作室团队进行了微课拍摄，以下是小学高年级段的部分微课（如表 3.4）。

表 3.4　小学数学拓展课四、五、六年级微课表

年级	微课名称
四年级	1. 逃生游戏；2. 幻方游戏；3. 妙用乘法分配律；4. 有趣的回文算式；5. 神奇的数阵；6. 百僧吃百馒头问题；7. 巧取银环；8. 李白买酒中的数学问题；9. 格子乘法；10. 简易画线乘法；11. 三角形的三边关系
五年级	1. 圆片移动游戏；2. 读心术；3. 撕纸游戏；4. 走楼梯；5. 汉诺塔；6. 神奇的 142857；7. 指尖上的数学；8. 三角形面积的等分；9. 等腰直角三角形面积；10. 猴子尾巴重新接回的秘密；11. 剪绳游戏；12. 拉灯游戏；13. 空瓶问题；14. 神奇数 9 的运算；15. 神奇的除数 7 和 13；16. 等可能性；17. 寻找长方形面积的 $\frac{1}{2}$；18. 七巧问题的研究；19.7 的倍数特征；20. 神奇的尾数；21. 相遇问题；22. 空瓶和水替换中的数学问题；23. 火车过桥问题；24. 巧求表面积；25. 长方体包装中的学问；26."扫雷"游戏
六年级	1. 科克雪花；2. 错视图形；3. 巧求面积；4. 勾股定理；5. 分骆驼；6. 勾股树；7. 奇妙的螺旋线；8. 再探体积；9. 哪个圆锥的体积最大；10. 三角形中的面积关系；11. 有趣的分数加减法；12. 神奇的蛙跳加法；13. 分数的拆分；14. 巧算圆的面积；15. 哪个圆柱的体积最大；16. 蝴蝶原理；17. 多面体的秘密；18. 国旗的绘制；19. 华罗庚直接法

第四章
小学数学拓展课学得怎么样

传统评价方式以数学学科知识和技能为主，评价内容更多地注重对学习结果的评价，一定程度上忽视了对学生的学习过程的评价。这样的评价不利于学生全面、持续、和谐地发展。数学拓展课与数学常规课相比，更加强调动手实践、合作交流等学习方式的应用，更加重视数学思维及数学素养的提升。但在评价方面，目前数学拓展课的学习评价研究比较缺乏，很多学校开设了数学拓展课，但是没有相应的评价机制，这让数学拓展课的学习效果大打折扣。如何设置合理的评价机制，对拓展课学习过程及结果进行科学合理的评价是值得深究的问题。

一、学习评价原则

在数学拓展课的学习过程中，要积极发挥评价的作用，激发学生学习的积极性与主动性，提升数学素养。因此，在学习评价中要把握好几个原则。

1.评测与激励相结合原则。

数学拓展课的学习内容在教材之外，是教材知识的拓展、延伸、扩充，因此，数学拓展课有点"难"。如何解决与突破？首先，在选材与设计上下功夫。在学生最近发展区处选择学生喜欢的学习素材，将其转化成教学资源，并进行巧妙设计。其次，在实施过程中，学生遇挫了，要多鼓励、多帮助，多给时间与空间。最后，在测评环节，也要体现难易分层，让学力不同的学生都有体验成功的机会。总之，在选材上要考虑，在设计上要用心，在实施中要关注每一位学生，在最后的学习评价环节也要激励学生。

2. 过程与结果相结合原则。

传统的评价更关注结果，学生只需要记住结论，会算、会做题就能拿到比较好的分数，这使很多学生失去了对知识形成过程的探究欲望，显然不利于学生核心素养的培养。目前，数学拓展课相较常规课，更加注重过程性的探究，相应的评价机制也要体现过程性，学生研究的答案不管正确与否，都是有收获的。我们要用积极的态度面对学生的"困惑"，鼓励学生大胆表达、不断尝试，共同解决问题；及时发现学习过程中的闪光点，积极引导，推而广之。

3. 平时与期末相结合原则。

学习评价要做到平时评价与期末测评相结合。平时要认真记录学生课前预学、课中探究与课后延学情况，再结合期末测评，对学生的学习情况进行综合评定。在纸笔测评中，要将平时上课内容列入其中，即教什么，考什么，不加重学生的学习负担。在题目呈现方式上，不考简单的、机械的记忆题，尽可能采用探究题。

4. 测试与研究相结合原则。

将数学拓展课学习评价融入数学学科评价之中，每学期都要对学生进行"数学学习能力测试"，测试成绩不采用百分制，也不采用等级制，而是以获得的"小星星"数量进行评价。除了笔纸测试之外，低年级学生可以进行"一题"研究，撰写研究收获、心得，高年级学生进行"小课题"研究，撰写小论文。针对学生研究的过程、方法与结果再予以评价。

二、学习评价方式

数学拓展课的学习评价方式应该是多样的，能够吸引学生眼球的。数学拓展课学习评价更应重视学生的表现性评价，重在激发学生参与学习的兴趣与积极性。评价内容也应该朝多元方向发展，关注学生能力的养成。

1.学习能力测试。

纸笔测试作为一种评价方式，更多关注学生知识掌握情况。数学拓展课纸笔测试的侧重点应该是有所不同的。首先，考查内容应倾向于学生关键能力的掌握情况，了解学生通过一个学期的学习，探究能力是否有所提升，如是否具备用转化的数学思想方法、画图方法等解决问题的能力。其次，考查学生参与学习情况。参与学习情况的测试题目应大多为本学期数学拓展课的学习内容，通过测试了解学生能否熟练掌握类似的探究过程；也可以将拓展内容与数学教材内容结合起来评价。传统的类似的思维测试与教材的联系不够密切，所以我们在编制数学拓展课学力测试题时，将教材上的学习内容适当地融入其中，旨在引导学生将数学拓展课看作"数学课"，而不是特殊的、增加负担的数学课。下面呈现我们设计的三个学期的数学学习能力测试卷。

附1：

三年级（上学期）数学学习能力测试题

1. 用 2、5、4 三个数字可以组成（　　　）个没有重复数字的两位数，其中最大的是（　　　）。

2. △ + △ + △ + ☆ + ☆ =22，☆ + ☆ + △ + △ + △ + △ + △ =30，△ = （　　　），☆ = （　　　）。

3. 一壶水能装满 2 个热水瓶，1 个热水瓶能倒满 8 只杯子。一壶水能倒满（　　　）只杯子。

4. 笼子里有几只鸡和兔，从上面数，有 5 个头；从下面数，有 14 条腿。鸡有（　　　）只，兔有（　　　）只。如有必要可以画图研究。

5. 数一数：

共有（　　　）条线段　　　　　　共有（　　　）个角

6. 你能用比较简便的方法求出下面图形中○的总个数吗？

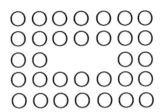

算式：_____；共有（　　）个○。

7. 猴哥哥今年 21 岁，猴弟弟今年 19 岁。过了几年以后，当猴哥哥 27 岁时，猴弟弟（　　）岁。

8. 3 只蚂蚁发现一只虫子，却抬不动，于是每只蚂蚁又分别找来了 3 只蚂蚁，终于把虫子抬了回来。抬虫的蚂蚁一共有（　　）只。

9. 妈妈去买菜，买虾用去了口袋里钱的一半；买肉用去了口袋里剩下的钱的一半，现在口袋里还有 12 元钱。妈妈的口袋里原来有（　　）元钱。

10. 一只蜗牛爬竹竿，白天上爬 3 m，晚上下滑 2 m，它（　　）天能爬上 8 m 高的竿顶。

11. 12 个和尚吃 12 个馒头，大和尚一个人吃 3 个馒头，小和尚三个人吃 1 个馒头，大和尚有（　　）人，小和尚有（　　）人。

12. 把 1、2、3、4、6、7、8、9 这 8 个数填在下图的方格里，使每横行、竖行和斜行上的三个数的和等于 15。

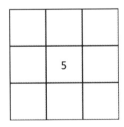

附2：

三年级（下学期）数学学习能力测试题

1. 有 4 人，如果每两人互相握一次手，一共要握（　　　）次手。

2. 有 6 个好朋友，每 2 位之间通 1 次电话，一共要通（　　　）次电话。

3. 哥哥和弟弟每人都有 10 块糖，哥哥给弟弟 3 块，这时弟弟比哥哥多（　　　）块糖。

4. 一张纸条，先撕成 6 块，再从中取出 1 块撕成 6 块，接着再从中取出 1 块撕成 6 块，如此进行下去，到撕完某一块后停止。最后纸片数量是（　　　）块。

　　A. 60　　　　　B.61　　　　　C.62

5. 如下图所示，一张桌子每边坐 1 人，一共可以坐 4 人；2 张桌子合并起来，一共可以坐 6 人；3 张桌子合并起来，一共可以坐 8 人；照这样下去，5 张桌子合并起来，一共可以坐（　　　）人。

6. 一个很薄的圆形蛋糕，用刀沿着直的线切开。切 3 次，最多能将这个蛋糕分成（　　　）块。

7. 猎人要带 1 只狼、1 只羊和 1 捆草划船过河，每次只能带一样东西（猎人在的时候狼不敢吃羊，羊不敢吃草），猎人怎样带它们都过河？

　　答：猎人第一次，带（　　　）过；第二次，带（　　　）过，（　　　）回；第三次，（　　　）过；第四次，带（　　　）过。

8. 画一画，请把下图分成形状、大小相同的 4 个家（4 块），并让每个家都有 1 只蚂蚁。

9. 下图是由 6 个圆片摆成的"三角形"，至少移动（   ）个圆片，使它尖尖的角朝下。

10. 斐波那契数列因数学家斐波那契以兔子繁殖为例子而引入，故又称为"兔子数列"，指的是这样一个数列：0、1、1、2、3、5、8、13、21、34、（   ）、（   ）、（   ）……

11. 小蜜蜂只能往右爬到相邻蜂房，请写出小蜜蜂（m）到 4 号蜂房走的不同路线。

答：如（1）m → 1 → 2 → 3 → 4；

（2）

（3）

（4）

（5）

附 3 ：

四年级（上学期）数学学习能力测试题

1. 计算：$7^2 - 6^2 =$ $6^2 - 4^2 =$

2. 唐老鸭与米老鼠家相距 120 米，米老鼠共走了 3 个来回。

它一共走了（　　　）米。

3.三年级有4个班，每班有32人；四年级有3个班，共120人。两个年级共有（　　　）人。

4.两根同样长的小棒用绳子绑在一起后长是100厘米，连接处是20厘米。每根小棒长（　　　）厘米。

5.用一只杯子向一个空瓶里倒水。倒进2杯水，连瓶共重150克；倒进3杯水，连瓶共重180克。这个空瓶重（　　　）克。

6.甲、乙、丙三人买了15个小面包，三人吃了同样多。丙没带钱，甲付了8个小面包的钱，乙付了7个小面包的钱。第二天，丙带了10元钱，每个面包（　　　）元，他应给甲（　　　）元、给乙（　　　）元。

7.一只兔子在一只猎狗的前面100米处。它们同时发现了对方，兔子往前逃跑，每秒钟跑6米；猎狗往前追击，每秒钟跑8米。过（　　　）秒猎狗就能追上兔子。

8.有一种虫子，每天长大一倍，15天能长到80毫米长，长到10毫米要（　　　）天。

9.两个探险者，同时从A地向B地出发。甲每天走4千米；乙第一天走1千米，第二天走2千米，以后每天比前一天多走1千米。两人从出发经过（　　　）天可以相遇。（可以列表解决）

10.用绳子测量井深，把绳子折成三折来量，井外多出4米；把绳子折成四折来量，井外多出1米。请问井深（　　　）米。

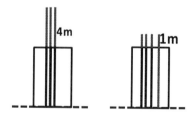

11.有100位同学排成一排，按1～100编号；然后从左至右1、2、1、2……报数；报1的同学离开，报2的同学留下；留下

的同学再重新按 1、2、1、2……报数；这样依次进行下去，最后报 2 的这名同学，是第（　　　）个。

12. 下图是跳棋的棋盘，先圈一圈，然后再算一算，一共有（　　　）个小圆洞。

2. 探究过程性评价。

在人的内心深处都有一种根深蒂固的需要，就是希望自己是一个发现者、研究者、探索者。在儿童的精神世界中，这种需要特别强烈。因此，我们要为学生提供探究机会，让学生在观察、操作、猜测等活动中，发挥学生的创造性，培养自主探索意识和探索能力。那么，怎样对学生的探究过程进行评价呢？在实践教学中，我们主要以学生课中汇报为依据，能上台汇报展示课前研究成果的，不管结果正确与否，都可获得一颗星。如果结果正确的，还能再得一颗星，从而激发学生自主参与学习探究的积极性。

如学生自主研究五年级"长方体中的涂色问题"一课，课前我为学生准备了 64 块棱长为 2 cm 的白色小正方体（外表可涂色），布置了如下任务：将这些正方体拼成大正方体（棱长为 4，6，8 cm 的正方体），在表面涂色，再任意打散，最后再组装回去。（如图 4.1）学生课前有了拼装、打散后将有涂色的小正方体重装回去的经验，课上就能进行深层次思考并建模，而我们则可以在建模之后再打破思维定式，从多层的涂色退回到一层的研究，从而达到培养学生空间观念的目的。如果学生课前能快速还原 2×2×2 的正方体，我们就奖励一星，能快速还原 3×3×3 的奖励两星，能快速还原 4×4×4 的奖励三星。课前的自主尝试不仅能让孩子获得操作经验，更能让孩子体会研究带来的喜悦。学生"课前探究"到位，将为课中学习探究打下扎实基础，既省时又高效。

图 4.1

除了课前探究评价，课中评价与课后评价也是非常重要的。课中探究评价方式一般结合操作同时进行，分为学生自评、同伴互评、老师评价等。常见的评价形式可以是表格式的完成情况评价，也可以是交流时的语言评价。如：就你们这组刚才操作时大家的表现，请你对小组内的同学评价一下。

课后的探究评价老师们都有研究，这里就不一一赘述。

3. 数学日记评价。

将数学日记引入学习评价之中，旨在鼓励学生自我反思、自我更新。通过数学日记唤醒学生的数学意识，使数学拓展课的学习更具个性和情感。学生可以自主选择学习过程中的某一个探究环节或者最有感悟的内容作为数学日记写作对象，把看到的、听到的、想到的及时记录下来并撰写成文。数学日记是一面镜子，折射出学生"学"的行为。数学日记不仅可以加强师生之间的情感交流，还有助于建立和谐平等的师生关系。数学日记评价并不要求人人参与，颇有收获心得，有感而发撰写成文的，可以将数学日记发到老师的邮箱里，不管字数多少，至少能获得一颗星。下面是"数字华容道"一课后，个别学生撰写的数学日记。

数学日记 1：玩数字华容道有感

五（4）班　小陈

我原本不会玩华容道。玩着玩着，我知道了规则，就是要想办法把游戏盘上的数字按顺序排列好，不能抠出来，只能上下左右地移动。我感觉第一排摆放"4"最难，第二排摆放"8"最难，虽然过程曲折，但是经过我反复试验，最终还是顺利排好。

这节课让我懂得，不论是玩游戏还是做事情都需要开动脑筋，花时间去思考、去琢磨。只有反复推敲才能不断改进，最终获得成功。

数学日记2：华容道心得
五（4）班　小苏

我在玩华容道时，发现了华容道的特点，比如第一行"4"最难，第二行"8"最难，第三行"9"最难，第四行"13"最难。一开始我一点也不会，后来试着试着就拼出来了，玩着玩着就会了。在慢慢学习中，我再次有了一些对策，如"4"上不去了，可以用绕圈的方式把"4"移上去，如果"15""14""13"的位置错了，同样可以用绕圈的方式移上去，比如"13"在后，要用逆时针去转，转到"14"前面就可以了；如果"15"在前，也需要用逆时针去转，再转到"14"后面就可以了。

这就是我的心得。

数学日记3：练华容道有感
五（4）班　小徐

前几天徐老师给我们带来了华容道，这对我们来说很新奇，因为这是我们第一次接触这种游戏。我在玩的过程中遇到了一些问题，每次快完成的时候，最后一排老是摆不好，让我很是抓狂。

让我惊喜的是，今天陈校长来给我们上课了，教我们华容道的解法，正好合了我意。但是听了课之后我发现自己的华容道技术并没有突飞猛进，我还是没办法解出来，这让我有点失落。

后来回家，我还是不甘心，就继续玩华容道。我还在网上搜了很多教学视频，一步步地学习，慢慢地，我能解出简单的华容道了，而且手速越来越快，这给了我信心。于是我让奶奶给我买了更加复杂的华容道，我一直尝试，竟然也能解出来。最后我下载了华容道的软件，闯过了里面一道道关卡，每过一关，成就感就增加一分。

现在，华容道成了我最喜欢的游戏，我也从这个过程中学到了一些道理。没有人是天生聪明的，想要学会一些事，就要努力和坚持。就像玩华容道一样，没有人天生会玩，但是经过不懈的努力，说不定我也能成为华容道大师呢！

数学日记不是学生天天要写的日记，而是根据学生在课堂上的表现临时决定的。如果学生有特别创新的解决问题策略，或者对学习内容十分感兴趣，或者学习内容富有教育性等，我们可以鼓励学生撰写"数学日记"。

4.征文比赛。

数学征文比赛和数学日记不同，在全班或者全校层面展开，对于字数、文题也有一定的要求。针对研究主题，教师统一布置征文任务。学生把数学知识、解题方法、学习困惑等及时记录并反思，整理成文章。如果一个人撰写征文有困难，可以两三个人合作完成。征文比赛作为学习评价的另一种形式，改变了单一的纸笔测试，多元促进学生能力养成、素养提升。当然，征文比赛不能每周进行，一个学期举行一到两次即可。比如主题研学活动之后，可以组织征文比赛，再次对学生进行教育。

征文案例1：参观瑞安国旗教育馆

五（1）班 小顾

红领巾，心向党，面向党旗跟党走。今年是一个特殊的年份，我们少先队的带领者——中国共产党，将迎来她的100周岁华诞。在这样一个特殊的时刻，我们学校带领我们去参观了瑞安国旗教育馆，更详细地了解了国旗的画法、国旗的设计者、历史背景以及使用规范，接下来由我带大家一一了解国旗的各项规定。

首先我带大家了解一下国旗的画法，国旗的长宽之比是三比二，画国旗首先要把国旗分成四个部分，我们把左上角部分分成15比10的正方形方格，在左5右10、上5下5的位置，以圆心画出半径为3的圆，在这上面分别标出五个角度为72度的点，这样我们就可以把大的五角星画好了，接下来小的五角星也可以按照大的五角星这么画，不过要注意的一点就是，小的五角星需要有一个角对着大的五角星的中心点，这样五个五角星都画好了。

接下来我带领大家了解一下国旗的设计者曾联松。他是温州瑞安人，在报纸上看到了征文启事后，义不容辞地去设计国旗，他从人们常说的盼星星盼月亮中得到启示。他想：中国共产党不就是人民的星星吗？于是他就在一张红纸上画了5颗星星，大星表示中国共产党，小星表示中国的4个阶级，这幅设计受到了毛主席的赞扬，最终推荐为中国的国旗。

不忘初心，牢记使命，我们要跟随党的步伐，成为一个合格的共产主义接班人！

征文案例2：国旗中的数学奥秘

五（5）班 小潘

一天下午，我加入了陈加仓校长带领的数学研学团队。

第一堂课时，校长给我们布置了一个任务：画一面国旗。听完，我有点丈二和尚摸不着头脑：画国旗？国旗跟数学会有什么关系呢？思索再三，我上网查阅了国旗的长宽比，然后画出了一面自以为很标准的国旗。第二堂课时，这个疑惑终于得以解决。原来我们同学画的国旗有很多不标准的地方，如：小星星的角度不对，星星的边长不对，星星的位置不对……我们的问题居然占满了一整块黑板！

为了让我们画出标准的五星红旗，陈校长带领我们来到瑞安国旗教育馆实地查看。国旗教育馆位于西山之巅，展馆共有四层，以"天圆地方、天瑞地安，鼎盛中华、红旗飘扬"为设计主题。

远远望去，四面鲜红的五星红旗给人带来庄严之感。在大厅中央，设有一个四层楼高的荧光屏幕，一面电子国旗徐徐飘扬，着实让人觉得震撼。参观二楼展馆时，我们了解到国旗的设计者居然是温州瑞安人，同学们的自豪感油然而生。同学们在老师的带领下，详细了解了国旗设计者曾联松与国旗的故事，知道了制作国旗的面料、规格、型号与数据资料。

参观完展馆，同学们便迫不及待地打开稿纸开始第二次的绘画了。只见量角器、圆规都纷纷上场，画国旗的复杂系数也明显加大了。经过几个小时的"创作"，放眼望去，所画的国旗仿佛都跟展馆里的一样标准了。一面面小国旗连成了一幅充满数学符号的画卷。

为加深同学们对数学的情感，陈校长又带着我们辗转至温籍数学家苏步青爷爷的展厅。通过参观，我们惊叹数学无处不在，可能我们的指甲盖、一支笔、一把剪刀都藏着无穷的数学奥秘，等待着我们去探索、去发现……

征文案例3：一次有意义的"国旗绘制"研学活动
六（6）班 小康

除了在课堂上我们可以获得许多知识，还可以走出校园开阔视野，有新的体验和收获。2021年3月6日，我校41位中高年级段"小数学家讲坛"的"热衷粉"在陈加仓校长和数学组10位老师的带领下，怀着激动的心情来到瑞安国旗教育馆。这是本次研学活动的实践部分，之前学生们已经第一次尝试绘制国旗，并在课堂中做了分享。但是大多数学生画的国旗不够标准，为此，大家带着许多问题来国旗教育馆寻找答案。

一下车，气势宏伟的国旗教育馆便让我肃然起敬。场馆外墙由金属网装饰成四面飘动的国旗，大门上"国旗教育馆"五个大字映入眼帘。进入大厅，同学们都兴奋不已，开始小声讨论。我好奇地环望四周，发现：右边的墙居然是由国歌组成的，采用的字体是木活字印刷的。再仰望上空，顶部竟然是一面五星红旗！"真美呀！"我越看越投入，不禁发出了赞叹。

我们跟着讲解员姐姐前往"国旗诞生厅"。最令我惊叹的，便是设计国旗者曾联松先生的雕像。只见曾联松先生一只手拿着笔，一只手拿着稿子，他没有看着稿子，而是仰望星空，思索着如何设计国旗。后来，我听讲解员姐姐介绍再加上观察国旗初稿才发现：曾联松先生所设计的国旗初稿里大三角星里面有着镰刀和锤子，和我们看到的五星红旗并不一样。评选人员觉得曾联松先生的国旗模仿了苏联国旗，于是大五角星中的镰刀和锤子就被去掉了，后又将曾联松先生所设计的"五星地红旗"改成了"五星红旗"。

接着，我们又参观了"国旗荣耀厅"。在那里我看到了瑞安国旗教育馆的镇殿之宝——一面在天安门广场升起的五星红旗。这面国旗 2019 年 5 月 10 日至 5 月 12 日曾在天安门广场国旗杆上悬挂使用，它的日子意义重大，因为 1949 年 5 月 10 日瑞安解放。

在讲解员的分享中，我们了解了国旗的诞生、国旗的知识以及国旗设计等诸多信息。大家纷纷拿起笔，将了解到的信息记录在研学单上，或借助电子设备留住宝贵的知识，有了国旗教育馆的知识补充。出来后，老师发给我们一张 45 cm×30 cm 的白纸，让我们运用所学知识画一幅国旗。同学们或站在画板前，或席地而坐，借助尺子打格子，借助圆规画圆，借助量角器找点，他们认真专注的样子像极了小小数学家。陈加仓校长关注着每一个学生创作的过程，时不时和同学们探讨绘画的方法。我也投入进来，我先将这张纸分成了四个相等的长方形，然后在左上方的长方形上以 15∶10 画了 150 个格子确定大五角星在这个长方形上五下五、左五右十的位置。以这个点作为中心点画一个半径为三格的圆，然后等成五份，再将不相邻的等分点连起来，就画成了五角星。接着我又以同样的方法画了四颗小五角星，但是要注意的是，小五角星的半径为一格，每一颗小五角星都有一个角尖朝向大五角星的中心点。经过一个小时的"创作"，我终于完成了五星红旗的绘画。望着自己画的五星红旗，我的内心无比自豪和愉快，同时也学到了五星红旗里藏着的数学知识！

一次意义非凡的数学研学之旅，不仅有思维上的跃进，更培养了我们的爱国情怀，激发民族的自豪感。理性数学与感性的人文教育相得益彰，迸发出更深远的教育意义。走出课堂，在更广阔的时空当中，学生看、听、思、写、悟——学习最美好的样子。这份记忆一定会一直珍藏在我的脑海里！

总之，数学拓展课的学习评价不能一成不变，应实施开放式的学习评价模式。学习评价还可以通过汇报、展览等形式进行，学生把自己的学习研究成果用自己最喜欢的方式进行表达，在交流中产生成就感，通过评价激发学生学习数学的热情。

第五章
小学数学拓展课案例赏析

　　学习因需要而产生，只有引导学生在需要中学习数学拓展课，才能培养学生的学习兴趣。此书精选的数学拓展课案例从学生真实的学情出发，关注学生真实的学习需要，力求学习设计更具普适性。在这些数学拓展课中，我们关注学生道德品质的培养，真实落实学科育人；关注学习素材的选择，让其符合时代需求。根据学生不同的学习模式，对这些案例进行了分类，并按实验探究学习模式、主题研学模式、小课题研究模式、阅读式学习模式分别进行呈现。

　　为了让各位读者真正走进每一节数学拓展课，真实了解学生的学习实况，本书尽量将案例中的学导过程真实且详尽地进行描述，未进行调整与修饰，尽量让每一节数学拓展课保持"原汁原味"。同时，为了让大家深入了解每一节数学拓展课，甚至可以"拿来就用"，我们将现有的数学拓展课配套 PPT（PowerPoint 的简称，中文名为幻灯片）或几何画板课件、学习单、课堂视频等资料附上，大家扫一扫封底的二维码就可轻松获取。

─── **实验探究类案例** ───

案例 1：打破思维定式　开拓研究空间
——"三角形的最多个数"学导过程及评析

【适合年级】

五年级

【教学目标】

1. 在画图、比较、归纳、概括等数学活动中，初步掌握凹多边形的特征及三角形最多个数的计算方法。

2. 经历凹多边形剪三角形的探究过程，渗透转化等数学思想方法，培养推理能力，发展空间观念。

3. 克服思维定式，体验成功乐趣，感受数学学习的魅力。

【教学重点】

参与凹多边形剪三角形的探究过程，初步掌握凹多边形的特征及三角形最多个数的计算方法。

【教学难点】

探究三角形个数与凹多边形边数之间的联系。

─── **学导过程** ───

一、复习准备，提出猜想

1. 复习准备。

板书课题：三角形的最多个数。

师：看到课题，你想到了什么？

生 1：我知道了这节课的学习内容。

生 2：这节课学习的内容肯定与三角形有关。

生 3：这节课学习的内容肯定与图形有关。

师：请回顾一下，我们学习了哪些平面图形？

生 1：长方形、正方形、三角形、平行四边形、梯形，还有圆。

生 2：我们还认识了一些不规则图形。

师：圆是曲线图形，除了圆其他图形分别是几边形？

生：三角形是三边形；长方形、正方形、平行四边形、梯形都是四边形。

师：见过五边形吗？六边形呢？八边形呢？十二边形呢？二十边形呢？
（随着多边形边数的增加，见过的学生越来越少了）

2. 提出猜想。

呈现问题：把一个一千边形的硬纸板，沿着直直的一条线剪一刀，将它分成了若干个图形，其中三角形最多有多少个？

师：请同学们先猜想一下。

生 1：我觉得只能剪下 1 个三角形。

生 2：也有可能会得到 2 个三角形。

生 3：可能会有 3 个。

生 4：我真猜不出到底有几个。

师：我们怎样研究解决这个问题呢？

生：可以先从最简单的多边形开始研究，然后慢慢地增加多边形的边数。

师：这是研究数学非常好的方法——化难为易。

二、探索研究，发现规律

（一）画图探究

1. 研究三角形。

教师在黑板上画一个三角形。

师：剪一刀最多能得到几个三角形？

生：2 个三角形。

师：怎么剪？

生：经过顶点往下剪开，就得到 2 个三角形（如图 5.1.1）。

图 5.1.1

2. 研究四边形。

（1）操作要求：

a. 猜想：如果将四边形剪一刀，最多能得到几个三角形？

b. 请你把想法画出来。

（2）反馈：学生有下面四种四边形的剪法（如图 5.1.2），都最多剪出 2 个三角形。

图 5.1.2

（3）再研究：将这些图形剪一刀，能得到 3 个三角形吗？

生：最多能剪出 2 个三角形。

师：到底有没有一种四边形，剪一刀最多能得到 3 个三角形呢？（学生疑惑）

生：按照我们这样的思路只能剪出 2 个，如果要剪 3 个，那得再画一画，再想一想。

学生再次尝试。

生：我画的图形有点"怪"，但是可以剪出 3 个三角形（如图 5.1.3）。

图 5.1.3

学生掌声响起！

师：这个图形像什么？

生1：像风筝。

生2：像纸飞机。

（4）比较：它与刚才画的几个四边形比较，"怪"在哪里？

生1：刚才画的都是规则图形，而这个图形是不规则图形。

生2：刚才画的四边形的每个角都是凸出来的，而这个四边形有一个角是凹进去的。

生3：这个四边形只有3个角是凸出来的，所以剪开得到3个三角形。

【教学思考】

学生一般只能将四边形剪出2个三角形，在此基础上，提出挑战性问题，"逼"着学生调整思路，剪出3个三角形，并引导学生进行比较，找出凹四边形"怪"在哪里。不少学生探究成功，充分体验成功的乐趣，其他学生在苦苦思索中虽未尝到甜头，但会恍然大悟。

3. 研究五边形。

（1）操作要求：

a. 想一想，将五边形剪一刀，最多能剪出几个三角形？

b. 画一画，验证想法。

（2）汇报交流。

生1：我画了一个凹五边形，剪开得到了2个三角形（如图5.1.4）。

图 5.1.4

师：为什么比四边形的还少了1个呢？

生2：把四边形上面的"尖角"去掉，再画上一条边，就能得到这个五边形，剪开之后，四边形上面的"三角形"变成了"四边形"（如图5.1.5）。

图 5.1.5

生 3：我把四边形旁边的一条边往外"拉"变成两条边，四边形变成了五边形，剪出来的三角形个数还是 3 个（如图 5.1.6）。

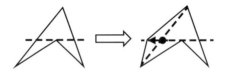

图 5.1.6

生 4：把四边形凹进去的"尖角"去掉，画上一条边，也得到一个五边形，剪开之后，得到 3 个三角形（如图 5.1.7）。

图 5.1.7

师：同学们想出来这么多方法，真棒！

【教学思考】

有了四边形的基础，学生能较快得到五边形的研究结果。这时不能仅仅满足于得到结果，还需引导学生将四边形"变"成五边形，既进一步了解它们的特征与内在联系，又充分理解三角形"最多个数相同"的道理。

4. 研究六边形。

（1）学生自主研究。

（2）展示研究成果。

学生反馈了下面三种六边形的剪法（如图 5.1.8），都最多剪出 4 个三角形。

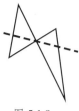

图 5.1.8

（3）比较。

师：请比较一下这三幅图（图 5.1.8），有什么相同的地方？

生1：它们都能剪出4个三角形。

生2：第二种是漏斗形的，第三种是闪电形的，虽然形状不同，但它们都有两个凹点。

师：哪个六边形与刚才研究的四边形、五边形画的思路是相同的？

生：第一个六边形与刚才研究的四边形、五边形长得很像，画的思路应该是一样的。

师：那它们有什么不同？

生1：四边形、五边形的下面只有一个尖尖的角，而这个六边形的下面有两个尖尖的角。

生2：四边形、五边形只有一个地方凹进去，而这个六边形有两个地方凹进去。

师：你能将刚才的五边形"变"成现在这个六边形吗？

生：将旁边的一条边往外"拉"，把原来的一条边变成两条边。（如图 5.1.9）

图 5.1.9

【教学思考】

六边形的教学，则是完全放手让学生画图探究，结果呈现多种创新想法。同时，又巧妙地安排了两次比较：一是与五边形比较，寻找联系；二是六边形之间的比较，寻找共同点，让学生进一步掌握图形的特征。

5. 研究其他多边形。

（1）学生自主研究。

师：你还想研究几边形？自己试着画画看。

（2）汇报交流。

生1：我研究的是七边形，将六边形的一条边往外"拉"变成两条边，就得到了七边形，剪出的三角形个数还是4个（如图5.1.10）。

图 5.1.10

生2：我研究的是八边形，最多能剪出5个三角形（如图5.1.11）。

图 5.1.11

师：请仔细观察这个八边形，思考一下，画图时要注意什么？

生3：分割线上的3个顶点要在一条直线上。

生4：如果像这样的图形（如图5.1.12）就不能分割成5个三角形。

图 5.1.12

生5：我研究的是九边形，将八边形的一条边往外"拉"变成两条边，就得到了一个九边形，剪出的三角形个数还是5个。

（二）归纳总结

师：回顾、整理研究过程与结果，图形的边数与剪出的三角形的最多个数有什么关系？

学生讨论交流后，进行汇报。

生1：我发现边数是偶数，先把边数除以2，再加上1，就等于三角形的最多个数。（如图5.1.13）

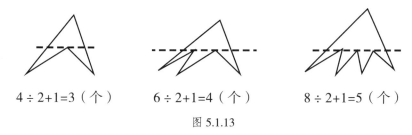

4÷2+1=3（个）　　　6÷2+1=4（个）　　　8÷2+1=5（个）

图 5.1.13

师：每道算式里面都有一个"1"，它表示什么？为什么边数要除以2？

生1（补充）："1"表示每个多边形上面的尖角处的三角形；边数除以2，就是多边形下面的三角形个数。

生2：如果边数是奇数，先把边数加上1，再除以2，等于三角形的最多个数。（如图5.1.14）

（5+1）÷2=3（个）　　　（7+1）÷2=4（个）　　　（9+1）÷2=5（个）

图 5.1.14

生3：我发现多边形的边数是奇数，与比它边数少1的多边形剪出来的三角形最多个数是一样的，如五边形与四边形剪出来的三角形最多个数是一样的，七边形与六边形剪出来的三角形最多个数也是一样的。（见表5.1.1）

表 5.1.1 研究表

边数	4	5	6	7	8	9	…
形状	∧	∧	∧	∧	∧	∧	…
最多个数	3	3	4	4	5	5	…

生 4：我还发现多边形每增加两条边，剪出来的三角形就增加了 1 个。

师：同学们太棒了！

（三）知识运用

师：如果是十边形、十五边形或者二十边形，最多能剪出多少个三角形？

生 1：如果是十边形，最多能剪 6 个三角形，算式：10÷2+1=6（个）。

生 2：如果是十五边形，最多能剪 8 个三角形，算式：（15+1）÷2=8（个）。

生 3：如果是二十边形，最多能剪 11 个三角形，算式：20÷2+1=11（个）。

（四）解决问题

师：那么，一千边形剪开，最多能得到多少个三角形呢？为什么？

生：因为一千边形的边数是偶数，所以 1000÷2+1=501（个）。

师：与我们猜想的答案比较一下，你有什么想法？

生 1：相差太大了。

生 2：因为我们刚开始学习，还没有考虑到不规则图形。

师：请同学们先想象一下一千边形的样子（学生闭眼想象），然后我们再一起把这个图形画出来。（见图 5.1.15）

图 5.1.15

【教学思考】

整个探究过程，由"扶"到"放"，步步为营、层层深入，学生总结归纳则水到渠成；运用知识解决问题后，再引导学生想象并画出一千边形，培养学生推理能力，发展学生空间观念。

三、总结内化，课外拓展

1. 总结内化。

师：通过这节课学习，你最大的启发是什么？

生1：我发现了规律，当多边形的边数为偶数时，边数除以2再加1，就是剪一刀能剪出三角形的最多个数；当边数是奇数时，边数先加1，再除以2，就是三角形的最多个数。

生2：解决问题时，我们不能只想着规则图形，也要往不规则图形的方向去想一想。

生3：规则的一千边形像一个圆形，而不规则的一千边形凹凸不平，形状像牙齿。

生4：当遇到比较难的问题时，我们要先化难为易进行研究，然后发现规律，最后再解决问题。

……

2. 课外拓展。

一个正方形的内部有100个点，以正方形的4个顶点及这100个点为顶点连成三角形然后剪开，一共可以得到多少个三角形？

【评析】

"三角形的最多个数"一课，引导学生从规则图形拓展到不规则图形进行研究，向我们诠释了如何选材，如何形成有效操作，如何在操作中反思提升，如何培养推理能力……让我们看到了真正的"生本"拓展课。

一、形状上的拓展——从规则图形到不规则图形

小学阶段学习的平面图形大都属于规则图形，如长方形、正方形、三角形、平行四边形、梯形、圆等，对于不规则图形的涉及则少之又少。如"认识周长"，教材只安排了一个凹四边形让学生测量并计算其周长；再如"认识面积"，教师们比较喜欢引导学生比较凸五边形与凹五边形等图形的周长与面积的大小；又如学习"多边形的面积"，教材也只安排了少量的不规则图形，

并没有专门、独立地安排更多课时学习不规则图形。如何让学生更加深入地认识一些简单的不规则图形，并初步掌握这些不规则图形的特征，进而提升学生对平面图形的认知和空间想象能力、创新能力。陈老师设计的"三角形的最多个数"一课正是基于这样的认知，打破学生的认知局限，从简单的三角形到四边形，从规则图形到不规则图形，让学生感受多边形的神奇。

本课的研究从三角形开始。"一个三角形直直地剪一刀，最多能剪成几个三角形？"学生很快得出是2个，那么四边形呢？受已有认知经验影响，学生惯性地认为四边形就是他们学过的平行四边形、长方形、梯形或是正方形，这些四边形都是凸四边形。在这些四边形中，不管你怎么剪最多只能剪出2个三角形，学生很难想到对凹四边形进行研究，探究顿时陷入困境。但陈老师不急于告知学生答案，而是给学生足够的思考、讨论的时间，让学生在讨论的碰撞中渐渐明晰，四边形中还有一种特殊的四边形，即凹四边形，并自主探究出在凹四边形中如何剪出3个三角形。

如果说从凸四边形到凹四边形的研究是本课的教学难点，那么从凹四边形到凹五边形、凹六边形的研究无疑是教学重点。凹四边形只要经过凹点画直线就能将四边形分成3个三角形，那什么样的凹五边形、凹六边形……画一条直线才能分出更多的三角形？怎么分？最多能分几个三角形？教学紧扣这三个问题展开研究、探讨。学生从多个角度思考如何将四边形变成五边形、五边形变成六边形、六边形变成七边形……从原有边数的图形变化出新的图形，从"飞机"形状的六边形到"漏斗"形状、"闪电"形状的六边形（如图5.1.16），学生在变化中把握凹多边形之间最本质的联系，体会变中不变的思想，从而找出规律并运用规律。从规则图形拓展到不规则图形，不仅仅是形式上的拓展，更是方法和思维的拓展。

图 5.1.16

二、方法上的拓展——从比较、猜想到推理

推理能力的培养是核心素养提升的目标之一。在小学阶段如何培养学生的推理能力？陈老师的课无疑是很好的示范，从比较到猜想再到推理，让学生充分经历推理的过程，提高推理的能力。

陈老师在教学中多次运用比较，让学生的研究思路渐渐清晰，对凹多边形的认识越来越深刻。第一次是比较凸四边形和凹四边形剪出的三角形个数，引导学生发现凹四边形能剪出 3 个三角形的原因。第二次是比较凹四边形和凹五边形剪出的三角形个数，理解为什么多了一条边却没有多出一个三角形。通过观察、比较、思考，发现它们的共同点——只要把一条边拆开变成两条向外凸的边就能把凹四边形转变成凹五边形，凸显凹四边形与凹五边形的联系与区别。第三次是比较凹四边形、凹五边形、凹六边形剪出的三角形的最多个数，在比较中发现三角形最多个数的规律，并提出大胆的猜想。

在学生自主探究七边形、八边形剪出的三角形最多个数后，陈老师组织学生通过小组讨论总结其中蕴含的规律：如果多边形的边数 n 是偶数。那么能剪出的三角形的个数最多为 $n÷2+1$；如果多边形的边数 n 是奇数，那么能剪出的三角形的个数最多为（$n+1$）$÷2$。陈老师引导学生思考"$n÷2+1$"中的"1"是什么意思，进一步掌握图形本质。当学生发现式中的"1"就是上面的三角形，一千边形的问题就迎刃而解（如图 5.1.17）。让人拍手称赞的是，陈老师还在黑板上画出了一千边形，形象地验证了学生的想法，这样的画面极具震撼力。这节课学生经历了操作、比较、猜测、验证、应用的过程，推理能力得到有效提升。

图 5.1.17

三、思维上的拓展——从思维定式到思维灵动思维定式，就是按照积累的思维活动经验教训和已有的思维规律，在反复使用中所形成的比较稳定的、定型化了的思维路线、方式、程序、模式。不得不承认，学生全面认识规则图形后，思维就会陷入定式。将四边形剪一刀，最多能得到几个三角形？受规则四边形的影响，学生的思维进入了死角——四边形只能剪2个三角形。随后陈老师提出：能不能剪一刀剪出3个三角形？这一提问，给学生造成了强烈的认知冲突，给了他们继续深入思考的动力。通过思考、讨论，学生渐渐地回忆起四边形中还有一个"一般"又"特殊"的四边形——凹四边形。从原来的凸四边形到现在的凹四边形，对比凹、凸四边形，突出凹四边形的特殊之处——凹，打破学生原有的思维定式，颇有一番"山重水复疑无路，柳暗花明又一村"的滋味。

什么样的六边形能剪出最多的三角形？学生很容易受凹四边形的影响，只画出"飞机形"这一图案。陈老师没有急于发表意见，而是留给学生足够的时间和空间继续探索，引导学生从多角度进行思考，后来学生创作出了"漏斗形""闪电形"图案，再一次引发了思维的拓展。比较中发现只要有2个凹点，就能剪出4个三角形，拓展了思维广度，突显出思维的灵动性。

一支粉笔，一块黑板，这样的课堂简约又不简单，这样的课堂不再是教师的独角戏，而是学生的主场。学生在陈老师的引导下，不断打破原有的思维定式，在一次又一次的思维碰撞中，在一次又一次的自我展示中，发现数学规律，运用数学规律，体会学习数学的乐趣。

（评析：谷尚品，浙江省教坛新秀）

案例2：经历比较过程　发展推理能力
—— "老大哥分数"学导过程与思考

【适合年级】

四、五年级

【课前思考】

《分数的基本性质》是小学数学教材中的经典课例，学生往往采用不完全归纳法进行分数性质的研究。本节课采用"老大哥分数"这一素材，从三个维度比较分数大小，并发现分数的另一性质"真分数的分子和分母同时加一个大于0的数，分数值变大"。让学生充分经历猜想、验证的过程，培养学生的一般推理能力。

近日，看谈祥柏教授著的《好玩的数学（典藏版）》一书，书中介绍了老大哥分数以及老大哥分数的比较方法（如图5.2.1）。两个老大哥分数的大小比较用字母表示为 $\frac{a}{b} < \frac{a+n}{b+n}$（$n>0$），这样的题目经常出现在五年级《分数的基本性质》之后，如："分子、分母同时增加一个数，分数的大小是否不变？"这种比较方法让学生从不同角度去理解分数的基本性质，也为类比推理和归纳推

老大哥分数

虽然 $\frac{7.39}{11.3745}$ 也可以说时分数，但是孩子们在小学里学习的分数，分子和分母一般都是正整数。

有人把分子、分母都是正整数，且分子比分母小 1 的分数叫"老大哥分数"。譬如说，在分母为 9 的真分数中，$\frac{8}{9}$ 就是老大哥分数。类似地，$\frac{99}{100}$、$\frac{617}{618}$ 等等，都是老大哥分数。

怎样比较两个老大哥分数的大小呢？方法极其简单：分母较大的分数，分数值必然也较大。例如，我们可以不假思索地写出：

$$\frac{10}{11} > \frac{6}{7}, \quad \frac{999}{1000} > \frac{99}{100}, \cdots$$

图 5.2.1

理提供载体。五年级学生有假分数的认知基础，研究就要分三种情况：当分数是真分数，即 $\frac{a}{b} < 1$ 时，$\frac{a}{b} < \frac{a+n}{b+n}$（$n>0$）；当 $\frac{a}{b} = 1$ 时，则 $\frac{a}{b} = \frac{a+n}{b+n}$（$n \neq -a$）（$n>0$）；当 $\frac{a}{b} > 1$ 时，则 $\frac{a}{b} > \frac{a+n}{b+n}$（$n>0$）。在一节课里要求学生研究并掌握这三种情况难度大、枯燥，学生又容易混淆。如果我们将研究范围缩小，

只研究《好玩的数学（典藏版）》中介绍的老大哥分数，降低研究的难度，是否可以放在四年级进行呢？四年级的学生既有分数（真分数）的初步认识基础，没有假分数的干扰，又有图形表征的能力，因此在四年级尝试研究分数的性质是可行的。那么如何在画图法的基础上引导学生运用推理的方法来比较异分母分数的大小？基于上述思考，笔者设计了"老大哥分数"这节课。

【教学目标】

1. 经历操作、观察、交流的过程，理解老大哥分数的概念，掌握比较老大哥分数的方法，并发现真分数基本性质。

2. 经历猜想—验证—再猜想—再验证的过程，培养学生初步的推理能力。

3. 经历比较的过程，渗透极限思想。

—— 学导过程 ——

一、理解老大哥分数的含义

1. 谈话中了解学生对老大哥分数的认识。

师："老大哥"是什么意思？

通过讨论明晰兄弟姐妹或朋友中最大的那个人可以叫老大哥。

师：老大哥分数是个怎样的分数？

生（齐）：分数中最大的分数是老大哥分数。

2. 初步感知老大哥分数。

师：涂色部分分别该用什么数来表示？（如图 5.2.2）

图 5.2.2

生：$\frac{1}{4}$、$\frac{2}{4}$、$\frac{3}{4}$。

师：你觉得哪个可能是老大哥分数？

生 1：$\frac{1}{4}$，因为它排在第一个。

生 2：$\frac{3}{4}$，因为它是这几个分数中最大的分数。

师：你怎么知道 $\frac{3}{4}$ 最大？

生：都是平均分成 4 份，$\frac{3}{4}$ 涂色有 3 份，比 2 份（$\frac{2}{4}$），1 份（$\frac{1}{4}$）都大。

3.深入理解老大哥分数。

（1）分数中还有哪些老大哥分数，请试着找一找，再和同桌交流。

（2）交流反馈。

生 1：我找的是分母为 5 的分数，$\frac{1}{5}$、$\frac{2}{5}$、$\frac{3}{5}$、$\frac{4}{5}$，其中 $\frac{4}{5}$ 最大，它是老大哥分数。

生 2：$\frac{9}{10}$，一个蛋糕平均分成 10 份，9 份是最多的。

学生再举例老大哥分数：$\frac{8}{9}$、$\frac{6}{7}$、$\frac{99999999}{100000000}$、$\frac{10}{11}$、$\frac{98}{99}$、$\frac{49}{50}$、$\frac{5}{6}$……

（师顺势板书：$\frac{5}{6}$、$\frac{6}{7}$、$\frac{8}{9}$）

（3）归纳概括：怎样的分数是老大哥分数？

生：分母比分子大 1 的分数都是老大哥分数。

师：老大哥分数就是分母比分子大 1，分子比分母小 1 的分数。

（板书：分母比分子大 1 的分数）

二、比较老大哥分数的大小

1.提出猜想。

师：这些老大哥分数大小相等吗？可以怎么研究？

生：先找两个分数比一比，或者多找几个分数比一比，然后看看有没有什么规律。

师：比如 $\frac{4}{5}$ 和 $\frac{3}{4}$ 都是老大哥分数，大小一样吗？（全班 35 人，通过举手表决了解到认为一样大的学生有 1 人，认为 $\frac{3}{4}$ 大的有 3 人，其余认为 $\frac{4}{5}$ 大）

师：你打算用什么办法证明出自己的观点？

生 1：可以通过画图来比较大小。

生 2：可以让分母变成一样再比较。

2. 验证猜想。

操作要求：想一想怎么比较两个分数大小，并记录下来。（学生操作 3 分钟）

反馈：研究后还认为一样大的学生有 1 人，认为 $\frac{3}{4}$ 大的学生有 3 人。

（1）呈现错误方法：

生 1：$\frac{3}{4}$，涂色 3 份，空白 1 份。$\frac{4}{5}$，涂色 4 份，空白也是 1 份。空白都是 1 份，所以一样大。（如图 5.2.3）

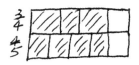

图 5.2.3

生 2：你每一份都不一样的呀，怎么比？（生 1 无法反驳）

生 3：$\frac{3}{4}$ 中的 1 份比 $\frac{4}{5}$ 中的 1 份大一些，$\frac{1}{4} > \frac{1}{5}$，所以 $\frac{3}{4}$ 比 $\frac{4}{5}$ 大。

生 4：不是比 $\frac{3}{4}$ 和 $\frac{4}{5}$ 吗，怎么变成比 $\frac{1}{4}$ 和 $\frac{1}{5}$ 了？（生 3 无法反驳）

生 5：我画的是一个五边形和一个正方形。（如图 5.2.4）

图 5.2.4

生 6：你画的图形都不一样大啊。

（2）呈现正确方法：

生 1：$\frac{4}{5}$ 的涂色部分比 $\frac{3}{4}$ 的涂色部分多（见图 5.2.5），$\frac{4}{5} > \frac{3}{4}$。

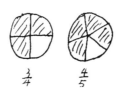

$\frac{3}{4}$ $\frac{4}{5}$

图 5.2.5

生 2：在线段图上取了 $\frac{4}{5}$ 后，剩下的只有一点；取了 $\frac{3}{4}$ 后剩下的一份这么多，所以 $\frac{4}{5}$ 大。（如图 5.2.6）

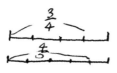

图 5.2.6

师：你能再说一遍吗？

生 2：剩下的 $\frac{1}{4} > \frac{1}{5}$，所以前面的 $\frac{3}{4} < \frac{4}{5}$。

师：刚才比较分数大小的两种方法有什么不同？

生：一种是比较空白部分，另一种是比较涂色部分。

师：$\frac{4}{5}$ 和 $\frac{3}{4}$，比较涂色部分大小（教师在黑板上出示图 5.2.7 中的前两幅图，剪出两阴影部分并重叠比较，得到第三幅图），可以得到 $\frac{4}{5}$ 比 $\frac{3}{4}$ 大；也可以比较空白部分大小（教师将剪下的空白部分也重叠比较，得到第四幅图），$\frac{1}{4} > \frac{1}{5}$，也能推理得出 $\frac{4}{5}$ 比 $\frac{3}{4}$ 大。前者是直接比较，后者是通过推理得出结论，都是好方法。还有不一样的方法吗？

图 5.2.7

生：将 $\frac{3}{4}$ 和 $\frac{4}{5}$ 通分，分别得到 $\frac{15}{20}$ 和 $\frac{16}{20}$。分母相同，分子越大分数值越

大，$\dfrac{15}{20} < \dfrac{16}{20}$。

师：这样也能比较出 $\dfrac{3}{4} < \dfrac{4}{5}$，但这种方法等五年级时我们再学，今天不做多的介绍。

3.再次猜想与验证。

操作要求：再找一找比 $\dfrac{4}{5}$ 大的老大哥分数，并验证。

学生举例：$\dfrac{99}{100}$、$\dfrac{5}{6}$、$\dfrac{6}{7}$、$\dfrac{9}{10}$、$\dfrac{8}{9}$……可以是无数个。

生1：$\dfrac{11}{12}$ 的空白部分比 $\dfrac{4}{5}$ 的小，所以 $\dfrac{11}{12}$ 大。

生2：$\dfrac{19}{20}$ 的空白部分比 $\dfrac{4}{5}$ 的空白部分小，所以 $\dfrac{19}{20} > \dfrac{4}{5}$。

生3：$\dfrac{13}{14}$ 的空白部分比 $\dfrac{4}{5}$ 的空白部分小，所以 $\dfrac{13}{14} > \dfrac{4}{5}$。

……

4.多个老大哥分数之间关系的猜想与验证。

师：刚才我们得到了很多比 $\dfrac{4}{5}$ 大的分数，你能给它们排排队吗？

同桌交流后反馈：$\dfrac{3}{4} < \dfrac{4}{5} < \dfrac{5}{6} < \dfrac{6}{7} < \dfrac{7}{8} < \dfrac{8}{9} < \dfrac{9}{10}$ ……

师：不让你画图了，你能说说为什么这么排？

生：老大哥分数的分子、分母越大，剩下的那份空白部分就越小，涂色部分就越大。

师：第一个分数剩下的是（$\dfrac{1}{4}$），第二个剩下的是（$\dfrac{1}{5}$），第三个剩下的是（$\dfrac{1}{6}$），第四个剩下的是（$\dfrac{1}{7}$），第五个剩下的是（$\dfrac{1}{8}$），你发现了什么？

板书如下：

$$\dfrac{3}{4} < \dfrac{4}{5} < \dfrac{5}{6} < \dfrac{6}{7} < \dfrac{7}{8} < \dfrac{8}{9} < \dfrac{9}{10} \cdots\cdots$$

$$\downarrow \quad \downarrow \quad \downarrow \quad \downarrow \quad \downarrow \quad \downarrow \quad \downarrow$$

$$\dfrac{1}{4} > \dfrac{1}{5} > \dfrac{1}{6} > \dfrac{1}{7} > \dfrac{1}{8} > \dfrac{1}{9} > \dfrac{1}{10} \cdots\cdots$$

生：剩下的分数越来越小了。

师：老大哥分数怎样变化？

生：剩下的分数越来越小，老大哥分数就越来越大。

教师顺势出示课件（见图 5.2.8），演示随着分数的分子、分母越来越大，涂色部分越来越多，越来越接近 1。

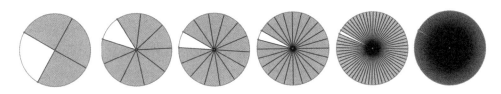

图 5.2.8

师：你有什么发现？

生：空白部分越来越小，涂色部分越来越大。

师：如果分子、分母的数据再增加，会怎样？

生：越来越接近 1。

教师再呈现长方形（见图 5.2.9）。（学生发出"哇"的声音）

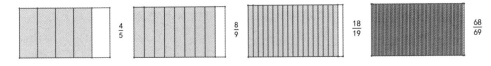

图 5.2.9

师：如果把老大哥分数放到数轴上呢？（如图 5.2.10）

生：这些点也会越来越接近 1。

图 5.2.10

三、发现分数的性质

1. 发现规律。

师：观察老大哥分数，你还有什么发现？

生 1：从左到右分子、分母都 +1，隔一个看分子、分母都 +2。

生2：分子、分母加上同样的数，分数越来越大。

师：有老大哥分数就有老二哥分数，老二哥分数有哪些？

生：$\frac{2}{4}$、$\frac{3}{5}$、$\frac{4}{6}$……（板书）

师：老二哥分数分子、分母同时 +1、+2，分数会不会也越来越大？

生：应该也是会越来越大。

师：为什么会越来越大？

生：因为分子、分母越来越大，空白部分就会越来越小。

师：你还想到空白部分？

生：$\frac{2}{4}$的空白部分是$\frac{2}{4}$，$\frac{3}{5}$的空白部分是$\frac{2}{5}$，$\frac{4}{6}$的空白部分是$\frac{2}{6}$。

$$\frac{2}{4} \bigcirc \frac{3}{5} \bigcirc \frac{4}{5} \cdots\cdots$$
$$\downarrow \qquad \downarrow \qquad \downarrow$$
$$\frac{2}{4} > \frac{2}{5} > \frac{2}{6} \cdots\cdots$$

生：下面一行的分数越小，上面一行的老二哥分数就越来越大。跟老大哥分数一样的，分子、分母同时加上一个数，分数越来越大。

2. 产生联想。

师：如果继续研究，你还想研究什么？

生：老大哥分数分子、分母同时减、乘、除以一个数，结果会怎样？

生：同时乘一个数，会不会还是老大哥分数？

师：今天我们研究的是分子比分母小的分数，如果分子比分母大的分数也同时加一个数会怎样？有兴趣的同学可以回去研究。

【课后反思】

课题中蕴含着"老大哥"一词，与学生的年龄特征相吻合，让数学学习更具生活味与趣味性，学习的效果更好。

一、不同层次比较，感受推理在比较中的价值

为了突破异分母分数大小比较这一难点，教师首先组织学生比较$\frac{3}{4}$和$\frac{4}{5}$

的大小，在充分操作的基础上抓住错例展开交流，学生体会到比较分数大小可以借助直观图，也可以借助推理进行比较。紧接着教师让学生找一个比 $\frac{4}{5}$ 更大的分数，借助直观图，验证推理得到不同老大哥分数的大小关系。最后给多个老大哥分数排队，学生只选择用 $1-\frac{1}{(\ )}$ 方法推理出老大哥分数的大小，教师再适时呈现圆、长方形、数轴等多种图形，利用数形结合的方式帮助学生理解推理结果的正确性，体会到推理带来的成就感。

二、不同方法比较，体会推理形式的多样性

老大哥分数大小不同，除了直接比较涂色部分的大小，还可以比较空白部分的大小，即先比较 $\frac{1}{(\ )}○\frac{1}{(\ )}$ 的大小，再用 $1-\frac{1}{(\ )}$ 的方法推理出剩下部分的大小。比较中学生发现："1"一定，$\frac{1}{(\ )}$ 越小，剩下部分越大，感受推理的基本模型。为证明分子、分母越大，老大哥分数越大，教师分两阶段进行推理，找一个比 $\frac{4}{5}$ 大的分数，学生通过不完全归纳法找到比 $\frac{4}{5}$ 更大的分数；比较多个老大哥分数的大小时，教师要求学生不画图试着说明原因，学生借助 $1-\frac{1}{(\ )}$ 的方法进行演绎推理，多种方法的呈现让学生体会到了推理的多样性。

三、不同形态的图形比较，感悟推理结果的合理性

比较 $\frac{3}{4}$ 和 $\frac{4}{5}$ 的大小，学生采用的是静态的图形比较，即直接观察两个分数的涂色部分或剩余部分的大小。但由于操作的不规范性，一部分学生反而受其干扰，教师适时将两个分数的圆片剪下进行重叠，动态比较加深了学生对分数大小概念的理解，又让学生体会到推理的合理性。比较多个老大哥分数的大小环节，教师为降低用 $1-\frac{1}{(\ )}$ 的方法进行比较的理解难度，让学生在动态中直观感受随着分子、分母的变大，涂色部分越来越大，空白部分越来越小，体会极限思想。这样的动态图形比较有效地证明了推理的合理性，帮助学生降低了演绎推理理解的难度，培养了学生空间想象能力。

（整理撰写：符玲利，浙江省特级教师）

案例3：无理数可以"画"出来
——"画面积2 cm² 的正方形"学导过程与评析

【适合年级】

五、六年级

【课前思考】

无理数是初中生才系统学习的知识，但是很多小学生通过课外书或网络阅读已经知道"无理数"的存在，并对它产生浓厚的兴趣。初中学习无理数是理性的概念建构，缺乏感性理解无理数产生的必要性。那么，小学课堂中能否通过趣味的素材，让学生在动手操作中初步感悟无理数，并在此过程中突破学生的思维定式，提升数学思维，对此笔者进行了尝试。

【教学内容】

人教版《数学》五年级上册《多边形面积》拓展课

【教学目标】

1. 掌握一两种画面积是 2 cm² 正方形的方法，并能正确地画出面积是 2 cm² 的正方形。

2. 经历探索画面积是 2 cm² 正方形的过程，体会解题策略的多样性，提高解决问题的能力，发展空间观念。

3. 通过画面积是 2 cm² 正方形活动，渗透转化思想，感悟无理数产生的必要性及其文化性。

【教学重点】

理解面积是 2 cm² 正方形的画法，并能正确地画出面积是 2 cm² 的正方形。

【教学难点】

通过画面积是 2 cm² 正方形活动，体会解题策略的多样性，渗透转化思想。

——学导过程——

一、找准认知，提出问题

呈现边长 1 cm 的正方形。

师：它的面积是多少？

生：1 cm²。

师：你会画这个正方形吗？

生：会。

师：你还会画面积是多少的正方形？

生1：4 cm²、9 cm²、16 cm²、25 cm²……

生2：面积是小数的正方形也会画，如 0.64 cm² 的正方形，可以算出正方形的边长是 0.8 cm。

师：你能画一个面积是 2 cm² 的正方形吗？（学生陷入思考）这节课我们就来研究这个问题。

【教学评析】

学生已学会计算正方形的面积，能根据指定的边长画正方形。但在此基础上画一个面积是 2 cm² 的正方形，对小学生来说具有挑战性，这也有效激发了学生的探究兴趣。

二、画图研究，解决问题

1. 一画，产生障碍。

师：请试着画一个面积是 2 cm² 的正方形。

生1：我先画一个面积 1 cm² 的正方形，再在它的外面画一个大一点的正方形，它的面积就是 2 cm²。（见图 5.3.1）

图 5.3.1

生（反驳）：你能确定它的面积是 2 cm² 吗？

生1（补充）：我觉得外面的大正方形的面积大约是 2 cm²。

生2：这样画不对，它的面积不一定等于 2 cm²。

生3：我们计算了 1.1×1.1=1.21，1.2×1.2=1.44，1.3×1.3=1.69，1.4×1.4=1.96，1.5×1.5=2.25，1.45×1.45=2.1025，找不到哪两个数相乘的积等于2，因此，

面积是 2 cm² 的正方形是画不出来的。

师：你们都去找（　　　）×（　　　）=2，结果找不到相同的两个数乘积等于 2 是吗？（学生点头表示同意）

生 4：我觉得面积是 2 cm² 的正方形可能是不存在的。

2. 二画，调整思路。

（1）同桌讨论、交流：如何画出面积为 2 cm² 的正方形？

（2）尝试画面积为 2 cm² 的正方形。

（3）反馈。

生 1：我先画一个边长 2 cm 的正方形，平均分成 4 个小正方形，每个小正方形的面积是 1 cm²，直接取两个小正方形就变成了长方形了，因此，再次平均分成 8 个小三角形，取中间的 4 个小三角形组成的正方形面积就是 2 cm²。（见图 5.3.2）

2

图 5.3.2

生 2：先画一个边长 2 cm 的正方形，直接将各条边的中点连起来，就得到了一个面积就是 2 cm² 的正方形。（见图 5.3.3）

2

图 5.3.3

生 3：我也先画一个边长 2 cm 的正方形，然后画两条对角线将它分割成四个相同的等腰直角三角形，再将其中的两个等腰直角三角形拼成一个面积就是 2 cm² 的正方形。（见图 5.3.4）

2

图 5.3.4

生 4：我觉得可以直接画 2 个边长 2 cm 的正方形，各画两条对角线将它分割成 8 个相同的等腰直角三角形，中间的 2 个等腰直角三角形拼成一个面积就是 2 cm² 的正方形。（见图 5.3.5）

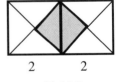

2　　　2

图 5.3.5

（4）对比分析。

师：这几种方法有什么共同的特点？

生 1：这几种方法都是先画一个或者两个大一点的正方形，然后再找到面积是 2 cm² 的正方形。

生2：它们都是在"大面积"中找到"小面积"，得到面积是 2 cm² 的正方形。

3.三画，方法多样化。

（1）讨论交流：除此之外，你还能想到什么研究思路？

生3：是否可以从"小面积"到"大面积"呢？

生4：是否可以从面积是 2 cm² 的长方形到这个正方形呢？

（2）反馈。

生1：我先画一个边长 1 cm 的正方形，再画两条对角线将它分成 4 个一样的等腰直角三角形，然后在这个正方形的外围再补上 4 个一样的等腰直角三角形，得到了面积是 2 cm² 的正方形。（见图 5.3.6）

图 5.3.6

生2：我先画两个边长 1 cm 的正方形，拼成一个长方形，然后再将它分成 4 个一样的等腰直角三角形，最后将它们重新拼成一个面积是 2 cm² 的正方形。（见图 5.3.7）

图 5.3.7

生3：我先画一个边长 1 cm 的正方形，再画一条对角线，并以这条对角线为边长画一个正方形，它的面积就是 2 cm²。（见图 5.3.8）

图 5.3.8

生4：为什么它的面积是 2 cm² 呢？

生3：因为每个等腰直角三角形的面积是 0.5 cm²，所以，这个正方形的面积就是 2 cm²。（学生动手将正方形分割成 4 个相同的等腰直角三角形，如图 5.3.9）

图 5.3.9

（3）对比分析。

师：那么，这三种方法又有什么相同的地方呢？

生：都是从"小面积"到"大面积"。

师：你还能想到什么方法？

生1：直接画两条互相垂直的 2 cm 线段，将四个端点连起来就得到了面积是 2 cm² 的正方形。（见图 5.3.10）

图 5.3.10

生2（追问）：为什么？

生1（补充）：我们可以将它分成4个小三角形计算面积：$1×1÷2×4=2$（cm^2）；也可以将它分成2个大三角形计算面积：$2×1÷2×2=2$（cm^2）。

师：太棒了！你是怎么想到这种方法的？

生1（再补充）：这种方法是受了刚才第三种方法启发得到的。

【教学评析】

三画的过程就是不断反思、不断突破思维障碍的过程。一画发现固有思路无法解决问题，感悟惯性思维的局限性；二画调整思路，从"大面积"到"小面积"，感悟"换思路"的必要性；三画大胆尝试，从"小面积"到"大面积"，再到"画两条垂直线"，感悟解题策略的多样性。

三、基于练习，文化渗透

1.拓展练习。

如图5.3.11，先画出1个面积是1 cm^2的正方形，再用这个正方形的对角线做边长画第2个正方形，接着继续用第二个正方形的对角线做边长画第3个正方形，依次类推，第11个正方形的面积、边长各是多少？你还能知道第几个正方形的面积、边长呢？

图 5.3.11

学生汇报，教师呈现表5.3.1。

表 5.3.1 研究表

序号	1	2	3	4	5	6	7	8	9	10	11
面积（cm^2）	1	2	4	8	16	32	64	128	256	512	1024
边长（cm）	1	?	2	?	4	?	8	?	16	?	32

2.渗透数学文化。

表5.3.1中有几个正方形的边长我们还不知道，因为这些边长的长度不是我们学习的整数、小数和分数。我们进入初中才会学到，这些边长的长度是无理数。历史上关于无理数还有个小故事，我们来看看。

公元前500年，毕达哥拉斯学派的弟子希伯索斯发现了一个惊人的事实，一个正方形的对角线与其一边的长度是不可公度的（若正方形的边长为1，则对角线的长度不是一个有理数），这一不可公度性与毕氏学派的"万物皆为数"（指有理数）的哲理大相径庭。这一发现使该学派领导人惶恐，认为这将动摇他们在学术界的统治地位，于是极力封锁该真理的流传。希伯索斯被迫流亡他乡，不幸的是，在一条海船上还是遇到毕氏门徒，被毕氏门徒残忍地投入水中杀害了。但是希伯索斯的发现，对以后2000多年数学的发展产生了深远的影响。

【教学评析】

此教学环节将面积是 2 cm^2 的正方形纳入一个更为宏观的框架中，让学生体会这样的正方形有很多个，并且跟以前所学的正方形有很大区别，对数学学科知识进行了前后关联。最后渗透数学文化，让冰冷的数学顿时有了历史的温度，学生对知识的体验也更完整了。

四、全课总结，课外探究

1.全课总结：这节课学习了什么？对你最大的启发是什么？

2.课外探究：你能分别画一个面积是 3 cm^2、5 cm^2、6 cm^2、7 cm^2、8 cm^2 等的正方形吗？

【总评】

本课通过"三画"不断调整研究思路，打破原有的思维定式。学生在一次又一次的思维碰撞中感悟"无理数"产生的必要性及其文化性，体验学习数学的乐趣。

一、调整研究思路，突破思维

人类擅长在固有认知内寻求解决问题的方法，这样可以带来稳定有效的解决方案，但是往往面对许多新问题时，需要我们跨越障碍，打破固有的思维定式。当学生刚刚面对画面积是 $2\ \text{cm}^2$ 的正方形时，按已有的知识经验，他们肯定从边长入手考虑问题，努力寻找乘积是 2 的两个相同的数，从而产生障碍，甚至个别学生认为这样的正方形是不存在的。教学中通过"三画"，不断引导学生调整思路，克服思维定式。从面积入手思考，找到了一个支点，即先画面积是 $4\ \text{cm}^2$ 的正方形，再找面积是 $2\ \text{cm}^2$ 的正方形，也就是从"大面积"到"小面积"的研究思路。"第三画"时，学生再次调整思路，从"小面积"到"大面积"继续研究，不断突破思维。

二、呈现多元方法，发散思维

解决问题时，有层次地呈现多元问题解决方案，有助于实现方法多样化，从而渗透数学方法、发散思维。在本课中，学生尝试用面积是 $4\ \text{cm}^2$ 的正方形通过切割、平移、旋转等方法得到面积是 $2\ \text{cm}^2$ 的正方形，渗透了转换思想。教师没有停留在单一的方法上，而是启发学生继续从"小面积"到"大面积"的研究方案。学生思维得到发散，有利用面积是 $1\ \text{cm}^2$ 的正方形去画，有利用面积是 $2\ \text{cm}^2$ 的长方形去画，直至最后提炼出画一切正方形普适的"垂线法"。研究过程呈现多元研究方法，从而实现方法多样化。这些经验的获得可以帮助学生在今后面对新问题时，可以用更加发散的思维去思考问题。

三、渗透数学文化，拓展思维

教学中我们不仅要帮助学生理解知识，掌握方法，还要渗透数学文化，让数学学习不仅是理性的探究，更是一场愉快的心灵旅行。本课在练习时通过列表的形式让学生发现今天研究的内容并不是一个个例，而是有很多类似的形式。学生质疑这个数到底是什么，此时教师通过讲故事的形式进行介绍，不仅让学生了解无理数，并且对这个新数产生期待，从而拓展思维，为后续的学习打下良好的心理基础。

（评析：唐慧荣，温州市名师、博士生）

案例4：在画图中感悟　在辩证中推理
——"画正方形"学导过程与评析

【适合年级】

五、六年级

【教学目标】

1. 在 5×5 的方格图上画出 4 个顶点都在格点上的正方形，能正确计算其面积，并说明所画四边形是正方形的理由。

2. 经历画图、观察、比较等探究过程，掌握画面积为非完全平方数的正方形的方法，发展空间观念。

3. 在画图中克服思维定式，提升思维严谨性；在说理中分析辩证，培养数学推理能力。

【教学重点】

参与画正方形、观察、比较等探究过程，初步掌握不同正方形的画法。

【教学难点】

能说明所画四边形是正方形。

—— 学导过程 ——

一、揭示课题，初步探究

1. 揭示课题。

板书课题：画正方形。

师：同学们，画过正方形吗？

生：画过。

师：今天这节课我们要在方格图上画正方形。

2. 初步探究。

（1）学生画图研究。

请在方格图（每个小方格的边长为 1 cm）中画顶点都在格点上的正方形，并标上它的面积。

（2）汇报交流。

生：我画了面积分别为 1 cm²、4 cm²、9 cm²、16 cm²、25 cm² 的正方形。（见图 5.4.1）

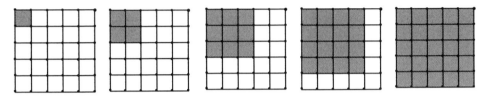

图 5.4.1

师：同学们观察一下，它们的边长分别是几厘米？

生：它们的边长分别是 1 cm、2 cm、3 cm、4 cm、5 cm。

【教学思考】

对于高年级学生来讲，在方格图上画这 5 个正方形并不困难，人人都能参与。在这个环节，学生初步体验成功的乐趣，为接下来画其他正方形做好铺垫，也为后续正方形的不同画法提供比较依据。

二、继续画图，深入探究

1. 画面积为 2 cm² 的正方形。

师（设疑）：在方格图上还能画出其他面积的正方形吗？

生 1：不能了！

生 2：不能了！

生 3：也许可以画面积为 2 cm² 的正方形。

师：一起来试试看！

2. 展示反馈。

生 1：我画了一个面积为 2 cm² 的正方形。（见图 5.4.2）

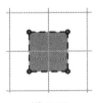

生 2：不对，这个正方形的 4 个顶点没有在格点上。

图 5.4.2

生3：我是这样画的（见图5.4.3）。同学们谁有问题？

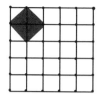

图5.4.3

生4（质疑）：这个阴影部分面积看起是 2 cm^2，实际上是吗？

生5（质疑）：这个阴影部分的边长不是 1 cm，是 1.5 cm 吗？

生3（补充）：因为每个小正方形都被对角线切开，面积就是原来小正方形的一半。原来正方形面积是 4 cm^2，现在的就是 2 cm^2。

生6：这个正方形面积正好是边长为 2 cm 的正方形面积的一半，也就是 2 cm^2，它的边长不是 1.5 cm。

师：还有一个问题没解决，这个图形是正方形吗？

生3（继续补充）：我觉得是正方形，因为它的四条边就是每个小正方形的对角线，这四条对角线是一样长的，所以这四条边都是相等的。

生7（质疑）：四条边相等就是正方形吗？

生3（继续补充）：因为从对角线剪开，就是把这个直角分成了两半，每个角都是 45°，两个角合起来就是 90°，是直角。（见图5.4.4）

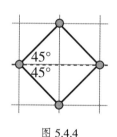

图5.4.4

师：看来 2 cm^2 的正方形是能画出来的。我们不仅会画，还会说道理。

3. 画面积为 8 cm^2 的正方形。

师：现在我来提要求，你能画一个面积为 8 cm^2 的正方形吗？

（1）学生画图研究。

想一想：怎样才能画出面积是 8 cm^2 的正方形？

画一画：在方格图上画一画。

说一说：你画的图形是面积为 8 cm^2 的正方形吗？

（2）汇报交流。

生1：我画的正方形是这样的，中间是 4 个完整的小正方形（标出 1、2、3、4），外面 8 个小三角形刚好是 8 个小正方形的一半，面积就是 4 cm^2。合起来就是 8 cm^2。（见图 5.4.5）

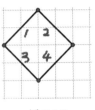

图 5.4.5

师：还有补充吗？

生2：我把这个正方形看成 4 个大三角形，每个三角形的面积是 2 cm^2，4 个刚好就是 8 cm^2。

生3：这个正方形的外面有一个大正方形，它的面积为 16 cm^2，大正方形面积是这个正方形面积的 2 倍，因此，它的面积就是 8 cm^2。（见图 5.4.6）

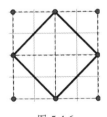

图 5.4.6

生4：它的每条边都是面积为 4 cm^2 的正方形的对角线，每个角也是 90°，因此，它是一个正方形。

4.对比分析。

观察一下，图 5.4.7 中的第一组正方形与第二组正方形，有什么不同？

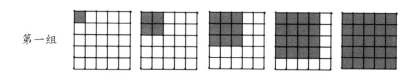

第一组

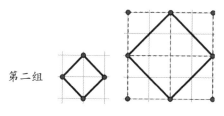

第二组

图 5.4.7

（1）位置不同。

生 1：前面 5 个正方形都是正着放的，后面 2 个正方形是斜着放的。

生 2：第一组正方形全都是由小正方形组成的，第二组正方形都是由小三角形组成的。

（2）边长不同。

生 1：第二组正方形面积为 $2\ \mathrm{cm}^2$ 和 $8\ \mathrm{cm}^2$，乘上 2，就是第一组正方形中的第 2 个和第 4 个正方形的面积 $4\ \mathrm{cm}^2$ 和 $16\ \mathrm{cm}^2$。

生 2：第一组正方形边长都是整数，第二组正方形的边长都是无理数。

生 3：第二组正方形不是通过方格的边长画的，而是用方格对角线当边长画的。

师：真厉害，你还知道这些正方形的边长是无理数，这是初中才学到的知识。第一组正方形把方格的边长作为正方形的边长，第二组中的两个正方形是把对角线作为正方形的边长。

【教学思考】

由"正"着画到"斜"着画，需要克服思维定式，需要在不断试误中获得成功。在教学过程中，不能仅凭感觉"像"正方形，就认定其就是正方形，而要"逼"着学生进行简单证明或说理，让学生逐渐养成有理有据说理的习惯。

三、三次画图，拓展延伸

1. 再画正方形。

2. 展示反馈。

生1：我是这样画的，中间的正方形的面积是 1 cm²。外面 4 个三角形的面积都是 1 cm²，合起来就是 5 cm²。（见图5.4.8）

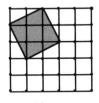

图 5.4.8

生2（质疑）：外面每个三角形的面积为什么是 1 cm²？

生1（补充）：沿对角线剪开，长方形的面积是 2 cm²，剪出的三角形面积是它的一半，就是 1 cm²。（见图5.4.9）

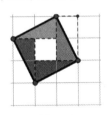

图 5.4.9

生3：我们还要证明它是一个正方形。

生4：这个正方形的四条边都是长方形对角线，都相等，还要证明每个角都是直角。

生5：我是利用这个平角 180° 来证明。

师：很好！老师帮你给这些角编上号。（见图5.4.10）

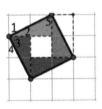

图 5.4.10

生 5（补充）：∠1、∠2、∠3、∠4 合起来是 180°，∠1 和 ∠3 一样，∠2 和 ∠4 一样，那么 ∠2+ ∠3 = ∠1+ ∠4 = 90°。

生 6：因为都是沿对角线剪开，剪出的三角形是一样的，∠1= ∠3，所以 ∠2、∠3 这两个角加起来也是 90°。

生 7：我是利用三角形的内角和来证明。因为三角形中有一个直角，所以剩下 ∠2+ ∠5 = 90°；又因为 ∠3= ∠5，所以 ∠2+ ∠3 = 90°。

师：看来方法有很多。那么除了画出面积是 5 cm² 的正方形之外，你还能画出其他的吗？

3. 画其他正方形。

（1）学生画图研究。

想一想：怎样才能画出其他正方形？

画一画：在方格图上画一画。

说一说：你画的图形的面积是多少及是不是正方形？

（2）汇报交流。

生 1：我画出了面积为 10 cm² 的正方形。（见图 5.4.11 中的第一幅图）

生 2：我画出了面积为 13 cm² 的正方形。（见图 5.4.11 中的第二幅图）

生 3：我画出了面积为 17 cm² 的正方形。（见图 5.4.11 中的第三幅图）

图 5.4.11

4. 分析比较。

师：请比较一下，第三次画的正方形与第二次画的又有什么不同？

生 1：第三次画的正方形面积更大。

生 2：第三次画的正方形的边长是长方形的对角线，第二次画的正方形的边长是正方形的对角线。

生 3：第三次画的正方形更斜了。

【教学思考】

学生沿着"正—斜—更斜"这样的思路，不断地克服思维定式，画出面积为 2 cm²、8 cm²、5 cm²……的正方形。有了前面 2 cm²、8 cm² 正方形画图、说理经验，画 5 cm² 的正方形时，学生带着说理、论证的准备去画图，思维无形中就多了一份理性分析。学生不再凭感觉去判断，根据不同的分解方式，自觉地去寻找依据，对 5 cm² 正方形进行论证说理，"说理课堂"自然生成。

四、全课总结，提出问题

1. 全课总结。

师：通过这节课学习，你最大的启发是什么？

生 1：我原来以为正方形只能正着画，现在发现还可以"斜"着画。

生 2：第一次画的正方形边长是整数，第二次、第三次画的正方形边长是无理数。

生 3：以后我们学习数学不能只凭感觉，还要讲究证据，会说道理。

……

2. 课外拓展。

在 6×6 的方格图上画顶点都在格点上的正方形，你能画出哪些正方形呢？

【评析】

数学论证能力是数学学科核心能力之一，数学论证能力的培养应贯穿于整个基础教育阶段，让学生从最简单直观的思考开始直到严格证明的学习与应用。小学阶段，学生凭直觉、猜想便能解决很多数学问题，但是当要求说出方法依据时存在一定困难。到了初中阶段，"推理"成为数学学习的基本思维方式，很多学生进入初中以后思维方式会存在"断层"迹象，从而导致学习出现困难。为了更好地促进初小衔接，在小学阶段尤其是高年级应适时创设"依据说理"的学习方式，培养学生思维的严谨性。陈老师这节"画正方形"课给了我们很好的"说理"范例，在格子图上探索各种不同面积正方形的画法。探究活动有收有放，循序渐进，给予学生充分的时间、空间去思考、活动、猜想、验证，有效渗透"说理"，发展学生论证能力。

一、从简单素材到探索悟理

"悟理"是通过对数学问题的思考、感悟，找到其背后的数学道理。学生只有充分地"悟理"，才"有理"可说，才有"说理"的欲望。教师要为学生创设足够的空间、时间，设计有效的学习素材，让学生在探究活动中不断悟理。复杂、花哨、高思维的活动素材不一定有效，简洁却有较大探究空间的素材才能让更多的学生参与活动、思考。"画正方形"这节课陈老师用5×5格子图作为本节课的活动素材，课一开始，陈老师给学生提供格子图后，提出问题："你能画出哪些不同面积的正方形?"每个学生都参与探究、思考。学生根据边长与面积的关系快速画出面积是 1 cm²、4 cm²、9 cm²、16 cm²、25 cm² 的正方形。"还能画出其他面积的正方形吗?"学生开始寻找面积与方格之间的联系，2 cm² 就是 4 个格子面积的一半，在探索、感悟中"斜着"画出面积为 2 cm²、8 cm² 的正方形。"还能继续画吗?"观察格子图，发现长方形的对角线也能作为正方形的边长，5 cm²、10 cm²、17 cm²……的正方形也就应运而生了。格子图虽然简单，却蕴含着丰富的数学内涵和想象空间，学生领悟了正方形面积与格子图中线、角、方块之间的关联，才能画出不同的正方形。

二、从直觉判断到依据说理

范希尔理论将几何思维水平分为五个层次，其特征描述分别为：层次0——视觉 (visuality) 水平，层次 1——分析（analysis）水平，层次 2——非形式化的演绎（informal deduction）水平，层次 3——形式的演绎（formal deduction）水平，层次 4——严密性（rigior）水平。小学生对几何的认知处于第一阶段向第二阶段的过渡期，从视觉水平到分析水平，即从整体的视觉观感过渡到从元素的特点与关系进行分析。

不少学生能正确画出面积是 2 cm² 的正方形，但是当问到"你怎么判断它是一个正方形"，有学生就说"它看起来像正方形"，思考一会儿又有学生说"四条边都相等"。学生开始关注图形的元素及其关系，但是对于关系的获得还是凭感觉，并没有太多依据。教师追问"你怎么知道四条边相等"，此时学生陷入思考，寻找依据：正方形的四条边就是四个小正方形的对角线，四个小正方形是一样的，它们的对角线也相等，所以正方形的四条边也相等。"四条边相等就能判断它是一个正方形吗？"在教师的继续追问中，学生关注到了角的特征："因为从对角线剪开，就是把这个直角分成了两半，每个角都是45°，两个合起来就是90°，是直角。"

学生说理的过程就是不断聚焦元素特征并对其关系进行思考的过程，对图形的认识从视觉水平逐步转变为分析水平。

三、从元素分析到分解推理

有了前面对面积为 $2\ cm^2$ 正方形的说理过程，学生画面积为 $5\ cm^2$ 的正方形时，不再只凭感觉，而是根据边、角等元素的特征，寻找正方形的证据。格子图中每个格子边长相等、大小相同，因此两个方格组成的长方形也是一样的，那么它们的对角线也是一样长。对角线将长方形分割成两个相同的三角形，相应的角度相同。元素分析为学生的画图找到了支撑：以长方形对角线为边画正方形。元素分析为说理提供了依据，学生自觉地从"面积是否为 $5\ cm^2$""是否为正方形"这两个维度展开，"说理"逐步向非形式化的演绎推理过渡。

对于"面积是否为 $5\ cm^2$"的推理，学生先对正方形进行分解，不同的分解方式，相应地也就有了不同的推理过程。有学生把正方形分割成1个小正方形和4个三角形，就有了"相加式"的说理；有学生把这个正方形看成大正方形去掉4个三角形，就有了"相减式"的说理。对于"是否为正方形"的推理，有学生将平角进行分解再展开说理，有学生利用三角形内角和进行说理，还有学生利用对角线分割得到的三角形对应的角相等来说理。

学生从凭感觉判断，到单一方法依据说理，再到多种方法依据说理，虽然没有形成文字，但是学生对图形的认知从分析水平逐步向非形式化的演绎水平过渡，无形中发展了推理能力。

（评析：唐慧荣，温州市名师、博士生）

案例 5：游戏激趣　实验操作揭秘
　　——"图形读心术"学导过程与思考

【适合年级】

五年级

【课前思考】

　　余数问题是数论知识板块中内容丰富、难度较大的知识体系。它主要包括带余除法的定义，三大余数定理（加法余数定理、乘法余数定理、同余定理），以及中国剩余定理和有关弃九法原理的应用。"图形读心术"一课主要结合图形引导学生学习加法余数定理。那么，什么是加法余数定理呢？如 a 与 b 除以 c 的余数分别为 e 和 f，$(a+b) \div c$ 的余数就是 $e+f$。例如：13 和 16 除以 5 的余数分别是 3 和 1，那么 13+16=29，29 除以 5 的余数就为 4，就是两个余数 3 和 1 的和。当两个余数的和比除数大时，所求的余数之和要再除以 c 得到余数。例如：14 和 18 除以 5 的余数分别是 4 和 3，4 加 3 等于 7，$7 \div 5 = 1 \cdots\cdots 2$，余数为 2。14+18=32，32 除以 5 的余数确实是 2。

　　加法余数定理比较抽象，学生不易理解。那么，如何引导学生进行有效学习呢？笔者设计了有趣的数学游戏，将加法余数定理融入其中，让学生在游戏中激趣，在反思中解密，在应用中感悟。

【教学目标】

　　1. 了解图形读心术的秘密，在解密原理的过程中初步掌握加法余数定理。

　　2. 在猜想验证、讨论交流等探究活动中，渗透数形结合思想，培养推理能力。

　　3. 体验数学与生活之间的密切联系，发展数学应用意识、创新意识。

—— 学导过程 ——

一、创设情境，读懂题意

师：今天我们一起来玩"图形读心术"游戏，看到这个课题，你有什么问题要提？

生1：什么是图形读心术？

生2：怎样玩图形读心术？

师：看"图形"二字，你想起了哪些平面图形？

生：长方形、正方形、三角形、梯形、平行四边形。

师：那什么是读心术呢？

生：读心术的意思就是能够读懂别人在想什么。

师：对啊！能够读懂别人的心思是一项非常了不起的本领。老师就具备这样的本领，你们想见识一下吗？

生：想！

二、游戏活动，探究秘密

1. 呈现图形。（见图 5.5.1）

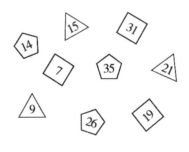

图 5.5.1

2. 初步体验。

师：怎么玩这个游戏呢？

生：我们选定一个数，请老师猜出这个数在什么图形上？

师：很好的建议！

生1：31。

师：正方形。

生 2：19。

师：还是正方形。

生 3：35。

师：五边形。

师：猜一个图形太简单了，能不能猜两个图形？

生：可以。

师：任选两个不同形状的图形，告诉老师它们的和是几，老师就能猜出你选的是哪两种不同形状的图形。

生 1：46。

师（故意盯着学生看了看）：是三角形和正方形，对吗？（学生鼓掌）

生 2：66。

师（故意想一想）：是正方形和五边形，对吗？

生：对！

生 3：52。

师（自信）：是三角形和正方形。

生 3：45。

师：是正方形和五边形。

生 4：29。

师：是三角形和五边形。

生 5：40。

师：是三角形和正方形。

生 6：56。

师：是三角形和五边形。

学生跃跃欲试。

师：同学们，现在有什么话要说吗？

生 1：老师太厉害了！

生 2：老师把每一个数都记住了，所以猜得很准。

生3（反驳）：不可能。

师：那么，我们再增加六个图形试一试，行吗？

呈现图形。（见图 5.5.2）

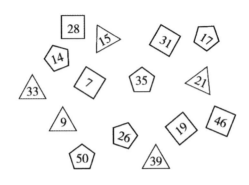

图 5.5.2

生1：64。

师：是三角形和正方形。

生2：50。

师：是三角形和五边形。

生3：57。

师：是正方形和五边形。

学生很惊讶!

3.学生尝试。

（1）学生相互交换着玩，把猜准与猜不准的数都记录下来。

（2）学生谈感受。

生1：我一个都没猜对。

生2：很难，我只猜对一个。

……

4.探究规律。

师：同学们，其实老师没有这么厉害，只是我知道图形中藏着的数学小秘密而已，你们想知道吗？

生：想!

师：请同学们大胆猜想一下，可能蕴含着哪些数学秘密呢？

生 1：可能跟这些图形的角的个数有关。

生 2：可能跟这些图形的边的条数有关。

生 3：这些数可能跟一个数的倍数有关。

生 4：三角形上的数、正方形上的数、五边形上的数都是有特征的。

生 5：正方形和五边形上的数都不是 3 的倍数，它们的和除以 3，正好整除，而且是没有余数的。比如正方形上的数是 31，五边形上的数是 35，和是 66，正好是 3 的倍数。

师：这些规律适用于所有的正方形和五边形吗？再举例试一试。

生 1：7 和 14，7 和 17，7 和 26，7 和 35 都是可以的。

生 2：19 和 14，19 和 17，19 和 26，19 和 35 也都是可以的。

师：同学们，太了不起了！那么，其他数有什么特征吗？

学生一时发现不了，课件将凌乱的图形分类整理并摆好（见图 5.5.3）。

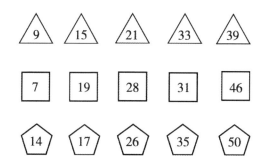

图 5.5.3

师：请你观察分析图形和它上面的数，你有什么发现？

生 1：三角形上的数都是 3 的倍数。

教师板书：9、15、21、33、39 除以 3，余数都为 0。

生 2：正方形上的数都比 3 的倍数多 1。

教师板书：7、19、28、31、46 除以 3，余数都为 1。

生 3：五边形上的数都比 3 的倍数多 2。

教师板书：14、17、26、35、50 除以 3，余数都为 2。

师：这些数的特征被我们发现了，但是它们的和有什么规律呢？请选择其中几个数研究一下，如有必要也可以画图研究。

生1：我选择三角形和正方形上的数研究，三角形上的数是被3除没有余数，正方形上的数被3除余数为1，它们的和被3除余数还是1。（见图5.5.4）

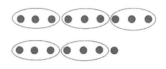

图 5.5.4

生2：我选择正方形和五边形上的数研究，正方形上的数是被3除余数为1，五边形上的数被3除余数为2，它们的和被3除余数为0。（见图5.5.5）

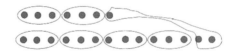

图 5.5.5

生3：我选择三角形和五边形上的数研究，三角形上的数是被3除余数为0，五边形上的数被3除余数为2，它们的和被3除余数还是2。（见图5.5.6）

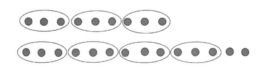

图 5.5.6

师：读心术的秘密找到了吗？

生：找到了！只要将两个数的和除以3，如果没有余数，则这两个图形分别是正方形和五边形；如果余数是1，则这两个图形分别是三角形和正方形；如果余数是2，则这两个图形分别是三角形和五边形。

师：生活中有类似的例子吗？

生1：比如把7个苹果平均分给3个人，会余1个；把8个苹果平均分给3个人，会余2个；但是把它们合起来平均分给3个人，就没有余数了。

生2：比如把5本练习本分给3个人，余2本；把6本练习本分给3个人，没有余数；把它们合起来分给3个人，也是余2本。

师：太棒了！我的读心术秘密都被你们揭晓了。

5.再次体验。

同桌两人交换着玩一玩，进一步体验并掌握读心术的方法。

6.小结。

师：读心术好玩吗？

生：好玩！

师：老师建议大家回去跟自己的爸爸妈妈、哥哥姐姐一起玩一玩，展示一下自己的读心术。但是，这个读心术已经被我们破解了，接下去怎么玩呢？

生：重新设计！

三、拓展延伸，克服定式

1.讨论：还可以怎样设计读心术游戏？

生1：可以改变图形的形状，将三角形、正方形和五边形换成其他图形，如四边形、六边形、八边形。

生2：可以改变图形上的数，让这些数除以5余1、余2、余3。

师（追问）：如果这样，它们的和会有什么特点？

生2（补充）：选择前两个，它们的和除以5余3；选择后两个，它们的和除以5，没有余数；选择第一个和第三个，它们的和除以5余4。

师：太棒了！你们竟然立即学以致用。

生3：我们还可以增加一种图形，增加一些难度。

……

2.改变数据，再次研究。

师：读心术背后藏着什么数学道理，我们可以改变图形中的数来找一找？

同桌讨论交流。（见图5.5.7）

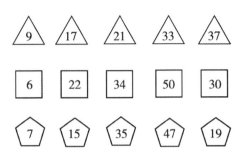

图 5.5.7

生1：三角形中的数除以4都余1，正方形中的数除以4都余2，五边形中的数除以4都余3。

生2：如果它们的和除以4没有余数，则分别选了三角形和五边形；如果它们的和除以4余数为1，则分别选了正方形和五边形；如果它们的和除以4余数为3，则分别选了三角形和正方形。

师（追问）：它们的和除以4，怎么没有余数为2的情况呢？

生3：这三种图形上的数除以4分别余1、2、3，选前两种图形，则余数为1+2=3；选后两种图形，余数2加余数3等于5，再除以4，则余数为1；选第一和第三种图形，余数1加余数3等于4，与除数相同，它们的和除以4，余数为0。因此，不管选哪两种图形，它们的和除以4余数都不可能是2。

师：你们想不想玩一玩？

生：想！

师：请大家闭上眼睛，老师说两个数的和，你们猜老师分别选了哪两个图形。

生：麻烦老师从简单的开始，然后再慢慢难起来。

师：16。

生：三角形和五边形。

师：32。

生：三角形和五边形。

师：39。

生：三角形和正方形。

......

师：你用了什么方法记住的？

生：三角形和五边形，一共8条边，除以4没有余数；三角形和正方形，一共7条边，除以4余数为3；正方形和五边形，一共9条边，除以4余数为1。如果它们的和除以4没有余数，就选三角形和五边形；余数为3，就选三角形和正方形；余数为1，就选正方形和五边形。

四、全课总结，课外探究

1.总结内化。

2.课外探究。

请继续改变图形中的数，或者增加一种图形，与家人一起玩一玩读心术游戏。（见图 5.5.8）

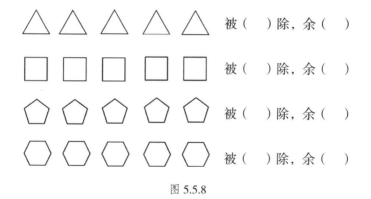

图 5.5.8

【教学思考】

这节课以游戏贯穿始终，让学生在游戏中产生学习需求，在探究中掌握蕴含在其中的抽象数学知识，学习效果非常好。

一、在游戏中激趣

学习是从需要开始的，游戏能迅速激发学生学习的兴趣，引发其探究的需求。游戏课堂中学生的学习状态是最轻松的，也是最有效的。将游戏元素融入抽象的数学知识，学生在游戏中学习、悟理。加法余数定理不属于小学数学教材内容，内容高度抽象，与游戏结合，学生才能有勇气完成学习任务。在课的开始部分，我先呈现9个图形与学生开始互动游戏，学生选择两种不同的图形并告诉老师图形上两个数的和，老师猜是哪两种图形。虽然老师都能猜中，但是学生是不太信服的，他们认为老师在课前已经将所有情况记住了。增加 6 个图形，再次游戏，学生才逐渐信服！互动猜图游戏中老师的读心术让部分学生折服，也有部分学生开始思考图形中可能蕴含着一些数学规律，学习兴趣高涨。

二、在解密中悟理

"解密"活动是这节课的核心部分，是学生思维的展开点。如何展开研究呢？游戏给学生带来继续研究的动力，观察则是研究的前提。学生通过数形结合的方式，直观理解"$a \div c = d \cdots\cdots e$，$b \div c = g \cdots\cdots f$，则（$a+b$）$\div c$ 的余数是 $e+f$，若两个余数的和大于除数，则再除以 c 一次，最后得到余数"这一原理。寻找生活实例，唤起已有的知识经验"可以把两次分苹果后，所剩的余数合起来再分"，并将此经验与"两个数分别除以一个数所得的余数的和，等于它们的和除以这个数所得的余数"建立联系，从而更加有效地理解加法余数定理。

三、在应用中提升

加法余数定理的建构需要过程，不是通过一个数的研究就能建构的，所以在第一次游戏解密后，我继续引导研究定理的普适性。我先组织学生讨论接下来的研究方案，再聚焦图形上的数的研究。通过研究学生发现图形上的这些数都是关于 4 的除法运算，余数分别为 1、2、3，选择其中的两个数相加，余数依然需要相加，从而发现原来两个数分别除以 4 所得的余数和与相加后除以 4 的余数存在密切关系，学生进一步体会加法余数定理。

案例6：藏在"点、线、面"中的数学大学问

——"多面体的秘密"学导过程与思考

【适合年级】

五年级

【课前思考】

长方体和正方体之间有许多共同点，如都有6个面、8个顶点、12条棱，且"面数 + 顶点数 − 棱数 =2"，即欧拉定理（欧拉公式）。这样的规律不仅适用于长方体和正方体，还适用于正多面体以及一般多面体。如果将多面体拆成平面图形的拼接图，它们之间还存在"图形数 + 顶点数 − 边数 =1"的规律，且有大量的实例，比如渔网的几何规律。南开大学顾沛教授的"渔网的几何规律"视频讲座给我很大的启发，让我找到了"面数 + 顶点数 −棱数 =2"与"图形数 + 顶点数 − 边数 =1"之间的内在联系，从而完善了本节课的学习设计。

【教学目标】

1.认识正多面体，了解正多面体的特征，掌握多面体中面数、顶点数与棱数之间的关系。

2.在制作、观察、比较等探究活动中，培养推理能力，发展空间观念。

3.渗透相关的数学文化，激发学习数学的兴趣。

—— 学导过程 ——

一、课前制作，查找资料

1.请试着将这些平面图形折成立体图形。

2.查找有关多面体的资料。

二、汇报交流，揭示课题

1.成果展示，并说出这些立体图形的名称。

2.揭示概念。

（1）寻找这些立体图形的共同特点。

生1：这些图形不是平面图形，都是立体图形。

生2：这些立体图形都是由几个相同的面组成的。

生3：在一个立体图形中的每一个平面图形都是完全相同的，而且都是正多边形。

生4：这样的图形分别叫正四面体、正六面体（也叫立方体或正方体）、正八面体、正十二面体、正二十面体。

师：非常棒！那么，正多面体还有吗？

生5：我查过资料了，正多面体只有这5种，其他都不是正多面体。

学生回答后，再呈现资料：正多面体，也称柏拉图立体，指的是各面都是相同的正多边形。柏拉图是古希腊哲学家、数学家，也是西方伟大的思想家之一。早在2400多年前，柏拉图就证明了只存在这5种正多面体。

生6：每个立体图形都有顶点、面、边。

师：是的，每个立体图形都是由几个面组成的，每两个面相交于一条边（棱），每三条棱相交于一个顶点。那么，这些立体图形还有什么相同地方？

生：我看过一些资料，感觉每个正多面体的面数、顶点数和棱数之间也存在一定关系。

（2）提出猜想。

师：太棒了！如果我们深入研究，还会发现每个立体图形中的面数、顶点数、棱数之间还存在一些秘密。想研究吗？

生：想。

师：我们已经学习了正方体和长方体，我们先来研究一下正方体，请先回忆一下正方体特征。

生：正方体有 6 个面、8 个顶点、12 条棱。

师：它们之间存在什么关系呢？

生 1：棱最多，面最少。

生 2：面与顶点的和比棱多。

师：从一个立体图形中探究其中蕴含的规律是有困难的，接下来，我们再来看一看正四面体与正八面体。

三、探索研究，发现规律

1. 研究正多面体中面数、顶点数与棱数之间的关系。

（1）数一数各正多面体的面数、顶点数、棱数，并记录在下表。

（2）观察表 5.6.1 中的数据，你能发现什么规律？

表 5.6.1　研究表

	图形	面	顶点	棱	关系
正方体		6	8	12	
正四面体					
正八面体					

生：正四面体的面数为 4、顶点数为 4、棱数为 6；正八面体的面数为 8、顶点数为 6、棱数为 12。

师：根据刚才的研究，你能发现什么？

生 1：还是棱数最多，面数最少。

生 2：面数 + 顶点数 − 棱数 =2。

师：是这样吗？

生 3：正四面体面数、顶点数与棱数之间的关系是 4+4-6=2；正六面体面数、顶点数与棱数之间的关系是 6+8-12=2；正八面体面数、顶点数与棱数之间的关系是 8+6-12=2。

师：这样的规律对于正十二面体、正二十面体也适用吗？（生点头肯定）以四人小组为单位，对正十二面体与正二十面体进行研究，验证结论。（如表 5.6.2）

表 5.6.2　研究表

	图形	面	顶点	棱	关系
正方体		6	8	12	6+8-12=2
正十二面体					
正二十面体					

生 1：正十二面体的面数为 12，顶点数为 20，棱数为 30；正二十面体的面数为 20，顶点数为 12，棱数为 30。

生 2：我发现在正多面体中，面数 + 顶点数 - 棱数 =2。

2. 研究多面体中面数、顶点数与棱数之间的关系。

师：正多面体只有 5 种，但是多面体还有很多（课件呈现下图），请判断一下它们分别是几面体？

   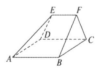

生：它们分别是八面体、五面体、六面体、五面体、七面体、十面体。

师：那么，这些多面体的面数、顶点数与棱数也存在这样的关系吗？请同学们继续研究。

学生研究汇报。

反馈学生记录结果。（见表 5.6.3）

表 5.6.3　学生研究记录表

多面体	面数	顶点数	棱数
八面体	8	12	18
五面体	5	5	8
六面体	6	8	12
五面体	5	6	9
七面体	7	7	12
十面体	10	12	20

师：通过刚才的研究，你得到了怎样的结论？

生：正多面体的面数、顶点数与棱数之间的关系，对于一般的多面体也适用。

四、沟通联系，完善认知

1. 研究平面图形拼接中的多边形个数、顶点数与边数之间的关系。

学生观察图形，完成表 5.6.4。

表 5.6.4　多边形个数、点数、边数关系表

图形（序号）	多边形个数	点数	边数
1 号	4	6	9
2 号	6	14	19
3 号	8	10	17
4 号	12	38	49
5 号	20	22	41

师：你发现了什么？

生1：我发现了"多边形个数＋点数－边数=1"。

生2：为什么最后的结果等于1而不是2呢？

2. 解释原因。

生1：一个四面体有4个面、4个顶点、6条边，如果把它拆成第一个平面图形，它有4个三角形、6个顶点、9条边，相比之下，顶点多了2个，但边却多了3条，所以，多边形个数＋点数－边数=1。

生2：一个正方体有6个面、8个顶点、12条边，如果将它拆成第二个平面图形，它有6个面、14个顶点、19条边，相比之下，顶点多了6个，边却多了7条，所以，多边形个数＋点数－边数=1。

师：刚才都是通过一个具体的例子，通过具体数据的比较来说明道理的，那么数学家又是怎样去解释这个问题的呢？

课件演示（如图5.6.1），教师介绍：以正方体为例，面数、顶点数与棱数之间的关系为6+8-12=2；当我们将这个正方体的上面挖一个洞然后扒开压扁得到一个多边形拼接图，在这个过程中，顶点数保持不变，棱数也保持不变，但是面数却少了1个，算式5+8-12=1。因此，在多边形拼接中"多边形个数＋点数－边数=1"。

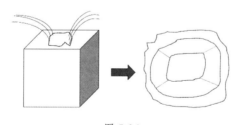

图 5.6.1

五、全课总结，知识链接

1. 全课总结。

2. 知识链接：你知道吗？

19世纪中期，几何学出现了新分支——拓扑学。拓扑学是研究几何图形在连续形变中保持不变性质的一门学科。拓扑学讨论的一些重要课题，有着比较长的历史，其中比较典型的代表就是简单多面体的顶点、棱、面个数之间的关系。1640 年笛卡尔就注意到简单多面体的顶点、棱和面之间满足一个公式。1752 年这一公式又被欧拉重新发现和使用，因而被称为欧拉公式：F+V−E=2。

欧拉（1707—1783）是 18 世纪数学界最杰出的人物之一，他不但在数学方面做出伟大贡献，而且把数学用到了几乎整个物理领域。他写了大量的有关力学、分析学、几何学、变分法的课本，《无穷小分析引论》《微分学原理》《积分学原理》都成为数学中的经典著作。彼得堡科学院为了整理他的著作，足足忙碌了四十七年。

【教学思考】

本课学习从数学知识上升到方法、思想层面，从数学文化角度解释其中蕴含着的数学原理，提高学生的思维品质，学会洞察本质，以简驭繁。

一、课前制作为学习提供素材

学生探究多面体的面数、顶点数与棱数之间的关系，须有学具支持。那么，这些多面体模型从哪里来？教师或学生直接寻找多面体模型当然可以，但是如果由学生自己亲自动手制作完成则更好。因为在制作过程中，学生会充分感受从平面图形到立体图形的形成过程，发展空间观念，也初步感受多边形拼接中"面、顶点、边"与立体图形中"面、顶点、棱"之间的关系，感受到顶点数与棱数的变化。由于课堂时间有限，而制作多面体需要较长时间，因此，可将制作多面体活动移到课前，学生在家里制作，也可邀请家人共同完成。这样既为探究活动留出时间与空间，又为探究多面体的面数、顶点数与棱数之间的关系提供素材。

二、在操作活动中探究规律

学生得出结论总是要经历"观察—猜想—验证—结论"的过程。在这一过程中，我们不可能为学生提供所有多面体，所以研究要经历从特殊到一般的过程。为学生提供正多面体，通过研究正多面体的面数、顶点数与棱数之间的关系，得出初步结论，再研究一般凸多面体的面数、顶点数与棱数之间的关系，从而验证结论的正确性。在研究过程中，借助多面体模型，让学生在数一数、算一算等活动中充分积累经验并大胆猜想，认真验证，完整经历推理的一般过程，最后发现多面体的面数、顶点数与棱数之间的内在规律。在这一过程中，学生认真数数、仔细观察是发现规律的基础与保障。

三、在沟通联系中悟理

多面体欧拉公式为"面数＋顶点数－棱数＝2"，但它在二维平面时的情形却是不同的，为"多边形个数＋顶点数－边数＝1"。如何让学生理解这两种关系在本质上是一个公式？学生能解释其中原因吗？通过学习，发现学生只能借助四面体或六面体及展开图等观察其面数、顶点数及棱数的变化，来说明原因。离开了具体的多面体，学生就很难进行解释。因此，我以正方体为例，将其中一个面挖一个洞，然后扒开压扁，让学生直观地看到顶点数与棱数没有发生变化，而原来6个面变成了5个面，少了1个面，因此，最后结果也少了1。这样解释对于每一个多面体都是适用的。动态呈现，学生知其然，又知其所以然，感受数学的无穷魅力。

案例 7：借助数学实验　从学会到会学

——"求圆接触不到的面积"学导过程与思考

【适合年级】

六年级

【课前思考】

很多数学知识以符号化的形式进行表征，比较抽象，对于小学生来说理解起来比较有难度。对于学生难理解的知识点，教师会用课件动态演示帮助学生理解。如在"图形与几何"领域教学中，教师常常用 PPT 或者几何画板等软件进行动态演示，帮助学生理解"点动成线、线动成面、面动成体""面积与体积公式的推导过程"以及"图形的运动"等知识。但是"计算阴影部分的面积"都是以静态形式呈现，也就是说图形中的阴影部分是显性的、固定的、一目了然的。那么，"求圆接触不到的面积"其实就是计算阴影部分的面积，只不过此"阴影部分"是隐性的，需要学生通过动手操作与空间想象才能发现。学生在之前从没有接触过类似的数学知识，因此，该问题具有新颖性、趣味性与挑战性，能够激发学生的学习兴趣与欲望。

【教学目标】

1. 进一步认识圆的特征、了解它与正方形之间的关系，正确计算圆接触不到的面积。

2. 在动手操作、分析比较等活动中，渗透转化的数学思想，发展空间观念，培养推理能力。

3. 体验解题策略的多样性，发展数学的应用意识与创新意识。

【教学准备】

直径分别为 6 cm、8 cm、10 cm、12 cm 等的圆；边长不等的正方形若干。

—— 学导过程 ——

一、呈现素材，提出问题

呈现一个半径为 3 cm 的圆和一个边长为 12 cm 的正方形，问：根据这两个材料，你能提出哪些数学问题？

生 1：圆的面积是多少平方厘米？

生 2：正方形的面积是多少平方厘米？

生 3：正方形的面积比圆的面积大多少平方厘米？

生 4：正方形的面积是圆的几倍？

生 5：圆的面积是正方形的几分之几？

师：根据这两个素材，可以提出很多数学问题，现在我们先解决前面的三个问题。

生：圆的面积为 $3.14 \times 3^2 = 28.26$（cm^2），正方形的面积为 $12 \times 12 = 144$（cm^2），正方形的面积比圆大了 $144-28.26=115.74$（cm^2）。

师：如果一个半径为 3 cm 的圆在一个边长为 12 cm 的正方形内任意移动，想象一下，圆与正方形能全部接触到吗？为什么？

生 1：不能全部接触到。

生 2：正方形的四条边都是直的，圆是弯曲的，正方形的四个角是接触不到的。

师：那么，你能计算它的面积吗？（生：能）

二、操作探究，掌握规律

（一）初次实验，想象与操作的碰撞

1. 呈现实验要求。

（1）根据想象画出圆接触不到的面积。

（2）动手实验计算圆接触不到的面积。

2. 反馈不同的计算方法。

生 1：先求出正方形面积，再求 4 个圆的总面积，最后再求圆接触不到的面积（如图 5.7.1），算式：$12 \times 12 - 3.14 \times 3^2 \times 4 = 30.96$（$cm^2$）。

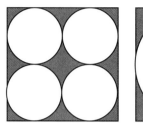

图 5.7.1　　　　　　　图 5.7.2

生 2：4 个小圆面积就等于一个大圆面积，因此，还可以用正方形面积减去大圆面积（如图 5.7.2），算式：$12 \times 12 - 3.14 \times 6^2 = 30.96$（$cm^2$）。

生 3：我觉得只有 4 个角落接触不到，因此，只要将这个大正方形面积减去空白部分面积就是圆碰不到的面积。如图 5.7.3，空白部分是由 1 个小正方形、4 个长方形和 4 个 $\frac{1}{4}$ 圆组成的，小正方形边长为 6 cm，四个长方形长都为 6 cm、宽都为 3 cm，$\frac{1}{4}$ 圆的半径为 3 cm，则空白部分面积为 $3.14 \times 3^2 + 6 \times 3 \times 4 + 6 \times 6 = 136.26$（$cm^2$），大正方形面积为 $12 \times 12 = 144$（cm^2），则圆接触不到的面积为 $144 - 136.26 = 7.74$（cm^2）。

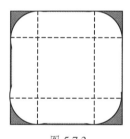

图 5.7.3

生：我也认为 7.74 cm^2 是正确的，因为圆在正方形内可以随意移动，刚才我们通过移动发现只有 4 个角落是接触不到的。

老师请一两位学生到黑板上移动圆片，引导全班学生仔细观察。

师：错误的原因是什么呢？

生：前面两位同学没有移动圆片，而是在正方形内摆了 4 个圆，没有摆到的面积就是 30.96 cm^2，如果圆片移动，则没有接触到的面积就会减少。

小结：在正方形内，圆拼摆与圆任意移动接触到的部分确实有所不同，面积也不同。

生（补充）：如果圆直径与正方形边长相等，则拼摆与移动接触不到的部分的面积是相等的。

生1：我还有一个更简便的方法，如图5.7.4，大正方形4个角落的阴影部分（即圆接触不到的部分）与圆可以组成一个边长为6 cm的正方形，则阴影部分的面积就是 $6×6-3.14×3^2=7.74$（cm^2）。

生2：可以理解为将大正方形边长逐步缩小，缩小到它的边长等于圆的直径，则这个小正方形与圆的面积之差就是圆接触不到的面积。

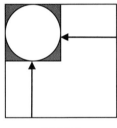

图 5.7.4

（二）设计方案，合作与探究的交互

师：如果进一步研究圆接触不到的面积，你打算研究什么，怎么研究？

1.小组讨论进一步研究的方案。

2.反馈各组提出的研究方案。

生1：改变正方形的边长，结果如何变化？

生2：改变圆的半径，结果如何变化？

生3：如果圆紧紧地沿着正方形四条边里面的周围滚动一圈，所产生的面积会怎么样？

……

3.按照从易到难的原则，选择前面两个问题以小组为单位展开实验，记录数据。小组里进行讨论（提供多种边长的正方形和圆让学生选择）。

（1）呈现实验要求：选择圆和正方形，先操作，再用图表示出操作过程，并计算出结果。

（2）汇报实验结果。

生 1：我把圆放在不一样的正方形中移动，计算发现圆接触不到的面积都是 7.74 cm²。（见表 5.7.1）

表 5.7.1　圆在不同正方形中移动时接触不到地方的面积大小

图示	圆半径（单位：cm）	正方形边长（单位：cm）	圆接触不到的面积（单位：cm²）
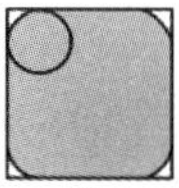	3	12	7.74
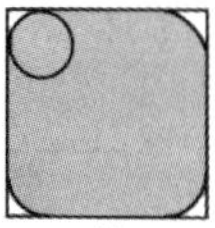	3	14	7.74
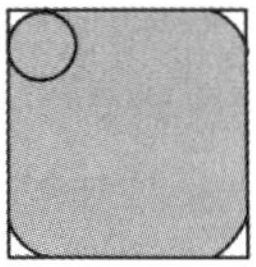	3	16	7.74

生 2：我选择了半径为 5 cm 的圆，也放在不一样的正方形中，发现圆接触不到的面积也是一样的。（见表 5.7.2）

表 5.7.2　圆在不同正方形中移动时接触不到地方的面积大小

图示	圆半径（单位：cm）	正方形边长（单位：cm）	圆接触不到的面积（单位：cm²）
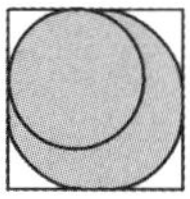	5	12	21.5
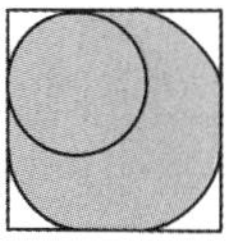	5	13	21.5
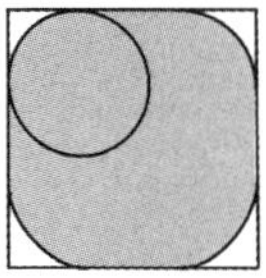	5	14	21.5

生：这几种情况跟半径是 5 cm 的圆放到边长为 10 cm 的正方形中，接

触不到的面积一样。（如图 5.7.5）

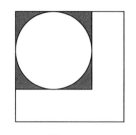

图 5.7.5　　　　　图 5.7.6

生：不管圆在多大的正方形内移动，它接触不到的面积都是一样的，都可以看成是正方形与它里面最大的圆的面积之差。（如图 5.7.6）

师：观察同学们的研究，你有什么发现？

生 1：一个圆不管在多大的正方形内移动，接触不到的部分的面积都是一样的。

生 2（补充）：一个圆不管在多大的长方形内移动，接触不到的部分的面积也是一样的。

师：还有不同的研究思路吗？

生：我们这组选择了一样大的正方形，选择了不一样大的圆，通过操作发现圆的面积越大，接触不到的面积也就越大。（见表 5.7.3）

表 5.7.3　圆在不同正方形中移动时接触不到地方的面积大小

图示	圆半径（单位：cm）	正方形边长（单位：cm）	圆接触不到的面积（单位：cm²）
12	3	12	7.74
12	4	12	13.76
12	5	12	21.5

生：我发现"圆越大，它接触不到的部分的面积也就越大"是正确的。我有两组数据跟他的一样。第一次圆半径 3 cm，接触不到的部分的面积是 7.74 cm²；第二次圆半径 5 cm，接触不到的部分的面积是 21.5 cm²。而第三次我选的圆半径为 6 cm，接触不到的部分的面积是 30.96 cm²。

（3）验证实验猜想。

师：如图 5.7.7，如果我们将两个大小不同的圆摆放在同一个正方形的一角进行比较，是不是有这样的发现呢？

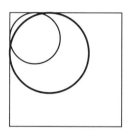

图 5.7.7

生：圆大一些，则它接触不到的部分的面积会大一些；圆小一些，它接触不到的部分的面积也会小一些。

三、全课总结，课外探究

1. 全课总结。

2. 课外探究。一个半径为 3 cm 的圆，紧紧地沿着一个边长为 12 cm 的正方形四条边外面的周围滚动一圈，这个圆滚过的面积是多少？

【教学思考】

本课就是学生自主尝试计算、动手操作、分析比较、归纳概括等数学活动的过程，学生参与积极性高，学习效果好。

一、学习内容是动态的

小学数学教材以及配套作业本中有关圆的面积练习大多是静态的，比如计算圆的面积、半圆的面积或其他扇形的面积，以及阴影部分面积，等等。学生解决这些问题不需要太多想象，只需要根据已知信息，找到解题突破口，就能体验成功的乐趣。圆在一个正方形内任意移动，求圆接触不到的部分的面积。"圆接触不到的部分"并没有直接呈现给学生，需要想象与动手操作。因此，在解决问题的过程中，部分学生还是习惯于学习"静态知识"，在正方形内摆四个圆片，并把露在外面的部分当作圆接触不到的部分。由此可见，将这样的内容作为学习探究素材，是十分有意义的。

二、解题策略是多样的

计算圆接触不到的部分的面积，方法是多样的。可以将大正方形面积减去圆接触到的部分的面积；可以将圆接触不到的四个部分的面积与圆组成一个正方形，再求正方形与圆的面积之差；可以将大正方形缩小到边长与圆直径相等的正方形，再求正方形与圆的面积之差。其中第一种方法是很麻烦的，尤其是计算圆接触到的部分的面积，它是由一个正方形、四个大小一样的长方形以及四个大小一样的四分之一圆组成的。虽然这一种方法很麻烦，但它是理解另外两种方法的基础。经历了这种方法，就会产生第二种方法、第三种方法的学习需求。学生体验了解题策略的多样性，并在比较分析中进行优化。

三、研究方向是变换的

在同一个正方形内，让圆的大小发生改变；圆的大小不变，让正方形的大小发生改变；从圆在正方形内任意移动拓展到圆在长方形内任意移动；最后拓展到圆在其他图形内任意移动。研究内容是变换的，而这样的变换不是老师强加的，而是学生自主想出来的。当然，在探究过程中，学生发现解决问题的策略是不变的，尤其是蕴含在其中的"转化"的数学思想方法。学生感悟深刻，豁然开朗！

案例8：还学于生　玩出来的智慧
　　——"数字华容道"学导过程与思考

【适合年级】

四、五年级

【课前思考】

"数字华容道"是一款经典的益智类数学游戏。游戏要求用最少的步数、最短的时间将棋盘上的数字方块，按照从左到右、从上到下的顺序重新排列整齐。游戏的最大特色是挑战自己的大脑和动手操作的速度，它可以随意打乱棋盘上数字方块的位置，随时随地训练自己的大脑。数字华容道棋盘有大小之分，数字方块的数量也有所不同。有8块、15块、24块、35块等不同数量的数字华容道。数字方块的数量不同，重新排列的难度也不同。由于学习对象是五年级学生，我选择了难易适度的15块数字华容道游戏。

【教学目标】

1. 了解数字华容道游戏的特点及规则，能够正确地将数字方块重新排列。

2. 在动手操作、分析比较等探究活动中，体验解决问题策略的多样性，渗透优化意识，发展空间观念。

3. 体验数字游戏成功的乐趣，激发数学学习的兴趣。

【教学重点】

能够正确地将数字方块重新排列。

【教学难点】

快速地将第三行与第四行的数字方块重新排列。

—— 学导过程 ——

一、谈话沟通，了解学情

师：课前我们已经玩过这个游戏，有多少同学已经会了？（多数学生举手了）

问：你们是怎么学会的？

学生自由发言，板书学生想法。

生1：我是看别人玩学会的。

生2：先动手试一试，试着试着就会了。

生3：我先从 3×3 的开始玩，再玩 4×4 的。

生4：一开始也是在那里试，遇到问题我就问同学，后来就学会了。

......

师：同学们太棒了！老师没有教，你们就学会了。今天这节课，就让同学们上来展示一下自己的研究成果。

二、小组合作，探索方法

活动一：还原第一行

师：既然同学们都会玩了，那就说一说：还原第一行的关键是什么？

生：其他数都很容易，就数"4"麻烦一些。

师：那就先玩一玩还原第一行，想一想：还原"4"有什么窍门？

生：如果出现4无法直接移入的情况（如图5.8.1），在D1处有其他数字占位。这时可以将1、2、3做逆时针移动，直到4出现在C2位置上（如图5.8.1），4就可以归位了（方法如图5.8.1）。

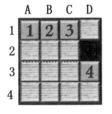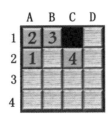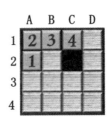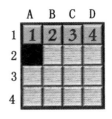

图 5.8.1

师：谁看明白了？

生：数"1、2、3"移好了，退一下，然后数"4"移上去，再还原。

师：看来4格不够用了，用6格（如图5.8.2）来调整，退数"3"入数"4"再回，以退为进，好策略。

图 5.8.2

师：谁还有不同的方法？

生：数"1、2"不动，数"3"移动到数"4"的上面，然后再一起还原。（如图5.8.3）

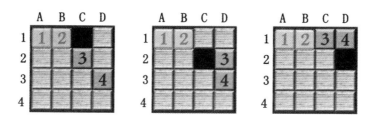

图 5.8.3

师：携手并进也挺好。4的位置还有可能是哪些情况？请你再尝试玩一玩，用上同学们的策略。（如图5.8.4）

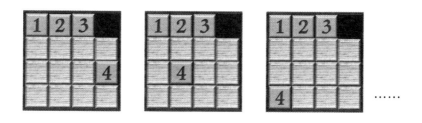

图 5.8.4

活动二：还原第二行

1. 还原第二行。

生：第二行的还原是数"8"最难。

先请学生上台移出数"5、6、7"，再同桌合作摆出相同的布局。同桌互玩。（如图 5.8.5）

1	2	3	4
5	6	7	14
10		11	9
15	8	13	12

图 5.8.5

学生反馈：

生1：数"5、6、7"和数"1、2、3"的还原方法一样，数"8"和数"4"的还原方法一样。

生2：第二行的数还原方法和第一行是一样的。

活动三：还原第三、四行。

师：请你快速还原第三行和第四行。

学生尝试还原，交流汇报。

生1：成功了。还原第三行的方法与还原第二行的方法是一样的。

生2：还原第三行、第二行和第一行的方法都是一样的。

生3：我还原不了（如图 5.8.6），如果只剩下这三个（第4行），移来移去都是一样的，剩下3个数的顺序变不了。

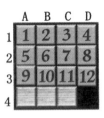

图 5.8.6

师：为什么会顺序换不了？怎么做才能移动这些数的位置？

生1：像还原第一行数"4"一样，给数"4"腾出转动空间。

生 2：把第三行移到一边，给 4 个方格腾出空间来移动。（如图 5.8.7）

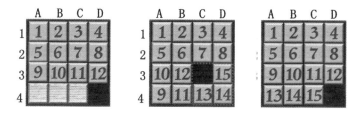

图 5.8.7

生：如果 4 格不够用时，可以借助 6 格进行调整。

三、实践应用

1. 请用上述方法完成下面的还原。（如图 5.8.8）

图 5.8.8

2. 说说你们都用了哪些策略进行还原。（略）

四、欣赏视频，拓展提升

1. 播放"最强大脑"视频，欣赏数字华容道的魅力。

2. 播放华容道（三国版）视频。

【教学思考】

华容道是中国一款古老民间益智游戏，游戏变化多端，形式也多样。游戏的多变性正是学生兴趣的来源，让学生成为寻找游戏策略的主体是游戏教学的根本。

一、激发学习积极性

在上课前两天，我将数字华容道游戏玩具放在教室里，让学生自由玩。我只告诉学生两天后与大家一起学习研究，不提任何要求。这么好玩的数字华容道游戏玩具放在教室里，学生会置之不理吗？当然不是，课间、午间学生迫不及待地抢着玩，几位学生围着一起研究。甚至有几个学生向老师提出新要求，能否将它带回家玩。由此说明，学生对此感兴趣。

二、提高教学效率

经过两天学习研究，学生对数字华容道游戏一点也不陌生。大部分学生都能将数字华容道游戏的数字方块重新排列。那么，大部分学生都会了，老师还要"教"吗？我做了认真思考：到底有多少学生会了？分别会到哪种程度？于是，我将教学定位在让学生汇报，教师适时地进行点拨，不再进行一板一眼的讲授，从而大大提高了课堂教学效率。

三、转变学习方式

常规的课堂教学一般局限于"教—学—教—学"循环反复的模式，不断地将课堂教学推向深层，学生在教师课前预设好的教案里规范地进行学习。数学游戏区别于教材内容，学习材料更具操作性，更具新鲜感，更有挑战性。因此，我将这节课中教与学的方式进行了调整，让学生在"学—点拨—学—点拨"循环反复的教学模式中，学会学习。以此为契机，引导学生将学习触角伸向课堂外的领域。

案例9：尊重学生原始思维　比较中优化方法
——"分油问题"学导过程与思考

【适合年级】

五年级

【课前思考】

这节课学习的内容，来源于人教版五年级上册数学教材第10页"*"题："有两个水桶，小水桶能盛水4千克，大水桶能盛水11千克。不用秤称，应该怎样使用这两个水桶盛出5千克水来？"学生一般不会想到用4千克的小水桶与11千克的大水桶能盛出5千克的水，因为学生对4与11进行加减乘除运算，都不能直接得到结果5。两个容器都没有刻度，在分的过程中不能根据容器的刻度精准地进行，因此，分的过程很"难"，只能利用不同容器之间的相差数解决问题。教材上的"倒水问题"，与"韩信分油问题"类似。两者都不能用容器直接盛出规定数量的水或油，且容器都没有刻度，不能精准地进行盛水或盛油。"倒水问题"与教材上的其他题目也不同，属于非常规问题。因此，我将该内容学习前置，让学生在课前思考，然后在课中反馈交流，最后在画图、分析、比较等活动中，提升分析问题与解决问题的能力。

【学习目标】

1.掌握"分油问题"的结构特征和数量关系，并能正确地进行解答。

2.在画图、分析、比较等数学探究活动中，渗透数形结合的思想，进一步提高解决问题的能力，培养学生推理能力。

3.体验解题策略的多样性，发展学生应用意识与创新意识。

【学习重点】

能正确解答"分油问题"。

【学习难点】

在体验解题策略多样性中进行优化。

—— 学导过程 ——

一、自主解决问题

1. 呈现问题。

有两个水桶，小水桶能盛水 4 千克，大水桶能盛水 11 千克。不用秤称，应该怎样使用这两个水桶盛出 5 千克水来？（人教版五年级上册数学课本第 10 页"*"题）

反馈课前研究情况。

师：没有秤，你们能盛出 5 千克水吗？（学生说会与不会的都有）

师：不会的原因是什么？

生 1：水桶只能盛水 4 千克与 11 千克，把它们进行加减乘除运算都得不到 5 千克。4+11=15（千克），11-4=7（千克），11×4=44（千克），11÷4=2.75（千克）。

部分学生举手赞同。

师：大、小水桶都不能直接盛水 5 千克，我们如果顺着这样的思考方向，这道题就不可能得到解决，想一想，其他同学为什么可以解决问题呢？

2. 分组交流。

让能解决问题的同学离开位置，与不会的同学组成讨论小组，进行讨论。

3. 呈现学生思考方法。

生 1：先用小的水桶取水，连续取 3 次，都倒入大的水桶内，倒满后小的水桶内还剩下 1 千克水；接着将大的水桶里的水倒掉，将小的水桶里的 1 千克水倒入大的水桶内；最后再将小的水桶取 4 千克水，倒入大的水桶内，这时大的水桶内正好有 5 千克的水。（如图 5.9.1）

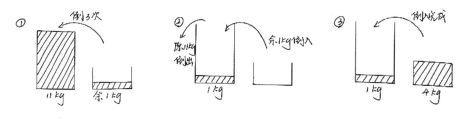

图 5.9.1

生2：我也是这样取水的，但是我画的图有点不一样。（如图 5.9.2）

图 5.9.2

生3：我觉得要倒出5千克的水，可以先倒出2千克、3千克或1千克、4千克的水，合起来就是5千克。但是倒出2千克、3千克是错误的，只能倒出1千克，然后再倒入4千克，就得到5千克水。

生4：我先将大的水桶盛满水，倒入小的水桶内，倒了两次还剩下3千克，最后一次将剩下的3千克倒入小的水桶（如图 5.9.3 中的图①）；然后将大的水桶盛满水，这时一共有14千克的水（如图 5.9.3 中的图②）；接着再倒入小的水桶内，连续倒3次，还剩下2千克，再倒入小的水桶内（如图 5.9.3 中的图③）；再接着将大的水桶盛满水，这时一共有13千克的水（如图 5.9.3 中的图④）；最后连续两次倒入小桶内，得到了5千克的水。

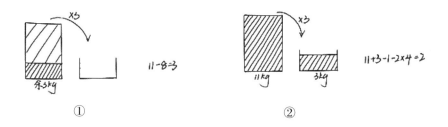

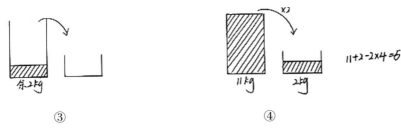

③   ④

图 5.9.3

师：你最喜欢哪种方法？

生：前三种方法都很简洁，最后一种太麻烦了。

师：虽然第四种方法不够简洁，但他能想到画图，再结合算式解决问题，也是很了不起的。

生：小的水桶能盛水 4 千克，与 5 千克相比，还少了 1 千克，如果能弄出 1 千克，则问题迎刃而解。

师：如果直接解题不行、顺向思考不行，就逆向思考，问题终会解决的。

二、举一反三

师：同学们，其实课本上的这道星级题来源于古代的"韩信分油问题"。韩信是谁，知道吗？（只有一部分学生知道）

师：韩信是汉代军事家，号称"兵神"。他帮助刘邦夺取天下，最后被杀后，留下了两道古代名题，一道是这节课学习的"韩信分油问题"，还有一道题是"中国剩余定理"。"韩信分油问题"讲的是：相传汉代军事家韩信在行军途中偶遇两个正在争执的商人。原来他俩合伙卖油后剩下 10 斤油，打算平分，可没带秤，只有一个能盛 7 斤的油罐和一个能盛 3 斤的油葫芦。韩信稍加思索道："你们无须再争，以我之法保你们都满意。"

1. 如果你是韩信，你打算怎么分？把思路记录下来，和同桌交流。

2. 沟通交流。

生 1：先用 3 斤的油葫芦连续取 3 次，将 7 斤的油罐倒满后，还剩下 2 斤油；然后将 7 斤的油罐里的油倒回到 10 斤的篓中；最后将剩下的 2 斤油倒入 7 斤的油罐中，再用油葫芦取 3 斤油倒入，得到 5 斤油。（如图 5.9.4）

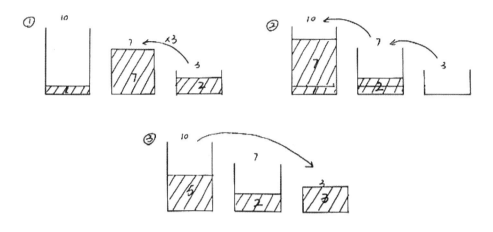

图 5.9.4

生（问）：为什么要"先用 3 斤的油葫芦连续取 3 次"呢？

生 1（补充）：因为油葫芦可以盛 3 斤油，如果能盛出 2 斤，合起来就是 5 斤，问题就解决了。

师：真棒！还有不同的想法吗？

生 2：我的想法跟刚才的同学是一样的，只不过画的图有点不同。（如图 5.9.5）

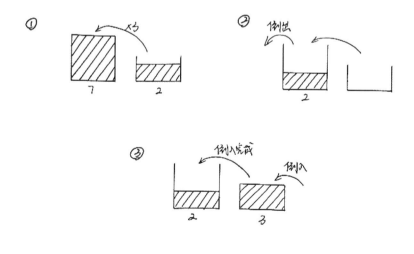

图 5.9.5

生 3：我是列算式的，3+3+3−7=2（斤），2+3=5（斤）。

师：他们的方法有什么共同地方？

生：都要先倒出 2 斤油，再用油葫芦盛 3 斤油，得到 5 斤油。

师：你们是以"3 斤的油葫芦"为标准，设法找出 2 斤油，问题就解决了。如果以"7 斤的油罐"为标准，能否倒掉 2 斤油呢？

3. 再次尝试并汇报。

生 1：先倒满 7 斤的油罐，再将油罐的油倒入油葫芦，倒了 2 次，还剩下 1 斤油，再倒入油葫芦；然后再倒满 7 斤的油罐；最后倒入油葫芦 2 斤，得到了 5 斤。

生 2：我的想法跟刚才的同学是一样的，我是用算式表示的。7-3-3=1（斤），3-1=2（斤），7-2=5（斤）。

师：同学们，太棒了！接下去，我们来看一看韩信是怎样分油的，呈现"葫芦归罐罐归篓"，这句话，你能读懂吗？

生 1：这句话的意思是用葫芦往罐中倒油三次，至罐满，再把罐中的油倒入篓中，以便将葫芦中余下的再倒入罐中，最后解决问题。

生 2：这句话的意思是用罐、葫芦、篓这三个容器，倒来倒去，来分油。

师：太棒了！我们不仅能解决"韩信分油问题"，还能读懂这句诗的意思。

三、拓展提高

1. 大容器中有 24 斤油，今只有盛 5 斤、11 斤和 13 斤的容器各一个，如何才能将油平均分成三等份？

（1）学生尝试。

（2）汇报交流。

生 1：13-5=8（斤），将这 8 斤放入 11 斤的容器内，再利用 13 斤 -5 斤的方法得到 8 斤油，剩下的 8 斤放入 24 斤的桶内。

生 2：24-5-11=8（斤），这 8 斤就放在 24 斤的桶内；再利用 13 斤与 5 斤的容器得到 8 斤，放在 13 斤的桶内，将最后的 8 斤放入 11 斤的桶内。

师：太棒了！

2. 情境变换：有两根分别长 4 厘米、11 厘米的小棒，你能利用这两根小棒量出 5 厘米的小棒吗？

生：这道题太简单了，用 4 厘米长的小棒连续量 4 次，再用 11 厘米长的小棒量一次，减了之后，就得到 5 厘米长的小棒。算式：4×4−11×1=5（厘米）。

生：虽然不是分油问题，但是解决方法与分油问题是一样的。

四、渗透数学文化

"分油问题"是一个经典的数学题，非常有趣。不同的国家也流传着不同版本的"分油问题"，以下三道题就是，如果你有兴趣，不妨试着解决。

1. 法国著名数学家泊松年轻时研究过一道题。某人有 12 品脱美酒，想把一半赠人，但没有 6 品脱的容器，而只有一个 8 品脱和一个 5 品脱的容器，问怎样才能把 6 品脱的酒倒入 8 品脱的容器中。

2. 斯坦因豪斯在《数学万花镜》中表述：有装 14 千克酒的容器，另外有可装 5 千克和 9 千克酒的容器，要把酒平分，该怎么办？

3. 别莱利曼在《趣味几何学》中表述：一只水桶，可装 12 杓水，还有两只空桶，容量分别为 9 杓和 5 杓，如何把大水桶的水分成两半？

【教学思考】

这节课学习内容富有趣味性与挑战性，学生精彩纷呈，思维火花不断地闪现，学习的效果很好。

一、将学习内容前置

分油问题虽然属于教材上的内容，但它有别于常规数学题。首先在于它不能直接利用题目提供的已知信息解决问题；其次在于解决问题策略的多样性，且具巧妙性。正由于这两个特点，多数学生对于此题无从下手。因此，将此学习内容前置。学生有了充分思考的时间与空间，也为课堂探究积累了丰富的数学活动经验，并做好心理上的准备。

二、在画图中理解

解决分油问题，步骤太多，太复杂。如果语言表述繁多，即使讲清楚，也未必能听清楚、听明白。若仅用算式表达，虽然简洁，但是多数学生无法获得理解的效果。因此，我引导学生画图或用文字表达。且在"反馈交流"环节，我有意让画图的学生先汇报，然后再让其他学生汇报。目的是利用数形结合、几何直观等手段帮助学生理解，让学生经历"直观—抽象"的学习过程，逐步理解并正确解答"分油问题"。

三、在比较中优化

解决分油问题的策略是多样的，有简单的也有复杂的。学习就是引导学生学会欣赏同学的每一种解法，既肯定方法也要知道每种方法的优缺点。学生将多种方法进行比较，如通过不同的画图方法的比较，掌握最优画图方法；通过比较不同的文字表述方法，从而学会用最简洁、精准的语言来描述；通过比较不同的算式方法，体会思维方法的简洁高效。对比画图与列算式的方法则更容易帮助我们理解方法，找到最优策略。总之，我们要引导学生在多种方法的比较中，找到解决问题的最优方法。

案例 10：延伸试错时空　成就课堂精彩
　　——"多边形内角和"学导过程与思考

【适合年级】

五年级

【课前思考】

四年级下学期学生已经掌握多边形内角和的计算方法——（边数 −2）×180°，这节课在此基础上进行探究。当然，这节课不是简单地让学生重复计算多边形的内角和，而是结合正方形的分割知识研究怎样做让内角和更大。怎样分割正方形可以得到最多个数的平面图形已经比较困难，再让学生关注割的过程中内角和的变化，探究难度陡增。所以教学设计时要注意两点：一是让学生思考怎样才能把正方形分割成尽可能多的几个多边形；二是每切一刀，多边形内角和的总数发生怎样的变化。

从以上分析可见，本课学习内容具有一定的挑战性与探究性。学生需要充分的时间操作、感悟、对比提炼，如果研究的时间只限于一节课，学生将不能充分地参与探究全过程，没有充分的时间提炼方法。因此，我将研究内容前置，让学生先进行"试错"，然后课中汇报点拨。有了课前探究的经历，哪怕得不到正确结果，也会为本课学习积累数学活动经验。此外，基于学生操作经验的课堂有充分时间让学生把自己原汁原味的研究方法与教师指导点拨的方法进行比较分析，产生思维碰撞，调整研究思路，逐步掌握数学研究的方法，最终学会学习。

【教学目标】

1. 经历分割过程，理解分割的刀数与增加的内角和度数之间的关系，能正确地计算分成的几个多边形内角和的最多度数。

2. 在课前预学、课中探究等活动中画图、分析、比较，找到蕴含在其中的规律，进一步掌握数学研究的方法，发展空间观念，培养推理能力。

3. 体验探究成功的快乐，激发学习兴趣。

【教学重点】

在课前预学、课中探究等活动中，进一步掌握数学的研究方法。

【教学难点】

在研究中发现切的刀数与增加的内角和最多度数之间的关系。

—— 学导过程 ——

一、课前预学

1.布置任务：将一个正方形切 5 刀，最多可分成多少个多边形？这些多边形内角和的总和最多是几度？（如有必要，请画图研究）

2.课前自主探究。

二、反馈交流

1.学生反馈汇报。

生 1：我将正方形切 5 刀（如图 5.10.1），计算得到的结果是 4680 度。

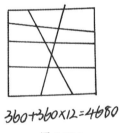

360+360×12=4680

图 5.10.1

生 2：将一个正方形切 5 刀（如图 5.10.2），我计算得到的结果是 5760 度。

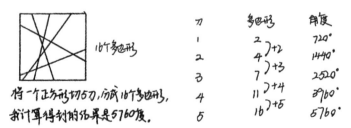

图 5.10.2

师：还有不同的答案吗？

生3：我研究的结果是5580度。

生4：我研究的结果是5400度。

生5：我研究的结果是4320度。

……

2.设问引导。

师：这么多答案，哪个是正确的呢？

生：不知道。

师：怎样研究才能找出正确答案呢？

生：可以化难为易研究。

三、共同探究

1.将一个正方形切1刀，分成两个多边形。它们的内角和总度数可能是多少？

（1）呈现操作要求。

①想一想，可以将正方形切成怎样的两个图形？画一画（要求将所有可能的情况画下来）。

②算一算，分成的两个图形的内角和总度数是多少？

（2）交流反馈。

生1：如图5.10.3，我将正方形分成两个四边形，它们的内角和总度数为720度，算式：360+360=720（度）。

生2：如图5.10.4，我将正方形分成一个五边形和一个三角形，它们的内角和总度数为720度，算式：180+540=720（度）。

生3：如图5.10.5，我将正方形分成两个三角形，它们的内角和总度数还是360度。

生4：如图5.10.6，我将正方形分成一个三角形和一个梯形，它们的内角和总度数为540度，算式：180+360=540（度）。

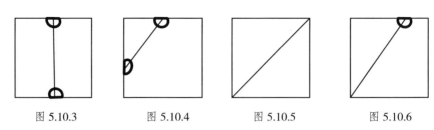

图 5.10.3　　　　　图 5.10.4　　　　　图 5.10.5　　　　　图 5.10.6

师：它们的内角和总度数为什么不同呢？

生：如图 5.10.5，沿着对角线剪，将原来正方形中的两个直角分成四个角，内角和总度数并没有增加，因此，内角和总度数不变。

生：如图 5.10.6，将原来正方形中的一个直角分成两个角，内角和总度数没有增加，而在边上分，内角和增加了 180 度。

师：图 5.10.3 与图 5.10.4 的方法有什么相同的地方？

生：都在边上分，分割线的一端增加 180 度，另一端也增加 180 度。

师：看来分割线只要经过正方形的两条边，则增加 360 度。也就是将一个正方形切 1 刀，内角和总度数最多增加 360 度。

2. 将一个正方形切 2 刀，分成几个多边形？它们的内角和度数总和最多是多少？

（1）学生画图研究。

（2）反馈汇报。

生 1：如图 5.10.7，我将正方形分成了三个四边形，则它们的内角和总度数为 1080 度，算式：360×3=1080（度）。

生 2：如图 5.10.8，我将正方形分成了 1 个五边形、1 个四边形和 2 个三角形，则它们的内角和总度数为 1260 度，算式：540+360+180×2=1260（度）。

生 3：如图 5.10.9，两条分割线相交在一起，则得到的多边形的内角和总度数为 1440 度，算式：180×2+540×2=1440（度）。

师：都是分了 2 次，为什么第三种方法分出来的内角和度数总和比第一种多出 360 度？

生 1：图 5.10.8 与图 5.10.9 比较，两条分割线相交在一起，交点处多了一个周角 360 度。

生2：图 5.10.8 虽然也相交，但是有一条分割线的一个端点在正方形的顶点处，因此，少了 180 度。

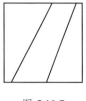
图 5.10.7

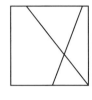
图 5.10.8

图 5.10.9

师：如果切 3 刀，要想得到的几个多边形的内角和总度数最多，你觉得应该怎么办？

生1：几条分割线尽可能地相交在一起。

生2：几条分割线的两端不能在正方形的顶点处，而应在边上。

3.将一个正方形切 3 刀，可以分成几个多边形？它们的内角和度数总和最多是多少？

（1）学生画图解决问题。

（2）反馈汇报。

生1：如图 5.10.10，将一个正方形切 3 刀，则增加了 5 个 360 度，因此，它们的内角和总度数为 2160 度。

师：怎么会增加 5 个 360 度呢？

生1（补充）：3 条分割线与正方形的边分别相交增加 3 个 360 度，这 3 条线段相交产生 2 个交点，又增加 2 个 360 度，一共增加 5 个 360 度。

生2：如图 5.10.11，将一个正方形切 3 刀，可增加 6 个 360 度，因此，它们的内角和总度数为 2520 度。

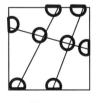
图 5.10.10

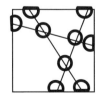
图 5.10.11

师：两种方法有什么不同？

生3：第二种方法多了一个相交点，又多了 1 个 360 度。

4.将一个正方形切 4 刀，分成几个多边形？它们的内角和总度数最多是多少？

师：不画图，请想一想，第 4 刀应该怎样切，使得到的多边形的内角和总度数最多呢？

生1：应该都与刚才的 3 条分割线相交。

生2：这样又能增加 3 个 360 度。

生3（反驳）：不对，应该增加 4 个 360 度。因为多了 3 个交点增加了 3 个 360 度，再加上这条分割线与正方形的两条边相交，又多了 1 个 360 度。

师：真的如你们猜的吗？请画图验证一下。（如图 5.10.12）

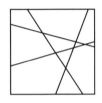

图 5.10.12

生1：这些线段相交的点从 0 个到 1 个、2 个、3 个，有规律地增长，4 条线段相交的点共 1+2+3=6（个），产生 6 个 360 度；4 条线段与正方形的边产生 8 处交点，4 个 360 度。加上原来的内角和 360 度，所以 4 条线切分正方形后产生的内角和总度数为 3960 度。

生2：1 条线段分割，增加 1 个 360 度；2 条线段分割，增加（1+2）个 360 度；3 条线段分割，增加（1+2+3）个 360 度；4 条线段割，增加（1+2+3+4）个 360 度，所以，4 条线段切分成的平面图形内角和总度数为 3960 度。

5.将一个正方形切 5 刀，可以分成几个多边形？它们的内角和总度数最多是多少？

师：不画图，想一想，第 5 刀应该怎么切，多边形的内角和总度数最多？

生1：应该与刚才的 4 条分割线都相交，又增加了 4 个交点，增加了 5 个 360 度。

生2：这些多边形内角和总度数为 5760 度，算式：360+360×（1+2+3+4+5）

=5760（度）。

小结：看来同学们课前研究的结果5760度是正确的，太棒了！

四、拓展延伸

师：请结合刚才研究（如下板书），思考一下：如果切6刀、7刀，甚至切10刀，得到多边形的内角和总度数最多是多少呢？

切的刀数　多边形的内角和总度数

0　　　　　360

1　　　　　360+360=720（度）

2　　　　　360+360×（1+2）=1440（度）

3　　　　　360+360×（1+2+3）=2520（度）

4　　　　　360+360×（1+2+3+4）=3960（度）

5　　　　　360+360×（1+2+3+4+5）=5760（度）

生：切6刀，分成的多边形内角和总度数最多应该为360+360×（1+2+3+4+5+6）=7920（度）；切7刀，分成的多边形内角和总度数最多应该为360+360×（1+2+3+4+5+6+7）=10440（度）；切10刀，分成的多边形内角和总度数最多应该为360+360×（1+2+3+4+5+6+7+8+9+10）=20160（度）。

生：前面已经有的分割线越多，下一条分割线与已有的分割线的交点就越多，内角和总度数也就越大。

五、课外探究

1.将一个三角形切5刀，最多可分成多少个多边形？这些多边形内角和的总和最多是多少度？

2.一个正方形的内部有100个点，以正方形的4个顶点和内部的100个点为顶点，将它剪成一些三角形，这些三角形的内角和的总度数是多少？

【教学思考】

这节课通过课前预学试错，学生初步了解正方形的不同分割方法，以及产生的多边形内角和总度数的变化，在此基础上引导学生探究，起到了事半功倍的效果。

一、在课前"试错"中了解学情

一般情况下，我们认为学习是从上课开始的，没有教师的"教"学习是不可能真正发生的。这样的观点主要是基于"研究结果"才产生的，认为没有找到正确答案，学习就没有发生。其实不管答案是否正确，学生已经开始思考怎么解决问题，并伴随产生相应的解决方案。如同科学试验，很少一次试验就能成功，但并不表明前面的这一次或无数次的失败经历没有意义。正是由于有了失败的经历，学生更渴望知道问题所在，带着问题、伴随着思考进行学习，成长才能更快。实践告诉我，课前预学中有学生能相对科学地研究出正确答案，虽然多数学生没有找到正确结论，但已经接近正确结果，这是非常可贵的。

二、在比较中找到最优方法

将一个正方形切一刀分成两个多边形，它们的内角和总度数是多少呢？不同的分割方法得到的多边形形状不同、个数也不同，它们的内角和总度数自然也就不同。为什么同样切一刀，切出的图形内角和总度数不同呢？这是一个核心问题。要想解决这样的问题，需要学生通过对比观察找到原因。基于大问题，老师只需要设置关键小问题，让学生主动思考，达到感悟的目的：①为什么切一刀得到的两个多边形的内角和还是 360 度呢？②为什么切一刀得到的两个多边形的内角和只增加了 180 度呢？③为什么切一刀得到的两个多边形的内角和总度数增加了 360 度呢？通过比较，学生发现了内角和总度数增加的原因和方法。

三、在推理中发现内在规律

规律的发现需要经历操作、发现、猜想、验证等过程，即学生需要经历完整的推理过程。切 1 刀是让学生体会分割线增加，平面图形增加，内角和总度数也会增加；切 2 刀和 3 刀则是本节课学生发现并提出猜想的关键环节，在此处学生发现现象，提出方法，并通过画图说理；在切 4 刀、5 刀处进行猜想、验证结果，最后得出结论；再继续类推，甚至得出切 10 刀后正方形分成的多边形个数，以及这些多边形的内角和总度数。这一过程学生从易到难，逐步深入，通过方法优化发现现象，提出猜想，进一步验证猜想，完整经历推理解决问题的过程。

案例 11：在假设尝试中发展推理能力
——"井格游戏"学导过程与思考

【适合年级】

五、六年级

【课前思考】

"井格游戏"取材于知识产权出版社出版的《玩出来的逻辑思维：井格谜题》一书。井格游戏规则简单，在 6×6 井格中要求每行每列有 3 个〇与 3 个 ×，但不能出现 3 个连续〇或 ×；且不能出现排列完全相同的行或列。井格游戏规则虽简单，却是培养学生推理能力的好素材。学生完成井格游戏需要较长时间，需要在不断试错中探究，所以此游戏也是锻炼学生意志品格的好素材，有助于培养学生不放弃、敢挑战的勇气与信心。井格游戏不同于教材上的常规练习，不能通过两三步思考就能解决问题。完成一张 6×6 井格游戏需要几十步的推导与思考过程。如果只在课堂上学习讨论，势必会造成学生体验不足、理解不够等问题。为此，我将井格游戏学习前置，让学生在课前先玩，在试错中总结经验，将成功经验与遇到的困难都带到课堂中来，共同分享与解决。

【教学目标】

1. 了解井格游戏规则，能够按照井格游戏的规则正确地进行井格游戏。

2. 引导学生参与井格游戏的探究全过程，渗透假设思想方法，培养学生推理能力与创新意识。

3. 树立挑战游戏的自信心；体验游戏成功的乐趣，激发学习数学的兴趣。

【教学重点】

能够按井格游戏的规则正确完成 6×6 井格游戏。

【教学难点】

需要用假设、比较等数学思想方法正确完成 6×6 井格游戏。

—— 学导过程 ——

一、课前预学

1.完成以下五小题 6×6 井格游戏。（如图 5.11.1 所示）

游戏规则：①每行每列有且仅有 3 个○，3 个 ×；②不能出现 3 个连续○或 ×；③不能出现排列完全相同的行或列。

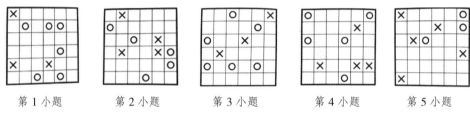

第 1 小题   第 2 小题   第 3 小题   第 4 小题   第 5 小题

图 5.11.1

2.可以将游戏之后的心得体会写下来。

二、课中交流

1.预学反馈。多数学生完成了前三小题 6×6 的井格游戏；少数学生全部完成。

2.总结成功经验。

（1）以第 1 小题 6×6 井格游戏为例，总结填法。

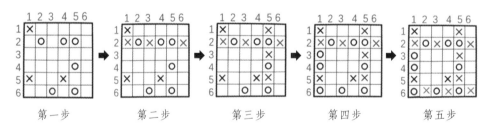

第一步   第二步   第三步   第四步   第五步

图 5.11.2

生 1：先找到游戏突破口，如图 5.11.2 中的第一步，先填第 2 行，因为这一行当中已经有了三个○，另外三个方格填 ×。（完成情况如图 5.11.2 中的第二步）

生 2：第 5 列已经有了三个○，另外三个方格填 ×。（如图 5.11.2 中的

第三步）

生 3：第 1 列已经有了三个 ×，另外三个方格填○。（如图 5.11.2 中的第四步）

生 4：第 6 行已经有了三个○，另外三个方格填 ×。（如图 5.11.2 中的第五步）

师：太棒了！按这样的规律继续往下填就可以顺利地完成这个游戏。

（2）以第 2 小题 6×6 井格游戏为例，继续总结填法。

生 1：先找到两个连续的○或 ×，因为它们的两端都不能填同样的符号。如第 5 列已有两个 ×，它的上面一格与下面一格都要填○；如第 6 列已有两个○，它的上面一格与下面一格都要填 ×。（如图 5.11.3）

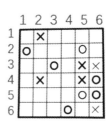

图 5.11.3

生 2：再看第 2 行已有两个○，当中有连续三个空格，这三个空格不可能都填 ×，最多只能填两个 ×，因此，第 2 行最后一格填 ×，第 1 行最后一格填○。（如图 5.11.4）

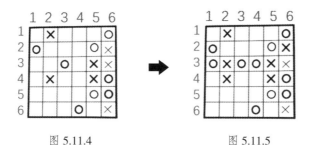

图 5.11.4　　　　　　　　图 5.11.5

生 3：接着再看第 3 行，第 4 格填○；第 2 格不能填○，只能填 ×；第 1 格填○。（如图 5.11.5）接着就可以继续将所有的井格填满。

（3）以第 3 小题 6×6 井格游戏为例，继续总结填法。

生 1：第 5 行已有 3 个○，再填 3 个 ×；第 1 列 2 个○中间可填 ×；第 4 列 2 个 × 中间可填○，第 4 行出现连续 2 个 ×，所以第 3 格只能填○，于是又出现 2 个连续的○，所以第 5 格只能填 ×，最后一格填○。（如图 5.11.6）

	1	2	3	4	5	6
1			○			×
2					○	
3	○			×		
4	×	×	○	○	×	○
5	○	×	○	×	○	×
6						

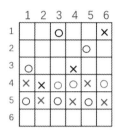

图 5.11.6

生 2：根据第 2 列 2 个 × 与第 3 列 2 个○，分别得到第 3 行第 2 格填○，第 3 格填 × 以及第 6 行第 2 格填○，第 3 格填 ×。于是第 3 行第 5 格可以填○，第 6 格可以填 ×，接着就可以顺利完成这个游戏（如图 5.11.7）。

	1	2	3	4	5	6
1			○			×
2					○	
3	○	○	×	×	○	×
4	×	×	○	○	×	○
5	○	×	○	×	○	×
6		○	×			

图 5.11.7

师：太棒了！利用已给的信息，结合规则，我们可以轻松玩井格游戏。这个游戏太简单了。

3. 交流遇到的问题。

（1）以第 4 小题的 6×6 井格游戏为例，呈现问题。

生 1：没有那么简单，我完成第 5 行、第 1 列、第 4 列填画之后，就填不下去了（如图 5.11.8）。

	1	2	3	4	5	6
1	○			×		○
2	×	○	○	×	×	○
3	○			○		
4	×			×		
5	○	×	○	○	×	×
6	×			○		

图 5.11.8

生2：我不是这么思考的，在完成第5行和第4列后，我认为可以先填第1行，第1行的第1格和第6格各有1个○，第4格有1个×，我们接着再填一个○，如果○填在第2格则会出现3个连续×，如○○×××○，第5格也是如此。因此，○只能填在第3格（如图5.11.9）。接下去，再填画第2行、第5列，直到填满为止。

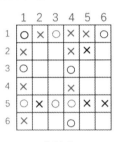

5.11.9

（2）以第5小题6×6井格游戏为例，呈现问题。

生1：这一题太难了，我不会填。

生2：我填到这里（如图5.11.10），填不下去了，于是采用了假设法，结果第2行与第5行的图形排列顺序完全一样（如图5.11.11）。

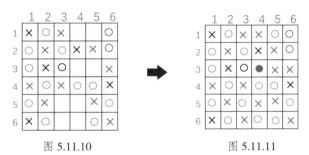

图5.11.10   图5.11.11

师：我也做了这道题，确实有点难，需要用到假设法，如果假设不对，还需要进行调整。看来，我们要顺利地完成井格游戏，还需要了解它的特点。请大家仔细观察，你能发现它有什么特点吗？

生1：我们玩的这5个井格游戏中前4个有9格是填好的，有27个空格。

生2：一行最多填了3格，有的一格也没有。

生3：我们可以从已填3格的这一行或这一列入手进行填写，如果没有已填3格的，也可以从已填2格的入手进行游戏。

师：其实6×6井格游戏，都是由独立的6行或6列组成的，每一列都是3个〇和3个×。接下去，我们从独立的一行入手进行研究，看这6个图形排列有哪些情况，从已有的情况可以得出这些结论。

三、井格游戏的基础——推理

1.井格游戏规则：一行中不能出现3个连续〇或×，行或列不能出现完全一样的排列顺序。

（1）学生独立思考，完成填写图5.11.12。

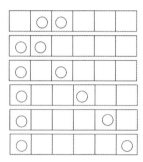

图5.11.12

（2）交流反馈：

生1：第1行，第2、3格有连续的〇，所以第1和第4格是可以判断得到 × 的，如 ⌷×〇〇×⌷ 。

生2：第2行，第1、2格连续有〇，所以可以推导出第3格填×，第4、5格不能出现连续的 ×，如 〇〇××× ，所以有1个 × 在第6格，如 〇〇× × 。

生3：第3行，只能确定第2格，剩下的无法确定，如 〇×〇 。

生4：第4行无法确定空余的格子填什么，因为剩下3个×，任何2个格子都有可能是 ×。

生5：第5行，当中连续三格不能都填×，如 〇×××〇 ，最多只能填两个 ×，因此，第6格只能填 ×，如 〇 ×〇 。

生6：第6行的第2格或第5格如果填〇，则会出现连续三个 ×，如： 〇〇×××〇 或 〇×××〇〇 。因此，这两格只能填 ×，如 〇× ×〇 。

师：在解决第 2、5、6 行的问题时，我听到同学们说"如果……就……所以……"同学们用假设的方法，进行了推理。井格游戏不仅仅是游戏，它的背后就是推理的应用。现在你能用上假设的方法推理出第 5 小题的结论吗？

2. 完成第 5 小题井格游戏。

（1）学生尝试。（可以同桌讨论，也可以让先会的学生指导不会的学生）

（2）反馈结果。

生：第 1 列和第 6 列都可以用刚刚的推理方法，中间不能出现 3 连，所以第 1 列的第 2、5 格均为〇；第 6 列的第 6 格为 ×。紧接着第 2 行与第 4 行也可以用推理方法得到结果。（完成后如图 5.11.13）

生：当还剩下 8 个空格不知道怎样填时（如图 5.11.13），可以先观察列上有没有重复的，或有没有完全重复的两行。第 1 列和第 3 列的前 4 格排列完全一样（如图 5.11.13），所以剩下的第 5、6 格不能一样，这样剩下的就全都能完成了（如图 5.11.14）。

生：第 4 行与第 6 行也可以用"顺序不能完全一样"来推理。

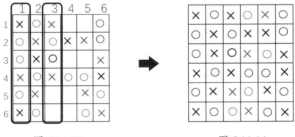

图 5.11.13　　　　　　　　图 5.11.14

四、推理应用

1. 完成井格游戏。（如图 5.11.15）

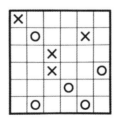

图 5.11.15

生：先从第3列入手，第2格与第5格都填○；接着再完成第2行填写；然后再看第5行，第2格与第5格都填×；最后按照图5.11.6的顺序完成填写。

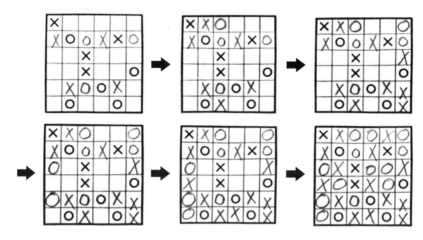

图 5.11.16

2. 自选一题练习。（见图 5.11.17）

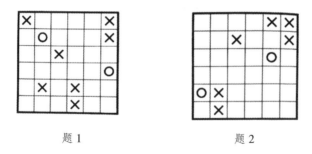

题 1   题 2

图 5.11.17

生：图 5.11.17 中的第 1 小题，连续两个相同的符号出现了两次，分别从它们入手进行填写，很快就能得到答案。（如图 5.11.18）

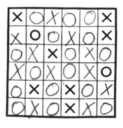

图 5.11.18

师：刚才老师发现，图 5.11.17 中的第 1 小题同学们都完成得很好，但是第 2 小题却出现了不同的问题，接下来，我们重点研究。

生 1：第 2 小题我用推理的方法完成了一部分（如图 5.11.19）时，不能再继续往下填了。于是我再看第 1 列，只剩下两格，而且只能填〇和 ×。我假设第 4 格填 ×，则可以将这个井格填满，但是发现第 3 行与第 6 行重复了（如图 5.11.20）。

生 2：当我用推理的方法填到图 5.11.19 时，不能再继续往下填了。但我发现第 6 行与第 3 行已有 4 格是相同的，为了避免重复，第 6 行剩下的两格按从左往右顺序只能填"〇、×"（如图 5.11.21）；接着按要求填写，直到填满为止，如图 5.11.22、5.11.23。

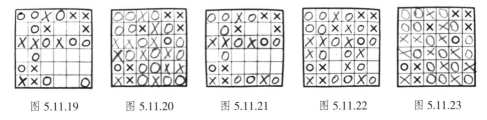

图 5.11.19　　　图 5.11.20　　　图 5.11.21　　　图 5.11.22　　　图 5.11.23

五、课外延学

1. 撰写心得体验（自选；字数不限）。

2. 完成下列井格游戏（6×6 井格游戏规则不变；在 8×8 井格中要求每行每列有 4 个〇与 4 个 ×，但不能出现 3 个连续〇或 ×；且不能出现排列完全相同的行或列）。（如图 5.11.24）

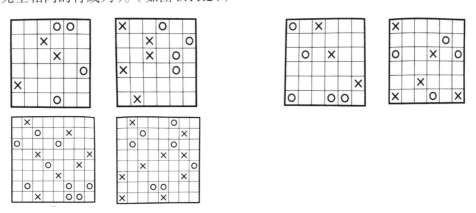

图 5.11.24

【教学思考】

本节课学生在推理、调整、假设、比较等活动中完成井格游戏，充分体验游戏带来的成功感，从而激发学习数学的兴趣。

一、课前预学体验

在6×6井格游戏中，要求利用已知格，推理得到另外的空格，是有一定难度且需要一定时间的。学生不仅要具备一定的推理能力，还应有较强的分析、比较等能力。有时还需要大胆地进行假设，才能顺利地完成一个6×6井格游戏。这样的内容，仅仅依靠一节课时间，学生是玩不够，体验不深的。因此，我安排了课前预学试错环节。在此环节中，我选择了5个6×6井格游戏，最后一个难度较大。不管学生能否全部完成，都有收获与感悟，可为完成本节课的学习任务积累相应的数学活动经验。

二、课中研讨点拨

在课前预学活动中，不同的学生有不同的体验，既有成功的经验，也有失败的沮丧。特别是最后一小题，虽然多数学生不会，但却激发了他们思考的积极性。少数学生的不放弃、敢挑战也为其他学生树立了良好的榜样。课中，我再组织学生分享交流。学生汇报自己完成6×6井格游戏的过程、方法及遇到的困难，教师在此基础上进行点拨，并将6×6井格游戏进行分解，将它变成独立的六行进行推理研究，让学生明白再难的题目都是由一道道简单的题目组成的，只要找到游戏的突破口，逐行进行填写，问题就会迎刃而解。有了课前预学活动，课堂学习效率大大提高。

三、课后延学提升

井格游戏虽然有点难，但是学生却很喜欢。仅限于课前预学与课中学习是完全不够的。井格游戏除了难度不同之外，井格的数量也不同。井格游戏不仅有6×6的，还有8×8的，甚至还有10×10的。游戏规则大体不变，只不过每行每列有且仅有3个"○与×"改成4个甚至5个。游戏规则虽然变化不大，但是难度却有所提升。由此，打开了学生对井格游戏的认识大门，激发了学生继续研究的兴趣。课虽结束了，但学生对井格游戏的学习并未停止。课后，学生写下了自己的学习心得体会。

案例 12：一材多用　培养发散性思维
——"组合图形的面积"学导过程与思考

【适合年级】

五年级

【课前思考】

这节课是在多边形面积的基础上组织学习的。多边形面积的学习主要包括长方形、正方形、平行四边形、三角形、梯形等基本图形的面积计算，以及组合图形面积的计算。本课是在三角形的面积的学习基础上再进一步深入研究，研究的素材源于学生，研究的问题源于学生，研究的过程也要聚焦学生的怎么"研"。

课前，我先让学生在两个正方形中选择 3 个交点构建一个三角形，再算出这个三角形的面积。学生设计的三角形一般可以分为两类，一类是可以找到底与高长度的三角形，能直接计算它的面积；另一类是三边长度不知或者底与高的长度不知（无理数）的三角形，不能直接计算它的面积。而后者就是本课学生需要研究的重点与关键。研究的过程中，教师可展示面积的不同计算方法，让学生体验解题策略的多样性；展示不同的图形，相同的计算方法，让学生理解"等积变形"的意义，并利用等积变形更简洁、更巧妙地解决问题，感悟数学的魅力，激发数学学习的兴趣。

【学习目标】

1. 按要求设计三角形与梯形，并能正确地计算三角形与梯形的面积。

2. 参与探究三边长度未知的三角形的面积计算方法，掌握平行线的判定方法，渗透等积变形的数学思想方法，提高灵活运用知识解决问题的能力。

3. 在探究活动中体验解题策略的多样性，发展学生的应用意识与创新意识。

【教学重难点】

理解与应用"等积变形"思想，计算三角形与梯形的面积。

—— 学导过程 ——

一、课前预学

第1题：请你先在两个正方形中选择已有的3个交点构建一个三角形，再算出它的面积（每幅图设计一个三角形），看谁设计的三角形多。

（温馨提示：设计的三角形个数可多可少）

第2题：请你在两个正方形中选择已有的4个交点构建一个梯形，然后再算出它的面积。

（温馨提示：设计的梯形个数可多可少）

二、课中交流

1.学生汇报第1题预学情况。

生1：如图5.12.1，我设计了6个不同的三角形，并分别计算出它们的面积。

1.请你先选择两个正方形中已有的3个交点连成一个三角形，然后再算出它的面积。

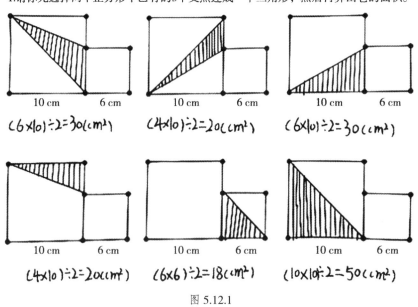

图 5.12.1

生2：如图5.12.2，我也设计了6个不同的三角形。

1.请你先选择两个正方形中已有的3个交点连成一个三角形，然后再算出它的面积。

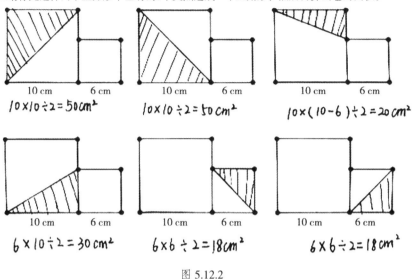

图 5.12.2

生3：如图5.12.3，我设计了6个不同的三角形，它们的面积也都计算出来了。

1.请你先选择两个正方形中已有的3个交点连成一个三角形，然后再算出它的面积。

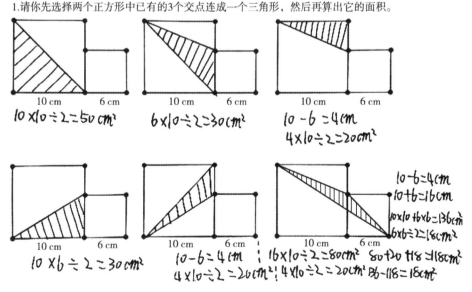

图 5.12.3

师：请同学们观察一下（图5.12.3），在这6个三角形中，哪个三角形比较特别？为什么？

生1：第二行第三个三角形，它的几条边都在正方形里面，没有一条边在正方形的边上。

生2：我也认为是第二行第三个三角形，它的几条边的长度我们都不知道。

师：这个三角形确实有点特殊，等会儿我们再来研究。

生3：我也设计了6个三角形（如图5.12.4），其中第一行第三个三角形比较特殊，它有一部分在两个正方形的外面，而且几条边的长度也都不知道。

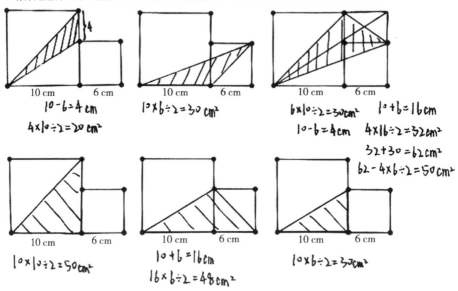

图5.12.4

师：是的，这个三角形确实比较特殊，我们也等会儿再来研究。

2.分析比较，理解等积原理。

师：请比较一下这2个三角形，它们有什么相同与不同的地方？（如图5.12.5）

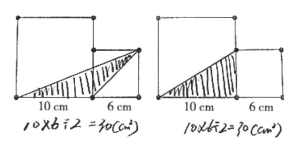

图 5.12.5

生 1：它们的面积是相同的，形状不同。

生 2：它们的底都是 10 cm，高都是 6 cm，所以面积相同。

师：请再比较一下这 3 个三角形，它们有相同的地方吗？（如图 5.12.6）

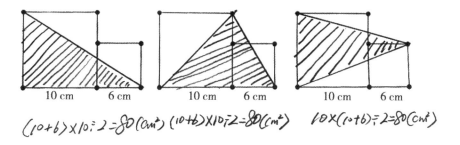

图 5.12.6

生 1：它们的面积都是相等的。

生 2：它们的底与高分别是 10 cm、16 cm，所以它们的面积相等。

生 3：我知道了，这些图形都是等底等高的图形，三角形的面积 = 底 ×
高 ÷ 2，所以它们的面积相等。

三、重点探究

1. 请计算下面三角形的面积。（如图 5.12.7）

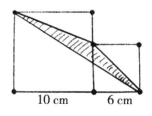

图 5.12.7

师：这个三角形三条边的长度都不知道，底所对应的高也不知道，这样的三角形面积又该怎么计算呢？请同学们认真思考并尝试计算。

学生计算后反馈：

生1：先算出两个正方形的总面积，然后再减去3个空白的三角形面积，算式：$10 \times 10 + 6 \times 6 = 136$（$cm^2$），$(10+6) \times 10 \div 2 + 6 \times 6 \div 2 + 10 \times (10-6) \div 2 = 118$（$cm^2$），$136-118=18$（$cm^2$）。

师：太棒了！如图5.12.8，如果只告诉你们"小正方形的边长为6 cm"这一条件，那么，这个三角形的面积又是多少呢？

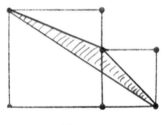

图 5.12.8

生1：大概没有办法计算。

生2：没有大正方形的边长长度，两个正方形的总面积以及其中两个三角形的面积都算不出来。

师：用总面积减空白部分三角形面积的办法行不通，我们是否可以换一个角度思考呢？有没有可能跟图5.12.5一样，存在哪个部分的面积与这个三角形的面积相等呢？

生1：可能跟最上面的那个三角形的面积相等。

生2：也可能跟小正方形中的三角形面积相等。

生3：也可能跟空白的梯形面积相等。

生4（反驳）：这个梯形的面积太大了，不可能与这个三角形的面积相等。

师：到底谁的想法是正确的呢？我们不妨连接正方形的对角线试试看，你发现了什么？

生：两条对角线是相互平行的。

师：为什么？

生1：两条对角线与正方形的边相交，它们的夹角都是45度，因此，它们是平行的。

师：太棒了！这是我们初中才学到的知识，同位角相等或内错角相等，两条直线互相平行。我们怎样用小学的方法去研究呢？

生2：我们可以用直尺测量一下，这两条线之间的距离是不是处处相等。

师：好建议！请同学们画出这两个正方形的对角线，再量一量这两条对角线之间的距离。

生1：我发现这两条对角线之间的距离是处处相等的，它们的延长线也是不会相交的。因此，这两条线相互平行。（如图5.12.9）

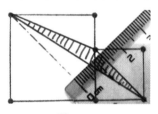

图 5.12.9

生2：我知道了，三角形 BCD 与三角形 ACD 等底等高。因为两平行线之间的距离相等，那么这两个三角形的高就相等，底都是 CD 边，所以三角形 ACD 与三角形 BCD 面积相等，因为 $S\triangle ACD - S\triangle COD = S\triangle BCD - S\triangle COD$，所以 $S\triangle BCO = S\triangle DAO$，所以 $S\triangle ABC = S\triangle ABD$。因此，三角形 ABC 的面积是 $6 \times 6 \div 2 = 18 \ \text{cm}^2$。（如图5.12.10）。

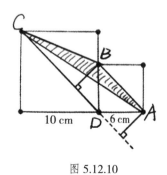

图 5.12.10

生3：三角形 ABC 与三角形 ABD 是等底等高的三角形，它们的面积也是相等的。因此，三角形 ABC 的面积是 $18\ \text{cm}^2$，算式：$6×6÷2=18$（cm^2）。

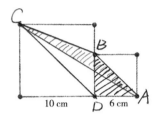

图 5.12.11

生 4：找一个跟原来三角形面积一样的图形来替换掉它，就变得简单了。

2.举一反三，计算下图三角形的面积。（如图 5.12.12）

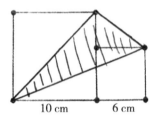

图 5.12.12

生 1：如图 5.12.13，这个三角形可以分成两部分，我们可以先求两个正方形外面的小三角形面积，算式：$6×(10–6)÷2=12$（cm^2）；再将两个正方形的总面积减去两个三角形面积，算式：$10×10+6×6-(10+6)×6÷2-10×10÷2=38$（$\text{cm}^2$）；最后将两部分面积相加得到这个三角形的面积是 $50\ \text{cm}^2$，算式：$12+38=50$（cm^2）。

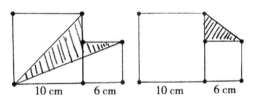

图 5.12.13

生 2：先将这个图形的右上角补上一个三角形得到一个长方形，它的面积是 $(10+6)×10=160$（cm^2）；然后再计算三个空白的三角形的面积，$10×10÷2+(10+6)×6÷2+6×(10–6)÷2=110$（$\text{cm}^2$）；最后用长方形面积减去三个空白的三角形的面积，算式：160–110=50（cm²）。

生3：太麻烦了！我们可以像刚才一样用"等积变形"的方法来计算它的面积。先画出小正方形的对角线，再用直尺去量两条对角线之间的距离进行验证，发现它们是相互平行的，那么三角形 ABC 的面积与三角形 ADC 的面积是一样的。三角形 ACD 的面积为 50 cm²，那么，三角形 ABC 的面积也是 50 cm²。（如图 5.12.14）

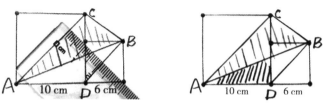

图 5.12.14

四、拓展延伸

1. 学生汇报第 2 题预学情况。

生1：我设计了 6 个不同的梯形，它们的面积计算如图 5.12.15。

2. 请你先选择两个正方形中已有的 4 个交点连成一个梯形，然后再算出它的面积。

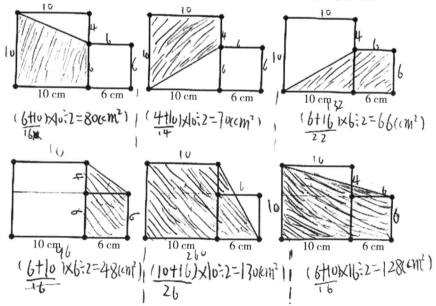

图 5.12.15

生2：我设计了6个不同的梯形，但是与刚才同学设计的是一样的，只不过顺序有点不同。（如图5.12.16）

2. 请你先选择两个正方形中已有的4个交点连成一个梯形，然后再算出它的面积。

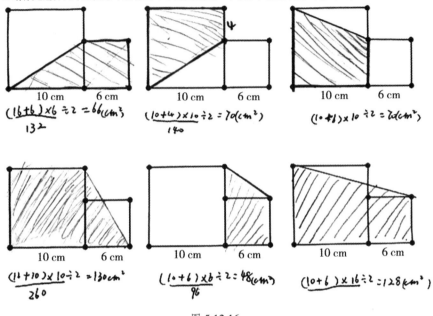

图 5.12.16

2. 判断，下列三个四边形是梯形吗？（如图5.12.17）

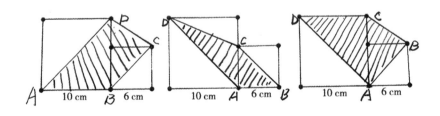

图 5.12.17

生1：左边两个是梯形，因为两个正方形的两条对角线是互相平行的；最右边的四边形可能是梯形。

生2：我觉得第三个不是梯形，因为 AD 与 BC 可能不平行。

师：是吗？我们怎样验证呢？

生：用尺子测量一下，两条线之间的距离是否处处相等。

学生测量后，发现第三个四边形不是梯形。

师：你能说一说怎样计算这些图形的面积吗？

生1：可以将它们分割成两个三角形来计算它们的面积。

生2：都可以用两个正方形的总面积减去几个空白的三角形的面积。

师：由于时间关系，请同学们课后再进行计算；如有兴趣还可以继续设计其他图形并计算它们的面积。

五、全课总结

【教学思考】

本节课主要采取学生课前预学，课中反馈交流，特别在"不知三角形底与高，求这个三角形的面积"时，重点引导学生探究，让学生学有所得。

一、有意制造学习障碍

计算三边长度未知的三角形面积，或者计算底与高未知的三角形的面积，对学生来讲是有挑战性的。因为学生已经习惯于利用三角形的面积计算公式计算三角形的面积，当底与高未知时，则需要改变思考方向。初次呈现，学生刚开始有点蒙，但很快通过观察发现，阴影部分面积可以用总面积减去空白部分面积的方法进行计算。在此基础上，教师再次减少条件，只给出"小正方形的边长为6 cm"这一个条件。学生更蒙了，因为正方形面积的总和都计算不了，空白小三角形的面积也计算不了，无法用减法解决。教师再次设置的"障碍"，让学生思维受阻，逼着学生转换思路，寻找其他解决方案。

二、在猜测思辨中顿悟

当学生遇到障碍时，教师提出："有没有可能跟图5.12.5一样，存在哪个部分的面积与这个三角形相等呢？"学生在猜测、思辨等活动中，发现这个三角形的面积可能与小正方形面积的一半（小正方形内的等腰直角三角形）大小是相等的。因为它们是等底的，很可能也等高。有了这样的思考，学生想到了"两个正方形内的两条对角线可能平行"，如果两条对角线平行，根据"两条平行线之间的距离处处相等"这一特性，这两个三角形肯定等高了。至此，学生终于找到了正确的研究方向。

三、在验证探究中理解

寻找等底等高的三角形，关键在于怎么知道两个三角形的高是相等的，这也是学生最难理解的。原因有二：一方面是因为两个三角形都是斜放置的，而非学生熟悉的水平放置；另一方面，学生需要将两个三角形放置在这组平行线中才能判断高是否相等，而不是用数据告知，间接告知给学生学习增加了难度。所以设置操作验证环节，一方面是让学生尝试用自己的方法判定两条对角线互相平行，通过直观的操作活动建立起两平行线之间的三角形高相等的概念；另一方面则是让学生感知三角形在两平行线之间，所以它们的高相等。这一环节的操作学习也为学生判定四边形是不是梯形奠定了基础。

案例 13：在游戏对抗中探秘
——"取棋子游戏"学导过程与思考

【适合年级】

四、五年级

【课前思考】

取棋子游戏是指在两堆棋子中 1 次任取几颗棋子（但不能不取），每次只能在一堆中取，直到取完为止，谁取到最后一颗谁胜。游戏规则很简单，游戏内容却很丰富，既好玩，又有数学味。游戏从两堆棋子到三堆棋子，从两堆相同数量到不同数量，可以随时调整改变，从取棋子到涂格子游戏，形式不同，但游戏原理却有异曲同工之妙。如果学生没有充分参与游戏体验，就很难理解并掌握获胜的策略。因此，我将游戏活动前置，让学生在课前玩个够，先熟悉游戏规则，并初步感知游戏获胜的策略。课中再组织学生讨论交流、分析比较，不断地将学习引向深入。

【学习目标】

1. 参与从数量相同、不同的两堆或三堆棋子中取棋子游戏，学会将取三堆棋子游戏转化成取两堆棋子游戏、将涂格子游戏转化成取棋子游戏，掌握取棋子游戏获胜的策略。

2. 参与取棋子游戏活动的全过程，渗透转化的数学思想方法，培养学生推理能力。

3. 在取棋子游戏活动中获得积极的情感体验，感受数学的魅力。

—— 学导过程 ——

一、课前游戏

1. 呈现问题：黑白两堆棋子，各 7 颗。（如图 5.13.1）两人轮流取，每次只能从一堆中取（至少取 1 颗），谁取走最后一颗，谁获胜。怎么取才能获胜呢？

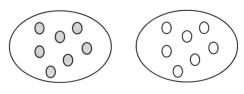

图 5.13.1

2.理解题意：

师："每次只能从一堆中取"是什么意思？

生：可以从黑色棋子中取，也可以从白色棋子中取，但是不能一次同时从两堆中取。

师："谁取走最后一颗，谁获胜"是什么意思？

生：对方没有棋子可取了，就获胜了。

3.游戏活动，记录取棋子游戏过程。（见表 5.13.1）

表 5.13.1　学习单

次数 ＼ 取法	对方	自己
获胜方		

二、课中探究

1.学生汇报取棋子游戏过程。

师：请取胜同学上来汇报一下。

生 1：我黑棋取 2 颗，对方白棋取 5 颗；我黑棋取 3 颗，对方白棋取 1 颗；我黑棋取 1 颗，对方白棋取 1 颗；我最后取黑棋 1 颗，我赢。

生 2：我白棋取 5 颗，对方黑棋取 6 颗；我白棋取 1 颗，对方白棋也取 1 颗；我最后取黑棋 1 颗，我赢。

生 3：我黑棋取 6 颗，对方白棋取 7 颗；我最后取黑棋 1 颗，我也是赢的。

生 4：对方白棋取 5 颗，我黑棋取 5 颗；对方白棋取 1 颗，我黑棋取 1 颗；对方白棋取 1 颗，我黑棋再取 1 颗，可以赢。

师：这些同学非常棒！在取棋子游戏中胜了对方。敢挑战老师吗？（生：敢！）

第 1 次游戏：生取白棋 3 颗，师取黑棋 3 颗；生取黑棋 2 颗，师取白棋 2 颗；生取白棋 1 颗，师取黑棋 1 颗；生取白棋 1 颗，师最后取黑棋 1 颗。老师取胜。（见表 5.13.2）

表 5.13.2　学习单

次数 ＼ 取法	生	师
1	白 3	黑 3
2	黑 2	白 2
3	白 1	黑 1
4	白 1	黑 1
获胜方	师	

第 2 次游戏：生取黑棋 4 颗，师取白棋 4 颗；生取黑棋 1 颗，师取白棋 1 颗；生取黑棋 1 颗，师取白棋 1 颗；生取黑棋 1 颗，师最后取白棋 1 颗。老师取胜。（见表 5.13.3）

表 5.13.3　学习单

次数 ＼ 取法	生	师
1	黑 4	白 4
2	黑 1	白 1
3	黑 1	白 1
4	黑 1	白 1
获胜方	师	

第 3 次游戏，学生提出让老师先取：师取白棋 1 颗，生取黑棋 5 颗；师取白棋 4 颗，生取黑棋 1 颗；师取白棋 1 颗，生取黑棋 1 颗；师最后取白棋 1 颗。老师取胜。（见表 5.13.4）

表 5.13.4　学习单

次数＼取法	师	生
1	白 1	黑 5
2	白 4	黑 1
3	白 1	黑 1
4	白 1	
获胜方	师	

第 4 次游戏，学生提出让老师先取：师取白棋 1 颗，生取黑棋 1 颗；师取白棋 4 颗，生取黑棋 4 颗；师取白棋 1 颗，生取黑棋 1 颗；师取白棋 1 颗，生最后取黑棋 1 颗。学生取胜。（见表 5.13.5）（全班掌声）

表 5.13.5　学习单

次数＼取法	师	生
1	白 1	黑 1
2	白 4	黑 4
3	白 1	黑 1
4	白 1	黑 1
获胜方	生	

第 5 次游戏，学生提出继续让老师先取：师取白棋 3 颗，生取黑棋 3 颗；师取白棋 3 颗，生取黑棋 3 颗；师取白棋 1 颗，生最后取黑棋 1 颗。学生取胜。（见表 5.13.6）（全班掌声）

表 5.13.6　学习单

次数 ╲ 取法	师	生
1	白 3	黑 3
2	白 3	黑 3
3	白 1	黑 1
获胜方	生	

2. 讨论取胜策略。

（1）学生讨论，再次游戏验证自己讨论的结果。

（2）汇报交流：

生 1：让对方先取，自己后取。

生 2：对方取几颗，我也跟着取几颗。

生 3：要与对方在不同的一堆里取。

（3）小结板书：对方先取，获胜方再取，且取与对方相同的数量。

三、游戏推进

1. 游戏一：增加黑白两堆棋子的数量。

两堆棋子，各 10 颗。（如图 5.13.2）两人轮流取，每次只能在一堆中取
（至少取 1 颗），谁取走最后一颗，谁获胜。怎么取才能获胜呢？

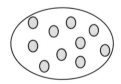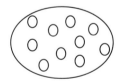

图 5.13.2

（1）学生再次游戏验证。

全班学生验证后，发现上次总结的策略是正确的。

（2）讨论原因。

生 1：因为棋子数量相同，让对方先取，对方取几颗，我也取几颗，对

方最后一次取几颗，我最后也会取几颗，所以后取为胜。

师：刚才与同学们玩时，为什么后取的同学没有取胜呢？

生2：后取的同学取的颗数没有与老师取的数量相同。

生3：假如只取一次，让对方先取，后取肯定获胜。

生4：两堆棋子的数量是相同的，它们是对称关系。因此，对方先取几颗，我一定也要跟着取相同的颗数，对方剩下几颗，我也要剩下几颗。

师：太棒了！能将轴对称原理用到取棋游戏中，对称思想是很重要的数学思想方法。

2.游戏二：两堆棋子数量不同。

（1）呈现问题：两堆棋子，分别有13颗、10颗。（如图5.13.3）两人轮流取，每次只能在一堆中取（至少取1颗），谁取走最后一颗，谁获胜。怎么取才能获胜呢？

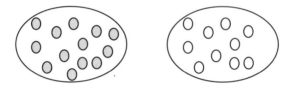

图 5.13.3

（2）学生游戏操作。

（3）汇报交流结果。

生1：先取3颗黑色棋子，两堆棋子的数量相同了，接着对方取几颗，我也取几颗。

生2：黑色棋子比白色棋子多了3颗，因此，先取3颗之后，就变成两堆棋子"一一对应"了，接着按"对称"的方法取，就能取胜。

师：非常棒！先取相差数，将数量不同的两堆棋子变成数量相同，将遇到的新问题转化成已经学过的问题。

（4）总结方法：先取相差数，让对方接着取；对方取几颗，紧跟着从另一堆中取几颗。

3. 游戏取胜策略提炼。

（1）黑白两堆棋子分别有 12 颗、14 颗。两人轮流取，每次只能在一堆中取（至少取 1 颗），谁取走最后一颗，谁获胜。怎么取才能获胜呢？

生：先取白色棋子 2 颗，让对方接着取；对方取几颗，紧跟着从另一堆中也取几颗。

（2）黑白两堆棋子分别有 20 颗、40 颗。两人轮流取，每次只能在一堆中取（至少取 1 颗），谁取走最后一颗，谁获胜。怎么取才能获胜呢？

生：先取白色棋子 20 颗，让对方接着取，对方取几颗，紧跟着从另一堆中也取几颗。

（3）黑白两堆棋子分别有 100 颗、40 颗。两人轮流取，每次只能在一堆中取（至少取 1 颗），谁取走最后一颗，谁获胜。怎么取才能获胜呢？

生：先取黑色棋子 60 颗，让对方接着取，对方取几颗，紧跟着从另一堆中也取几颗。

四、游戏拓展

1. 三堆中取棋游戏：三堆棋子，分别有 1 颗、2 颗、3 颗。（如图 5.13.4）两人轮流取，每次只能在一堆中取（至少取 1 颗），谁取走最后一颗，谁获胜。怎么取才能获胜呢？

图 5.13.4

（1）学生游戏。

（2）学生汇报。

生 1：让对方先取，如果取 1 颗，这 1 颗如果从第一堆里取，我就从第三堆里也取 1 颗，剩下两堆都是 2 颗；这 1 颗如果从第二堆里取，我就把第三堆的 3 颗全部取了，剩下两堆都是 1 颗；这 1 颗如果从第三堆里取，我就把第一堆的 1 颗取了，剩下两堆都是 2 颗。

生 2（补充）：让对方先取，如果取 2 颗，这 2 颗如果从第二堆里取，我就从第三堆里也取 2 颗，剩下两堆都是 1 颗；这 2 颗如果从第三堆里取，我就把第二堆的 2 颗全部取了，剩下两堆都是 1 颗。

生 3（补充）：让对方先取，如果取 3 颗（只能取第三堆），我就从第二堆里取 1 颗，剩下两堆都是 1 颗。

（3）总结规律：想办法将三堆转化成数量相同的两堆进行游戏。

2. 涂色游戏。

在 5×5 的方格中，两人轮流涂色。（如图 5.13.5）每人每次只能涂成长方形（含正方形）的若干格，同一格中不重复涂色，谁涂到最后一格就能获胜。如果不允许第一次涂满而获胜，应该怎么涂？

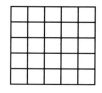

图 5.13.5

（1）学生游戏。

（2）汇报交流。

生 1：先涂最中间的一格，剩下还有 24 格，它们的左面与右面、上面与下面都有一格是"一一对应"的，对方涂几格，我也跟着涂几格，利用对称原理涂色。（如图 5.13.6 中的图①）

生 2：先涂最中间一行 5 格，剩下还有 20 格，这一行的上面与下面都有一格是"一一对应"的，对方涂几格，我也跟着涂几格。（如图 5.13.6 中的图②）

生 3：先涂最中间一列 5 格，剩下还有 20 格，这一列的左面与右面都有一格是"一一对应"的，对方涂几格，我也跟着涂几格。（如图 5.13.6 中的图③）

生 4：先涂最中间的 9 格，剩下还有 16 格，它们的左面与右面、上面与下面都有一格是"一一对应"的，对方涂几格，我也跟着涂几格。（如图 5.13.6 中的图④）

生5：还可以先涂中间3行，剩下还有10格，它的上面与下面也是对称的，对方涂几格，我也跟着涂几格。（如图5.13.6中的图⑤）

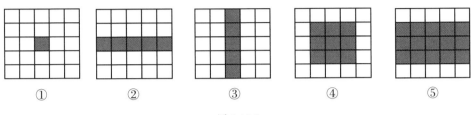

图 5.13.6

（3）比较分析。

师：涂格子游戏与取棋子游戏有什么相同点与不同点？

生1：涂格子游戏实际上是取两堆不同数量的棋子游戏，只不过涂格子游戏一开始没有把它分成两堆。

生2（补充）：先涂最中间一格，就是一堆13格，另一堆12格；先涂中间5格，就是一堆15格，另一堆10格；先涂9格，就是一堆17格，另一堆8格；先涂15格，就是一堆20格，另一堆5格。先取相差数，才能获胜。

生3：实际上涂格子游戏与取棋子游戏的获胜策略是相同的。

师：同学们太棒了！如果有兴趣，可以自己设计类似的游戏玩一玩。

五、总结延伸

1. 全课总结。

2. 自主设计类似的游戏玩一玩。

【教学思考】

这是一节学生非常喜欢的课，学生全身心投入游戏活动之中，在玩中体验，在体验中思考，在思考中提升，获益匪浅。

一、充分游戏，感悟游戏策略

首先要通过游戏规则学会玩游戏，其次是发现游戏的策略，最后是领悟游戏背后的原理。所以我将黑白两堆数量相同的7颗棋子游戏前置，让学生在课前玩个够，课上也不急于出手帮助学生掌握赢的策略、剖析蕴含着的数学原理，而是通过与学生的多轮现场比赛游戏，让学生在取棋子比赛中不断地失败，从而激发学生思考的欲望。学生自己找到战胜老师的办法，这样的结果比任何激励都有效。因为这种获胜策略，不是老师"教"会的，而是学生自己"学"会的。其实这也是老师的"教"，只是学生看不到老师的"教"而已，这样无痕的"教"才是真正的"教"，这是教学的最高境界。

二、数形结合，一一对应中理解原理

学会玩游戏不难，悟出"玩"的原理难。尤其对于一些中等及偏下的学生，对游戏背后原理的理解是不够透彻的，应用也就无法达到自如。于是，我让动态的取棋游戏静态化，引导学生借助黑白两堆棋子集合图进行思考。学生在分析比较等活动中，终于感悟到"一一对应"的数学思想方法。即黑白棋子数量相同，每一颗黑色棋子都有一颗白色棋子与之相对应。数量不同，取走相差数，又能进行一一对应。正是因为有了数与形的结合，才有了一一对应。也是因为有了一一对应的数学思想方法来解释，学生对游戏背后的数学原理理解就深刻了，而且还能将取棋子游戏的其他几种情况进行转化，达到举一反三、触类旁通的效果。

三、变换游戏，提炼游戏获胜的策略

取棋子游戏从数量相同的两堆，到数量不同的两堆，再到数量各不相同的三堆棋子，最后变成涂格子游戏。纵观整个变换过程，游戏内容似乎发生了一些改变，游戏规则也有了一点点小变化，游戏获胜策略也有所不同了，但是它们都能转化成"数量相同的两堆棋子"游戏问题，且获胜策略的背后原理是不变的。探究活动就是要让学生在不断变化的情境中体会转化的必要性，体会用一一对应思想解决问题的魅力。

案例 14：借助画图让思维可视
——"沿途数车问题"学导过程与思考

【适合年级】

五、六年级

【课前思考】

沿途数车问题看似简单，实则不简单。"简单"主要表现在题意好理解，情境与学生生活实际联系紧密；"不简单"是因为多数学生解答此题会出错。出错的主要原因在于学生解答此题时，没有全面地分析问题、考虑问题。学生往往直接用"车在途中的行驶时间"来计算途中遇到的车辆数，未考虑出发之前对面已经发出但未达到的车。正因为如此，这道题才有了研究价值。它是培养学生有序思考、全面考虑问题的好素材。同时，将柳卡趣题纳入本节课的研究内容，激发学生学习数学的兴趣。由于学生需要画图研究，且画图比较耗时，所以，我设计了预学单，将学习活动前置，引导学生在课前探究。课中直接暴露学生的思维过程与结果，让教学点拨在关键处。

【学习目标】

1.理解沿途数车问题、柳卡趣题的结构特征和数量关系，并能正确解答。

2.在画图、分析、比较等探究活动中，体验解题策略多样化，渗透数形结合思想，培养推理能力。

3.感受数学知识与生活之间的密切联系，发展数学应用意识和创新意识。

【学习重点】

能正确解答沿途数车问题。

【学习难点】

能画图正确解答柳卡趣题。

—— 学导过程 ——

一、课前预学

甲、乙两站从上午 6:00 开始每隔 8 分同时相向发出一辆公交车，汽车单程运行需 45 分。陈老师乘坐 6:16 从甲站开出的公交车，途中能遇到几辆从乙站开往甲站的公交车？（温馨提示：如有必要，画图说明）

二、课中交流

1. 分享交流。

生 1：因为 45÷8=5（辆）……5（分），所以，陈老师在乘坐公交车的途中一共遇到了 5 辆车。

师：请再详细介绍一下你的研究思路，好吗？

生 1（补充）：车从甲站出发到乙站的途中行驶了 45 分钟，在这 45 分钟之内，乙站只能发出 5 辆车，所以，甲就遇到了 5 辆车。

生 2（反驳）：陈老师于 6:16 坐车出发，乙站从 6 时开始已经发车了，他把乙站之前发出的几辆车都遗漏了。

生 3：我觉得还要再加 3 辆车，分别是从 6:00、6:08、6:16 出发的 3 辆车，因此，一共是 8 辆车。算式：45÷8=5（辆）……5（分），16÷8+1=3（辆），5+3=8（辆）。

师：非常棒！还有不同的方法吗？

生 4：陈老师于 6:16 出发，再加上 45 分钟，到达乙站时间为 7:01，乙站从 6:00 发车，到 7:01 之前，一共发出了 8 辆车。算式：61÷8=7（辆）……5（分），7+1=8（辆）。

师：为什么要加"1"呢？

生 4（补充）：这个问题与植树问题类似，8 分钟为一段，一共有完整的 7 段，这里的 7 就是间隔数，棵数还应该再加上 1。

生 5：我是画图的。从图中可以看出，陈老师于 6:16 坐公交车出发，到达乙站是 7:01，途中会遇到乙站 6:00—6:56 开出的 8 辆车。（如图 5.14.1）

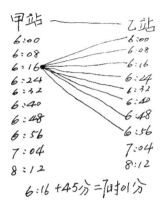

图 5.14.1

师：你的图有点意思，其他同学看懂了吗？

生摇头。

师：他把两个车站发车的时间都罗列了，但是怎样才能让我们看到 6:16 甲站出发的车和乙站什么时候出发的车会相遇呢？大概会在什么时间相遇呢？同桌商量一下，调整一下这幅图。

2. 整理点拨。

生：如图 5.14.2 所示，我先画出乙站从 6:00 开始向甲站发出的车，因为全程需要 45 分钟，所以到达甲站应该在 6:45（连线），然后再将 6:08、6:16……这些出发时间与进甲站时间一一连线。再画出甲站 6:16 向乙站发出的车的轨迹，它应该是 7:01 到达乙站，这样就会出现 8 个交点，这 8 个交点就是跟它相遇的车辆。

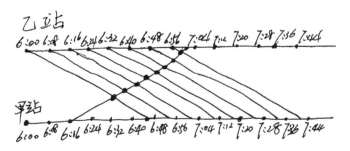

图 5.14.2

生：这样可以一眼看出相遇的车辆有几辆，还能大概知道相遇的时间。

师：你们还有什么问题吗？

生：甲站出发的车是 6:16，6:45 之前不是还可以遇到很多辆车吗？

生：最早的班车是 6:00 出发，6:45 到达甲站，这已经是他遇到的由乙站开来的最早的车了。

三、继续研究

如果陈老师分别乘坐 6:24、6:32、6:40、6:48、6:56 从甲站开出的公交车，途中能遇到几辆从乙站开往甲站的公交车？

1. 选择一个时间进行研究，想一想怎么让别人听得明白、看得清楚。

2. 先同桌交流，再汇报交流。

（1）6:24 出发的公交车会遇到几辆从乙站开往甲站的车？

生 1：坐 6:24 的公交车，到达时间为 7:09；对面 6:00 发出的车未到达，因此途中会遇到 9 辆车。算式：69÷8=8（辆）……5（分），8+1=9（辆）。

生 2：我用图很轻松找到答案，除了 6:24 及以后出发的车会碰到，还会碰到 6:00、6:08、6:16 出发的车，一共 9 辆。（如图 5.14.3）

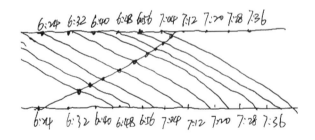

图 5.14.3

（2）6:32 出发的公交车会遇到几辆从乙站开往甲站的车？

生 1：坐 6:32 出发的公交车，到达时间为 7:17；对面 6:00 发出的车未到达，因此途中会遇到 10 辆车。算式：77÷8=9（辆）……5（分），9+1=10（辆）。

生 2：碰到最早的是 6:00 乙站开出的车，一直到 7:12 这辆车，共 10 辆。比 6:24 迟出发 8 分钟，所以碰到的车也就多 1 辆。（如图 5.14.4）

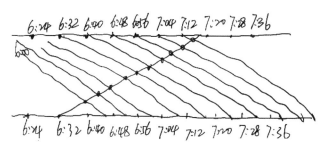

图 5.14.4

（3）6:40 出发的公交车会遇到几辆从乙站开往甲站的车？

生 1：坐 6:40 出发的公交车，到达时间为 7:25；对面 6:00 发出的车未到达，因此途中会遇到 11 辆车。算式：85÷8=10（辆）……5（分），10+1=11（辆）。

生 2：6:40 前出发的车会碰到 5 辆，6:40 后出发的车会碰到 6 辆，共 11 辆。（如图 5.14.5）

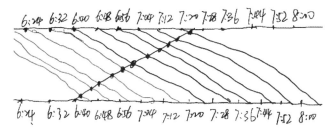

图 5.14.5

（4）6:48、6:56 出发的公交车会遇到几辆从乙站开往甲站的车？

生 1：坐 6:48 出发的公交车，到达时间为 7:33；对面 6:00 发出的车已到达，但 6:08 发出的车未到达，因此，途中会遇到 11 辆车，因为 6:08 到 7:33，当中也是 85 分钟。

生 2：6:00 到 6:48 开出的 5 辆都会碰到这辆车，6:48 之后开出的 6 辆也会碰到，共 11 辆。（如图 5.14.6）

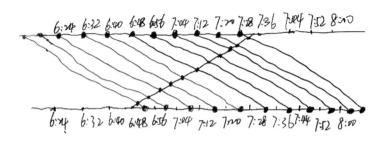

图 5.14.6

生3：坐6:56出发的公交车，到达时间为7:41；对面6:00、6:08发出的车已到达，但6:16发出的车未到达，因此，途中会遇到11辆车，因为6:16到7:41，当中也是85分钟。

生4：6:00出发的车6:45就能进甲站，而且每隔8分钟一班车，所以45分的车程里就会有5辆车开出，6:56车从甲站出发时，就会碰到前面乙站已经开出的这5辆车，以及之后的6辆车，所以结果也是11辆。（如图5.14.7）

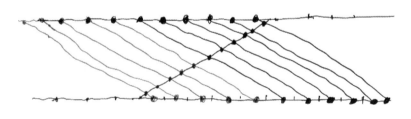

图 5.14.7

生5：以此类推，接下来坐车出发途中都会遇到11辆车。

师：解决这几个问题，方法上有什么相同的地方吗？

生：都要找一找出发的这个时间点之前会有几辆车已经开出，还要找这个时间点之后会有几辆车相遇。

生：找出与其相遇的第一辆车的发车时间与最后一辆车的发车时间，用间隔问题去解决就行了。

生：画图会看得更清楚，也更简单。

四、数学文化渗透

1. 柳卡趣题：法国数学家柳卡在 19 世纪的一次国际会议期间出了一个小题目作为余兴节目。

每天中午有一艘轮船从塞纳河口的勒阿佛尔（巴黎的外港）开往纽约，在每天中午的同一时间也有该公司的一艘轮船从纽约开往勒阿佛尔。轮船在横渡大西洋途中所花时间正好是七天七夜，并且全部航程都是匀速行驶的。轮船在大西洋上按照一定航线航行，在近距离内彼此可以看到。问今天中午从勒阿佛尔开出去的轮船，到达纽约时，将会遇到几艘同一公司的轮船从对面开来？（温馨提示：如有必要，画图说明）

（1）合作探究。

（2）学生汇报。

生 1：从图 5.14.8 中可以知道，当轮船从第 8 天开出，第 15 天正好到达，途中一共遇到了 15 艘轮船。

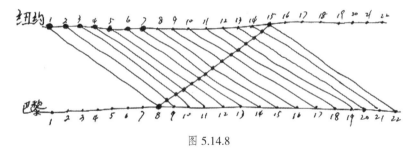

图 5.14.8

生 2：轮船从第 8 天开出，第 15 天正好到达，在这个时间段，对面正好开出 8 艘轮船；在第 8 天开出之前，已经有 7 艘轮船开出未到达。

生 3（补充）：对面第 1 天开出的轮船，第 8 天到达，这时轮船出发；当到达对面时，对面第 15 天的轮船出发。

生 4：我画图的方法不同（如图 5.14.9），轮船第 1 天出发，第 8 天到达，对面出发的轮船有 8 艘，分别是第 8 天到第 15 天之间到达巴黎；轮船从第 1 天出发时，就会遇到对面开出的轮船，说明之后每天都会遇到一艘轮船，一共是 7 艘轮船，合起来一共是 15 艘轮船。

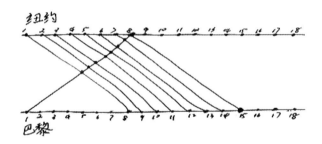

图 5.14.9

师：通过画图，我们看得一目了然，同学们太棒了！虽然画图时间比较长，但我们解决了法国数学家柳卡的趣题。

2. 比较"沿途数车问题"与"柳卡趣题"，找相同点与不同点。

（1）讨论交流，帮助归纳。

（2）相同点：数量关系、结构特征、解题方法等相同；不同点：柳卡趣题与沿途数车问题不同，出发就遇到对面开来的一只轮船，到达又遇到对面出发的一只轮船。

【教学思考】

将普通的"沿途数车问题"与大数学家的"柳卡趣题"建立联系，并通过画图研究，让看似复杂的情境与数量关系直观明了，激发了学生探究的欲望。

一、借助画图，理解题意

沿途数车问题并非常规问题，不能直接通过加减乘除计算得到正确答案。它的答案实际上有两部分，一部分是从出发开始计算，以到达目的地为结束，在这一段时间内，对方发了几辆车或几艘轮船；另一部分是在出发之前，对面已经发出但未到达的车或轮船的数量。学生能正确地计算出第一部分，但是第二部分却往往容易被忽视。通过其他学生介绍或教师讲解，学生可能会理解，但是不够直观。因此，我引导学生如有必要可以画图理解。一是自己画图，帮助理解题意、解决问题；二是教师借助示意图进行点拨指导，让学习化难为易。

二、比较优化，灵活运用

解决沿途数车问题的方法较多，一是分成两段进行计算，二是算出总时间内发车数量，三是画图解决。三种方法不一定有优劣之分，不同的学生喜好也不同，但是有必要引导学生比较优化。在后续学习过程中，学生大多选择了"在总时长内，对面一共开出多少辆车"这一方法解决问题，而选择画图方法比较少，因为画图方法比较麻烦。不过，在解决法国数学家柳卡出的趣题时，大多学生选择了画图方法。原因在于柳卡趣题字数较多，读起来费劲，正确解答不容易。采用画图的方法，则能够顺利地解决问题。

三、合作探究，层层推进

这节课研究分三个阶段：第一阶段，反馈课前预学情况，充分暴露孩子们的错误，通过同伴探讨交流，教师适时进行点拨，扫除学习障碍，达到全面考虑问题的目的，为第二阶段的探究做好铺垫。第二阶段，探究从不同时间出发，计算途中遇到的车辆，同学们通过合作探究一方面起到加深巩固的作用，另一方面打破思维定式，如果6:48或6:56出发的话，要考虑对面出发已到达的车辆数。第三阶段，研究柳卡趣题，既起到对数学知识拓展提升的作用，又渗透了数学文化思想，让课堂更具有韵味。柳卡趣题虽然有点难，但学习的素材能激发学生的探究欲望，有了一、二两个阶段的层层推进，同学们通过合作画图研究，还是能够比较全面地考虑问题，解决问题的方法也比较多样化，再通过进一步的交流反馈，让会的同学帮助有困难的同学，达到共同提高的目的。

案例 15：突破常规思维　拓宽空间观念

——"剪等腰三角形"学导过程与思考

【适合年级】

六年级

【课前思考】

"将一个长方形剪成四个等腰三角形且没有剩余"这样的问题对于六年级学生来讲是没有难度的，学生用画对角线的方法就能将长方形分成 4 个等腰三角形。但如果要求剪法多样化，则会存在一定的难度。从一种方法到多种方法，学生需要突破原有的思维定式，利用直尺与圆规进行作图。这对六年级学生来说是方法的突破、思维的提升，它将圆规的利用达到了最大化。

为了化难为易、化繁为简，我从两方面进行突破。首先，将研究分成两个层次：第一层次，要求学生用一个长方形剪出四个等腰三角形；第二层次，要求学生用一个长方形剪出四个等腰三角形且没有剩余，并且方法多样。整个研究过程要体现由浅入深、由易到难的原则，引导学生循序渐进地进行研究。其次，将第一层次研究前置，让学生在课前研究，积累相应的数学活动经验，然后课中反馈交流、点拨提升。

以上思考源于之前两次教学实践的反思。第一次教学实践：课前，分别要求学生在长方形中剪 1 个等腰三角形、4 个等腰三角形（要求材料不剩余）；课中，先探讨剪 1 个等腰三角形的方法，然后研究剪 2 个等腰三角形的方法（在课中进行），最后再研究剪 4 个等腰三角形的方法。在实践教学中发现在"研究剪 1、2 个等腰三角形"环节所花时间太多，导致没有时间充分研究剪 4 个等腰三角形（没有剩余）。于是进行了第二次教学实践：课前，分别要求学生在长方形中剪 1 个等腰三角形、2 个等腰三角形、4 个等腰三角形（没有剩余）；课中，交流指导。但是，课上依然出现第一次教学实践中存在的问题——剪 4 个等腰三角形的时间不充分，因此，采用直奔主题的方法进行研究，舍弃了在长方形中剪 1 个或 2 个等腰三角形的环节。

【学习目标】

1. 能利用直尺和圆规作图，并使用不同方法，正确地将一个长方形剪成四个等腰三角形且没有剩余。

2. 经历画图、分析、比较等探究过程，克服思维定式，培养推理能力，发展学生的空间观念。

3. 体验探究成功的乐趣，发展数学应用意识与创新意识。

【学习重难点】

能运用直尺、圆规作图，并使用多种方法，正确地将一个长方形剪成四个等腰三角形且没有剩余。

—— 学导过程 ——

一、课前预学

在一个长方形中剪出 4 个等腰三角形，请将自己的剪法画下来。

二、课中交流

1. 收集不同方法。

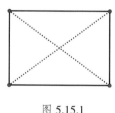　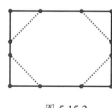　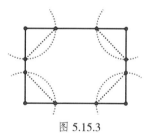

图 5.15.1　　　　　　图 5.15.2　　　　　　图 5.15.3

2. 分析比较。

师：大致有这几种剪法，你们看得懂吗？（如图 5.15.1、5.15.2、5.15.3）

生 1：如图 5.15.1，对角线相连，分成 4 个等腰三角形。

生 2：如图 5.15.2，用尺子测量相等的腰，画出 4 个等腰三角形。

生 3：如图 5.15.3，用圆规，以长方形 4 个顶点为圆心，画一段圆弧，利用半径相等，画出 4 个等腰三角形。

师：如图 5.15.3，这种方法是利用同一个圆内半径都相等，顺势剪出等腰三角形；如图 5.15.2，这种办法利用尺子量出相等长度的边做"腰"，剪出等腰三角形；如图 5.15.1，这种方法只是将对角线相连，为什么这样做能分出 4 个等腰三角形？

生 1：长方形的两条对角线长度是一样的，连起来后就出现交点，这个交点到 4 个顶点的距离相等，所以能将长方形分成 4 个等腰三角形。

师：很好的判断方法！

生 2：也可以这么想，画长方形的对称轴，必定交于对角线的交点，利用对称轴上的点到对应点的距离相等，那么 $OA=OB$。（5.15.4）

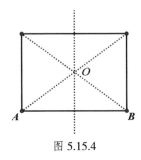

图 5.15.4

师：观察这几种方法，等腰三角形的腰分别在哪里？

生：图 5.15.1 中所有等腰三角形的两条腰都在长方形的内部；图 5.15.2、5.15.3 中等腰三角形的两条腰都在长方形的边上。

师：不同的画法，等腰三角形的腰也在不同的位置。

三、深入研究

1. 尝试画图。

师：在长方形中剪 4 个等腰三角形不难，现在加一个条件，剪完 4 个等腰三角形后长方形内没有剩余，你还会剪吗？请尝试剪一剪，并将剪法画下来。

生：刚才的图 5.15.1 就是。

师：除了对角线相连，还有第二种方法吗？请利用刚才的几种画法，先独立思考，再小组探究。

2. 反馈想法。

（1）第一类：在 4 个角上画 4 个等腰三角形，始终会有剩余。

（2）第二类：如图 5.15.5、5.15.6。

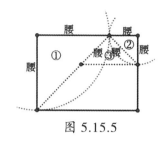 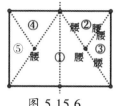

图 5.15.5   图 5.15.6

师：这两个图形，都画出了几个等腰三角形？

生：3 个和 5 个。第一个画了 3 个有剩余，第 2 个画了 5 个没剩余，都不符合条件。

师：为什么画不出只有 4 个没有剩余的呢？

生：前面几个等腰三角形好画，但是最后的等腰三角形要利用图中剩下所有的部分，所以很难画出 4 个等腰三角形。

3. 合作探究。

（1）继续思考探究剪 4 个等腰三角形的方法。（小组合作）

（2）反馈交流。

生1：我们先画 BC 边的对称轴，在对称轴上任意选点 O 连接 4 个顶点，得到了 4 个等腰三角形。（如图 5.15.7）

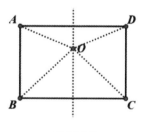

图 5.15.7

生2（反驳）：因为是在对称轴上取点 O，所以 $AO=DO$、$BO=CO$，上下两个三角形都是等腰三角形；但是左右两个三角形不一定是等腰三角形，因为 $OD \neq OC$，$AO \neq BO$，三角形 AOB 与三角形 COD 没有两条边相等。

生3：如果 $OC=CD$，$OB=AB$，那么这两个三角形就是等腰三角形了。

师：这个思路不错，这个点在哪呢？请再动手画一画，小组交流讨论。

4.再次尝试画图。

（1）展示学生画法，了解作图过程。

师：谁来说说，你是怎么画的？

生：先画竖直的对称轴，在对称轴上任取一点，这样就能保证上下两个三角形是等腰三角形。再利用宽为半径，点 C 为圆心，画圆，圆内半径相等，所以 OC=OD，那么三角形 COD 就是等腰三角形，左右两边做法一样。（如图 5.15.8）

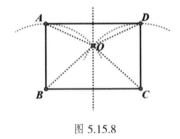

图 5.15.8

生：我的方法跟他差不多，但我只在一边找这个点。（如图 5.15.9）

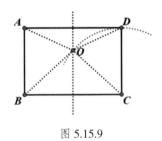

图 5.15.9

师：两幅图有什么区别吗？

生：这个图是对称的，只要画一条弧就可以了。

生：对称轴上的点只有一个，所以右边找到了，左边也就不用找了。

师：左右两个等腰三角形的腰分别在哪里？

生：一条在长方形的边上，一条在长方形的内部。

师：对比刚才画对角线的方法和同学们想的方法，有什么相同与不同？

生：连接对角线分的 4 个三角形，腰都在对角线上，但我们刚刚研究的这种只有上下 2 个三角形的腰在对角线上，左右 2 个的腰都是以宽为腰。

师：这就是你们厉害的地方，也是这节课最难的地方，换一种思路找腰。

四、深化提高

1. 请分别将下列两个长方形剪成 4 个等腰三角形。（将方法画出来）

（一个长方形的长是宽的 2 倍；另一个长方形的长是宽的 2 倍多）

（1）学生动手操作。

（2）汇报交流。

生 1：如图 5.15.11，当长正好是宽的 2 倍时，交点正好在长边的中点处，这样得到 4 个等腰三角形，而且都是等腰直角三角形。

生 2：如图 5.15.12，当长正好是宽的 2 倍时，这个长方形正好可以分成两个同样的正方形，每个正方形正好可以剪两个等腰直角三角形。

生 3：如图 5.15.13，以这个长方形的长为半径画圆弧，与长方形对称轴相交，得到 4 个等腰三角形。

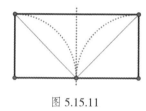 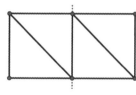 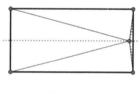

图 5.15.11　　　　　　图 5.15.12　　　　　　图 5.15.13

生 4：长是宽的 2 倍以上，就不能用长的对称轴去画等腰三角形了，找宽上的对称轴任何时候都能画。

2. 方法小结。任何长方形都能用对角线相连、宽上作对称轴并利用圆规画图的方法；长比宽的比值小于 2，长上作对称轴也能画。

3. 特例分享。在一些特殊的长方形中，还有一些特殊的剪法。如图 5.15.14，你能指出 4 个等腰三角形的腰吗?

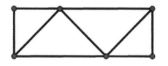 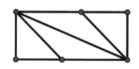 

图 5.15.14

五、全课总结（略）

【教学思考】

六年级上册学生已经学习过"圆"这一单元的知识，掌握了用圆规画圆的方法，以及具备了一些用圆的特征解决问题的能力。但用圆的特征解决问题涉及内容广，难度大，尤其尺规作图，需要学生具有足够的空间想象能力。本课借助让学生剪4个等腰三角形的操作，让学生感知同一个圆内的半径相等在实际中的应用，达到提升思维、发展空间观念的目的。

一、注重体验，聚焦重点

两次不太成功的教学实践，找到课堂存在的问题。即在"长方形剪1个、2个等腰三角形"耗时太长，导致剪4个等腰三角形所需的时间严重不足。因此，聚焦研究"剪4个等腰三角形"，学习目标更加明确，教学重点更加突出。学生能够充分参与探究将1个长方形剪成4个等腰三角形的方法。课中呈现了学生研究的三种方法，并进行了长与宽不同比值的剪法研究。学生不仅收获了方法，而且思维也有提升。

二、动手操作，发散思维

本节课多次让学生进行动手操作实践，指向于学生动手操作能力的提升和发散性思维的培养。首先，利用"圆"这个单元作为落脚点，利用圆规画圆，圆内半径处处相等的原理，构造出等腰三角形。其次，利用对称这一特征，轴对称图形的对应点到对称轴的距离相等，也为后续中垂线性质的理解做好铺垫。该课相当于尺规作图的起始课，打破学生在画图中存在的思维定式，为以后有理数的认识延伸到无理数的认识奠定基础。

三、丰富内容，提高素养

小学数学拓展课，将学生带到一个具有丰富学习内容和学习素材的世界，不仅能够带给学生研究的乐趣，更能够培养学生的数学素养。正如数学家华罗庚先生所说："新的数学方法和概念，常常比解决数学问题本身更重要。"这节课带给学生全新的思考方法和不一样的数学体验。虽然刚开始多数学生想不到用新的解决方法，但是随着课堂研究的深入，一种新的方法诞生了，学生能够联想到不同方位的方法，不同长宽比的长方形的方法。有了思考，就会去打破认知局限，提高自身能力。

（执教：徐滨伊，全国小学数学文化优质课比赛一等奖获得者）

案例 16：在拼搭比较中发现图形特征
——"伸缩门的奥秘"学导过程与思考

【适合年级】

四、五年级

【课前思考】

四年级学生在学习了平行四边形的易变形后，知道了平行四边形在生活中有广泛的运用，比如伸缩门、升降机、伸缩楼梯等。但是不是只要是平行四边形就一定能做成伸缩门呢？实际上，生活当中的伸缩门用到的是很特殊的平行四边形，即菱形。就像长方形、正方形是特殊的平行四边形一样，菱形特殊在它的四条边都相等，且两条对角线的连线是互相垂直的。因为它的移动是保持角度不变，所以用菱形做伸缩门具有稳定方向的优势，我们生活中看到的伸缩门用的就是菱形。认识菱形有助于深化对平行四边形特征的认识，也同时为初中的菱形的认识积累活动经验。基于以上的思考，本课题主要是对平行四边形易变形的再拓展，探究伸缩门的奥秘，发现菱形的特征；能在具体的操作实践中丰富对不同类型平行四边形的运动特征感知，从而为后续的图形运用研究(比如三角形的特性运用等)积累活动经验。

【学习目标】

1.通过搭一搭、辩一辩、找一找、用一用，发现菱形运动的规律。

2.搜集生活中平行四边形运用的事例，解释合理运用的原理，感受图形特性的奥秘。

3.体会数学与生活的密切联系，激发数学学习的兴趣，渗透辩证认识问题的思想。

【学习重点】

发现菱形的规律，解释原理。

【学习难点】

四边形特性运用的奥秘探究。

【教学准备】

课件、学具、学习单

—— 学导过程 ——

一、课前操作

任务单：同学们，你们见过伸缩门吗？请用上老师提供的学具自主设计伸缩门（如图 5.16.1），思考伸缩门里面有怎样的数学奥秘？

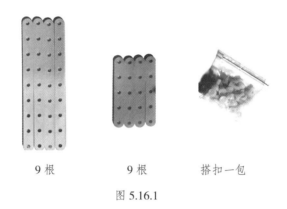

9 根　　　　　　9 根　　　　　搭扣一包

图 5.16.1

二、课中反馈

小组汇报搭建的伸缩门。

呈现：

图 5.16.2　　　　　　图 5.16.2　　　　　图 5.16.3

生 1：我们这组设计了两种伸缩门，都是平行四边形的，因为平行四边形容易变形。我们发现第一种拉动是水平的（如图 5.16.2），第二种一拉是倾斜的（如图 5.16.3）。

生2：我们设计的这种图形（如图5.16.4）也是可以的，但不是平行四边形。

师：同样是平行四边形，图5.16.2和图5.16.3的伸缩门有什么不同？

生：图5.16.2的这个平行四边形的四条边都相等，是菱形，图5.16.3的只有对边相等。

板书：4条边相等的四边形叫菱形。

师：今天我们就来研究为什么伸缩门必须设计成菱形？

板书：伸缩门的奥秘。

【教学思考】

通过对两种方案的选择，温故知新，既回顾了平行四边形易变形的特征，又引出特殊的平行四边形——菱形，为后续伸缩门奥秘的探究做好铺垫。

三、实践研究，验证结果

1. 拉一拉。

师：现在请大家拉一拉自己搭好的图5.16.2和图5.16.3的伸缩门，说说你们有什么发现。

生1：我发现菱形拉过去是很平稳的，但是平行四边形会倾斜。我觉得伸缩门需要用菱形才可以，平行四边形不可以。

生2：都会变形，但是菱形没有倾斜，一般的平行四边形会倾斜。

几何画板演示（如图5.16.5）：

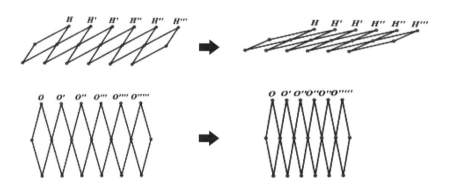

图 5.16.5

2.辩一辩。

（1）小组探究。

师：为什么会这样呢？为了让同学们看得更清楚点，让我们把目光聚焦在一个图形上。（如图 5.16.6）把一个弄清楚了，多个的道理也就明白了。

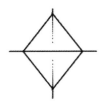

图 5.16.6

师：留下拉动这个菱形的痕迹，请同学们观察在拉动的过程中，什么变了，什么始终不变呢？同学们也可以拉一拉自己的学具，将目光聚焦到一个图形上，并将观察后的发现填在表格里。

结合实物演示和图片，小组合作填一填学习单。（见表 5.16.1）

表 5.16.1　学习单

搭成图形	图形在拉动过程有什么变化
（　　　　　）	
（　　　　　）	

（2）明晰原理。（如图 5.16.7）

搭成图形	图形在拉动过程有什么变化
菱形	周长不变，面积变……直角
平行四边形	周长不变，面积变

搭成图形	图形在拉动过程有什么变化
菱形	拉动时是直直的，也就是方向不变
平行四边形	拉动时会弯曲，变化。

搭成图形	图形在拉动过程有什么变化
菱形	上面的顶点在同一根线上移动，左右的顶点也在同一根线上移动，按十字形在移动……一直保持直角
平行四边形	两个钝角一直在线上按直线移动，锐角按弧线方向移动

搭成图形	图形在拉动过程有什么变化
菱形	平稳下降。
平行四边形	旋转下降。

图 5.16.7

师：谁来汇报一下你们小组的发现？

生1：我们组发现菱形和平行四边形在拉动的时候，周长不变，面积在变，这是它们相同的地方，不同的是菱形在拉动的时候角度一直是直角。

师：从周长、面积、角度的方面不仅比较了相同点，还比较了不同的地方，很好！

生2：我们组发现菱形能平稳上升、下降，平行四边形不能。

生3：我们组发现菱形在拉动的过程中，方向都是不变的，但是平行四边形会倾斜。

师：这个小组聚焦在了关键的地方——角度，它们的角度有什么特点？

生4：菱形在拉动的时候方向一直都是直的，方向不变。

师：谁听明白他们组的意思了？

生5：就是上下的顶点在一根线上移动，左右的顶点也在一根线上移动，一直保持直角。平行四边形在移动的时候左右的顶点在一根线上移动，但是上线的顶点没有动。

生6：我觉得他们说的直的就是菱形上下两个点的连线与左右两个点的连线始终垂直，而平行四边形的角度会改变。

师：菱形在移动过程中，两条对角线始终是垂直的，但是平行四边形和长方形的对角线在移动过程中都不是垂直的。

小结：因为菱形拉动过程中对角线始终垂直，所以菱形的移动很平稳。

3. 辩一辩。

课件出示筝形。（如图5.16.8）

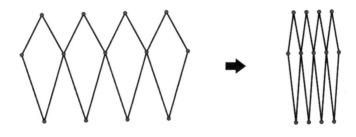

图 5.16.8

师：这个四边形的移动好像也很平稳。生活中为什么少用这种而多用菱形呢？你有什么发现？

生1：这个图形不如菱形美观。

生2：上面拉到了，下边这里还曲着。

生3：这样太浪费材料了。

生4：如果搭起来，不如菱形这样好拉动。

4. 找一找。

师：你在生活中见过菱形的运用例子吗？

生1：还有折叠衣架，就是运用了菱形移动平稳的特点。

生2：升降梯。

生3：隔离护栏……

师：这两种伸缩门也可以平稳移动，这里有菱形吗？（如图5.16.9）

图 5.16.9

生1：有，拉门中看似没有菱形，但是实际上连接两点后就是一个菱形。

生2：菱形藏在伸缩门的上下面，这样就可以平稳伸缩了。

四、拓展延伸，促发想象

师：其实平行四边形不适合做伸缩门，但它也有其他的用途。

师：这是缩放尺，就是运用了平行四边形的特性进行相似变化，用于地图等的绘制。还有这个图形，请同学们想象一下，如果老师固定一边不变，你知道它会怎么运动吗？生活中有这种四边形的运用吗？（如图5.16.10）

图 5.16.10

生：停车场的道闸，可以直接向上移动。

【教学思考】

将各种四边形与已有的菱形、平行四边形进行比较，从而发现不同平行四边形的运动特征，不同的平行四边形都有自己的"用武之地"。特别是通过比较筝形与菱形的特征，体现数学的简洁性、实效性。

五、回顾总结，知识内化

师：同学们，今天你有什么收获？

生1：我知道了为什么伸缩门一定要用菱形，因为它移动时对角线一直是垂直的。

生2：我知道了不同的平行四边形，它们的变化都是有用处的。

小结：不同四边形，它们的变化各有奥秘，只要我们善于利用都会有"用武之地"。在未来，四边形的特征还会给我们带来怎样的惊喜呢？课后可以与你的同伴一起交流。生活中常见的伸缩门有什么奥秘呢？大多数同学只知道伸缩门是运用了平行四边形的易变性，而不明白其中的原理。本节课，老师让学生通过多次拼搭、观察、比较，发现菱形的静态、动态特征及与平行四边形的关系。

【教学思考】

一、在动手操作中初步认识菱形的静态特征

教学中教师安排了两次操作，一次是试搭菱形伸缩门，明确需要相等的四根小棒才可以搭成菱形，实践加深了对菱形静态的四边相等特征的把握；另一次是搭出正确的两种伸缩门，探究本质属性。特别是第二次搭需要改变已有的头对头的连接方式，为保证移动的平稳性，打破认知局限，迫使学生通过中间点的连接形成图形，这些实践为后续菱形的运动特征揭示提供了很好的具象支撑。

二、在几何画板演示中理解菱形的动态特征

为什么只有菱形适用于伸缩门？多个图形的运动只能给学生一个直观的印象，这里通过几何画板留下运动痕迹的方式，将观察聚焦在菱形与一般平行四边形运动过程的动态特征上：菱形在运动过程中始终保持了两条对角线垂直，从而运动平稳；而一般的平行四边形在运动过程中角度会随之改变。通过几何画板的演示，学生的视角聚焦到现象背后的数学本质——运动角度，从而学会用数学的语言来描述生活中的现象，进一步明确菱形与一般平行四边形的本质区别。

三、在生活运用中建立菱形和一般平行四边形的关系

在明确菱形的特殊之后，回头看生活中的一些现象，学会用数学知识来解释生活现象，更明确菱形所具备的特征适合做平稳的伸缩变形，而一些不需要平稳变形的现象可以运用其他的平行四边形，比如正方形、一般的平行四边形。这样就打通数学与生活的联系，引导学生以辩证的观点看待菱形和一般平行四边形之间的关系，完善对菱形的认知。

（执教：戴志远，浙江省小学数学文化优质课比赛二等奖获得者）

——— 主题研学类案例 ———

案例 17：在生活中孕育数学之美
——数学视角下的五星红旗研学之旅

参观展馆，开启研学之思

走进展馆，对话人事，澄明心境，是人生活中非常普通的事。当普通遇上敏感的心思，生活就生动起来了。

2020 年 11 月 29 日，学校组织了不忘初心、牢记使命——瑞安国旗教育馆参观活动。瑞安国旗教育馆是全国首家国旗教育馆，短短半小时的参观却让我深受教育。在高 15 米、宽 8.5 米的巨幅升旗屏幕前，我们体验了一次意义非凡的升旗仪式，在讲解员介绍下，我们了解了国旗诞生的历程以及国旗设计者曾联松与国旗之间的不解之缘。

五星红旗是中华人民共和国的象征和标志，在每一位中国人心中都有着不可撼动的地位，无论何时何地，面对它，我们都会不自觉地昂首挺胸，向它深情敬礼。作为国家的象征和标志，它的大小标准、图案设计都有严格的规定。国旗的设计背后藏着浓浓的家国情怀，这份情怀需要经历理性的思考，才能积淀成深刻的认知。我想：能否从数学的角度，引导学生经历标准国旗绘制的全过程？于是我产生了引导学生用数学视角品国旗的想法。

小学生能绘出一幅标准的国旗吗？绘一幅标准国旗需要具备丰富的数学知识和娴熟的作图技巧。不言而喻，这项活动是困难的。当我有些犹豫的时候，我想起了五年前学校庆祝三八妇女节的一段经历，让我有了一点点信心。那天下午，女教师休息庆祝、男教师顶岗上课，上课内容之一是"折一朵花送给妈妈"。但是我看了折纸的视频资料，怎么也学不会。于是，我问副校长是否有难度，他的回答却让我意外："这个视频太简单了，我正在找一个难一点的。"我以为他是在说笑，课堂上我只让学生画一朵花送给妈妈，但后来在微信群看到了副校长晒出的许多折好的美丽花朵。此时，我悟出一个道理："只要我们自己认为不难，就有办法教给学生。"回顾我与名师工作室团队坚持研究小学数学拓展课的二十年，发表了多篇论文，出版了多本著作，积累了丰富的小学数学拓展课研发经验。每一节数学拓展课的诞生，也都是把"不可能"变成"可能"。绘国旗，一节课研究不了就变成一周的国旗绘制课程；老师教不会，就变成小组一起研究；收集的资料不够，就一起去国旗教育馆中找答案。于是，我下定决心利用国旗教育馆开发一节具有浓浓爱国主义教育意义、与之前都不一样的数学拓展课。

查找资料，谋划研学之旅

参观国旗教育馆回来后，我又在学习强国、百度中查找瑞安国旗教育馆、曾联松先生设计国旗等资料，初步了解了曾联松先生是怎样设计国旗的。他将旗面分为四个相等的长方形，将左上方的长方形的长 15 等分，宽 10 等分；再画 5 颗五角星，大五角星中心点位置是上 5 下 5 左 5 右 10，它的外接圆的直径为 6 单位长度，四颗小五角星中心点位置分别是上 2 下 8 左 10 右 5、上 4 下 6 左 12 右 3、上 7 下 3 左 12 右 3、上 9 下 1 左 10 右 5，它们的外接圆的直径均为 2 单位长度，且均有一角尖正对大五角星的中心点；最后将 5 颗五角星涂上黄色，其余涂红色。关于五角星的绘制，曾联松先生的国旗设计原稿中只是说将圆五等分，再将不相邻的五等分点相连，并没有提供画一个标准的五角星的详细步骤。那么，怎样画一个标准的五角星呢？这个关键问题如果不解决，我们还是没有办法绘制标准的国旗。

于是我上网查找五角星的绘制方法，网上的标准作图法远远超过小学生的认知水平。小学生无法理解，就没办法进行教学，我又开始犯难了！可是一想到 2021 年是中国共产党建党 100 周年，且第二次修正的《中华人民共和国国旗法》也于 2021 年 1 月 1 日起施行。这正是提升学生的爱国情怀的良好契机。经过一番思想斗争，我更加坚定了自己的想法，必须要开发出适合小学生的国旗绘制课程。

2021 年 2 月 21 日，我再次驱车前往瑞安国旗教育馆，弥补上次跟随"大部队"参观的缺陷。我认真阅读国旗绘制的相关资料，并思考怎样带领学生经历国旗绘制全过程，同时将国旗教育馆中仅剩的两本《致敬五星红旗——国旗设计者曾联松》买回。我如获至宝，认真阅读多遍，收获颇丰。书中特别提到的电影《共和国之旗》，我也趁机欣赏了。

此时，我对上好这节课的信心大增。我在家中拿出国旗，观察了一遍又一遍，开始尝试绘制。我发现将旗面左上角的长方形等分成 150 个方格不容易，画标准的五角星更不容易，尤其是让四颗小五角星的一个角尖朝向大五角星的中心，且半天时间只能画一幅。我特别佩服曾联松先生，因为他的国旗设计稿非常整洁，看不到作图时留下的一点点的铅笔痕迹，更不知道他是怎样画五角星的。我想：也许多画几遍，就会熟练，用时也就更少。但是我想错了，在几次的尝试中，我发现"快"不了，稍微画得快一点，就不标准了。

转换视角，开展研学之旅

能否用小学生已有的数学知识来绘制标准的国旗呢？研究视角的变换，让我豁然开朗。我认真研究了五角星的特征，发现五角星是一个轴对称图形，它有五条对称轴，将五角星绕着中心点旋转一周得到一个圆，尖角的顶点与圆心连线可将五角星分成相同的五大部分，圆心为顶点的角都为 72°。五角星可以分为五个大小相等的等腰三角形与一个正五边形，正五边形的每一个角都是 108°，三角形的底角是 72°，顶角是 36°。（如图 5.17.1）

图 5.17.1

在此基础上，我发现了五角星的两种画法。

方法一：画一个圆，并画一条半径；以圆心为顶点，以半径为角的一边，画一个 72° 角；继续画 72° 角，将圆分成同样的 5 块；把不相邻的两个点连起来。（如图 5.17.2）

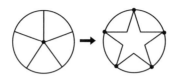

图 5.17.2

方法二：先画一个圆，再画一条半径；这条半径是一个角的平分线，分别画一个 18° 角，得到一个 36° 角；继续画 36° 角，得到一个五角星。（如图 5.17.3）

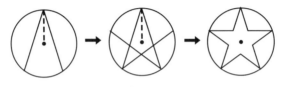

图 5.17.3

我相信，这两种画法都是六年级学生可理解、能掌握的。

研究到此，"国旗绘制"主题研学活动方案已初步形成，一场别开生面的研学即将开始。

【一绘国旗】

2021 年 3 月 1 日，我向参与研学的 37 位学生布置了一项特殊作业：在 45×30 的长方形白纸上绘一幅国旗，并在 3 月 3 日下午上课前交给老师。我着急地等待着，并对可能出现的结果进行了预设。学生可能会查阅资料、请教家长，会绘一幅标准的国旗；也可能不加思考研究，直接在白纸上绘国旗；等等。课前，我收齐了学生绘的国旗。结果发现只有 3 位学生绘得还可以，五角星画得比较标准，但是四颗小五角星的一个角尖没有朝向大五角星的中心点；有 33 位学生五角星画得不标准，存在四颗小五角星的一个角尖没有朝向大五角星的中心点、五角星位置不准确等问题，甚至还有 1 位学生将五颗星画在旗面的右上角。

学生经常参加升旗仪式，在美术课上也绘过国旗。怎么会绘不出标准的国旗呢？通过展示评价，学生终于意识到用数学视角品国旗的重要性。没有利用数学知识，是不可能绘出一幅标准的国旗。一绘国旗，真正激发了学生绘制标准国旗的动机。学生提出了各种研究问题：国旗设计者、设计时间及地点，怎样绘一幅标准的国旗及设计意图，等等。绘制国旗的研学活动在"问题"中拉开了帷幕。

【二绘国旗】

那么，怎样才能绘出标准的国旗呢？学生分组设计研学单，查阅资料、请教家长。2021年3月6日，我带着这些孩子去全国首家综合性国旗教育基地——瑞安国旗教育馆中寻找答案。

在讲解员的分享中，学生们了解了国旗的设计、国旗的诞生等诸多信息。大家纷纷拿起笔，将了解到的信息记录在研学单上。有了国旗教育教育馆的知识补充，学生们重新拿起笔，在国旗教育馆门口第二次绘制国旗。

学生们或站在画板前或席地而坐，借助尺子打格子，借助圆规画圆，借助量角器找点画角，他们认真专注的样子很像小小数学家。我关注着每一位学生的绘制过程，时不时和他们探讨绘制的方法。

有了第二次经验，已经有十几位孩子能找到国旗绘制的方法，瑞安国旗教育馆研学不仅提高了他们的思维能力，还回顾了中华民族的发展历史。

在展示交流中发现，除了我之前想到的两种画法之外，学生还想出了其他画法，让我大开眼界。

生1：先在旗面上确定五角星的中心，按不同的方向先画出一条线段，并以它为角的一边画72°角，得到2条线段，以此类推，得到5条线段，将这5个点连成一个五角星。（如图5.17.4所示）

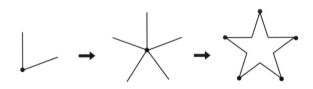

图5.17.4

生2：我的画法更简单，只要画一个72°角，接着再将圆规的两脚放A、B两点上，然后在圆上继续截取同样的长度，将圆五等分，再连线就可以得到一个五角星。（如图5.17.5所示）

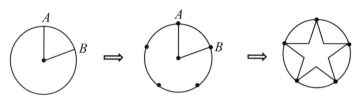

图 5.17.5

生 3：画两条互相垂直的直线；再分别画两个大小不同的圆，以小圆的直径作为大圆的半径画大圆；大圆与竖线的交点 A，过小圆的圆心 C 点连接至 D 点；以 A 为圆心，AB 为半径画弧，与大圆相交得到两个交点；以 A 为圆心，AD 为半径画弧，与大圆相交得到两个交点；得到了五角星的五个点，对应连接即可。（如图 5.17.6 所示）

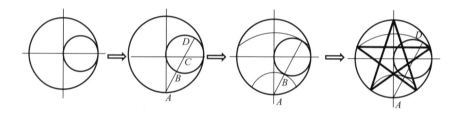

图 5.17.6

师：这种方法你是在哪里学的？

生 3：这是我妈妈教我的。我妈妈是大学老师，她会。

生 4：我的画法是爸爸教的，先画一个圆，再画两条相互垂直的直径，接着再取半径的中点 A，连接 AB；以 A 为圆心，以 AB 为半径画圆弧，相交于直径点 C；以 B 为圆心，以 BC 为半径画圆弧，相交于点 D；再以 BD 为半径在圆上依次截取相等的圆弧；最后连接这五个点，得到一个五角星。（如图 5.17.7 所示）

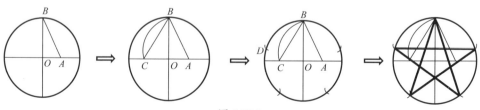

图 5.17.7

......

我夸同学们真了不起，有多种方法画五角星，接着引导大家评价，找到最简洁的画法。

怎样让四颗小五角星的一个角尖朝向大五角星的中心点？首先把大五角星中心点与小五角星的中心点连线，这条连线与小五角星所在的圆有一个交点，以这个交点与小五角星的中心点连线为半径，接着在此基础上画五角星。（如图 5.17.8 所示）

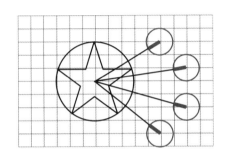

图 5.17.8

生 1：分别在各个小圆内画一个 72° 角，然后再进行五等分，最后画五角星。

生 2：先在其中一个圆画一个 72° 角，用圆规比画出对应的弧长，再一次性将各个圆五等分，最后连线成五角星。

多么巧妙的方法！经过课外调查和国旗教育馆的研修，有接近三分之二的学生已经会绘一幅标准的国旗了。但是由于绘法不同，学生绘国旗的速度、准确度都有所不同。展示环节就是为了让学生相互学习，借鉴他人的绘法。在不同绘法的对比中寻找适合自己的最优方法。而对于剩下的三分之一尚未掌握标准国旗绘制方法的学生，则是一次再学习的机会，为成功三绘国旗做好铺垫。

【三绘国旗】

紧接着第二站，我们来到平阳县腾蛟镇参观苏步青励志教育馆。孩子们了解了苏步青先生对数学做出的卓越贡献，感受了其集诗性和理性于一身的人生经历。每位学生都感受颇深，对苏步青先生有了更深的佩服以及更多的崇拜，带着这样的心情，孩子们一起来到了报告厅第三次绘国旗。

我重新对参与研学活动的学生进行了分组，每三人一小组，其中两人为二绘成功的学生，让他们担任参与三绘学生的小老师，帮助其共同完成标准国旗的绘制。又经过一个多小时，终于，每一位学生都有了成功的体验，尤其是参与三绘的学生（如图5.17.9）。学生小冉说："绘制标准国旗可以说是困难重重，一不小心就会绘错。我以前可不知道绘制国旗这么难，里面居然隐藏这么多数学几何问题。这下，我才真正体验到了国旗绘制的难度啊！"

图 5.17.9

接着，我呈现国旗设计原稿图，让学生再一次描述五角星的位置。大五角星中心的位置是：上5下5左5右10；四颗小五角星中心的位置分别是：上2下8左10右5；上4下6左12右3；上7下3左12右3；上9下1左10右5。学生发现一个中心点居然要用四个数据来描述，感觉太麻烦了。我借机导学：你有更好的方法描述各个中心点的位置吗？学生发现可以用学过的数对来表示，而且只需2个数。（如图5.17.10所示）

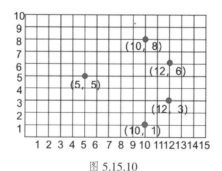

图 5.15.10

是呀，这样的描述多简便，为什么曾联松先生不用呢？此问题再次激发学生思考。有的说，用"上、下、左、右"表示，大家都能看懂，用数对表示则不一定都能看懂。有的认为数对中两个数表示先列后行还是先行后列，常常会忘记，很容易弄错。还有的认为这是为了照顾广大老百姓，因为没有学过数对知识的人是看不懂的。是啊，那时候中国80%以上的人是文盲，这样的描述恰恰是当时中国老百姓最容易接受的方式。数学是服务生活的，有时候不是我们认为的最简洁的就是最好的，而应该是大家最容易接受、最能推广的，才是最适合的。由此学生明白了，应用才是数学的本质属性。

五角星是中华人民共和国国旗的重要组成部分，学生了解了它们所表示的意义之后，我继续引导学生进行品读。呈现资料：最早对五角星的使用被发现在美索不达米亚的文献资料里，可以追溯到大约公元前3000年。现在有许多国家的国旗设计都包含五角星，如埃塞俄比亚、越南、智利、新加坡、新西兰、土耳其、叙利亚、巴基斯坦、朝鲜等。五角星具有"胜利"的含义，被很多国家的军队作为军官（尤其是高级军官）的军衔标志使用。我们不妨从数学的角度进行分析：

五角星是一个轴对称图形，有5条对称轴；如果让它绕着中心旋转72°，所得到的图形与原图完全重合。五角星5条线段两两相交得到的5个点，恰好是原5条线段的黄金分割点，这些黄金分割点使图形匀称、和谐、美观。五角星内的每一个三角形都是黄金三角形（底角为72°、顶角为36°的等腰三角形）。如果画出两个底角的平分线，会得到两个新的黄金三角形，持续画会得到无数个黄金三角形，由此，还可以得到许多正五角星。（如图5.17.11所示）

图 5.15.11

研学活动中，学生呈现了五角星多种不同的画法：有利用72°角五等分画的，有利用36°角画的，还有利用初中才学习的尺规作图法画的，甚至有的还学会了大学教授用的方法。此时的学习已经超越了小学的边界，学生学习的途径、方式不受学段的影响，不受时空的限制。学生真正为了学习本身去主动探究，基于自身理解力寻找适合自己的方法，真正实现了不同层次学生的个性化学习。

渗透人文，升华研学之情

关于五星红旗的故事有很多，其中有两个最令我感动，它们分别是《致敬五星红旗——国旗设计者曾联松》一书中记载的曾联松先生设计国旗的故事和重庆歌乐山脚下"中美合作所"集中营中的"狱中绣红旗"的故事。于是，我整理了这两个故事并请学生小义录音，在三绘国旗之后播放，让学生的情感在故事中得到进一步升华。

故事一：曾联松先生设计国旗的故事

1949 年 7 月 15 日，曾联松爷爷在《解放日报》上看到："新政协向海内外征集国旗国徽国歌启事。"

曾联松爷爷突然之间有了一种强烈的冲动："我能不能试试？投身到这一具有伟大意义的设计工作中去。"为了表示对党无限忠诚，他决心响应征稿启事的号召。

7 月的上海，正值酷暑，曾联松爷爷为了设计国旗图案夜以继日，挥汗如雨。他每天下班回家就把自己关在小阁楼上。他认真钻研毛泽东的著作，想从中找到国旗设计的立意和思路。

时间已是 8 月初了，离最后的截稿日期只剩几天时间了，曾联松爷爷经过反复推敲，苦苦构思，终于把五颗星的大小和位置固定了下来。

……

在新中国，一国之旗，出于一个平民之手，这更是一个奇迹。

故事二：狱中绣红旗的故事

1949 年 10 月 7 日，关押在重庆歌乐山脚下"中美合作所"集中营的罗广斌放风时从难友黄显声那里得到了中华人民共和国成立的消息，他把这个消息转告给同室的难友后，大家兴奋不已，一致同意在狱中绣一面五星红旗。

他们把自己被捕入狱时带进来的红色绣花被面拿出来，把绣花拆掉，然后用黄色的草纸做成五角星。可是，大家都不知道五颗星应贴在哪里、按照什么图形摆放，讨论了很久，最后决定把大的五角星贴在中间，四个小五角星贴在四个角落，象征全国人民紧紧团结在中国共产党的周围。（如图5.17.12所示）

图5.17.12

红旗做好后，大家高兴地吟诵道："瞧呀，这是我们的旗帜！鲜明的旗帜，猩红的旗帜，我们用血换来的旗帜！"

后来，参加制作红旗的陈然、刘国鋕、王朴、丁地平在大屠杀中牺牲，只有罗广斌和毛晓初等侥幸脱险。重庆解放后，罗广斌再次回到白公馆平二室牢房，找到了藏在地板下的红旗。

虽然只有短短5分钟音频，却让孩子们的理性探究转化为感性思考，国旗背后的人文精神加速了孩子品格的塑造。悠悠研学之声，浓浓爱国之情，参与研学的学生写下了自己的感想。

学生小硕说：之前，我以为中国国旗只是一面五星红旗而已，现在我发现，一面旗帜背后竟然有那么多学问，那么多奥妙。我心中的五星红旗更加鲜活、更加庄严了。

学生小曲说：我凝望着眼前我一笔一画画出的国旗，虽笔法稚嫩，但也有国旗的气派。我顿时明白了国旗的威严。国旗是多么来之不易啊！我眼前仿佛呈现出旧时中国的满目疮痍，那时中国处处枪林弹雨，中国人民饱受折磨！但是，中国共产党的诞生，国旗的诞生，就如同黑暗中的红太阳，中国人民终于重见天日了。作为一名少先队员，我们更应该奋勇拼搏，努力前行，传扬党的精神！这次画国旗的经历让我刻骨铭心！

学生小吉说：一绘国旗，简单，真简单！二绘国旗，难，真难！三绘国旗，妙，真妙！看着自己画的五星红旗，心底感到无比自豪！"五星红旗迎风飘扬，胜利歌声多么响亮……"歌声在我的脑海中回荡，让我们一起歌唱我们亲爱的祖国！

……

这是一次意义非凡的数学研学之旅，不仅有思维上的跃进，还培养了学生的爱国情怀，激发了学生的民族自豪感。理性数学与感性的人文教育相得益彰，迸发出更深远、更具魅力的教育意义。走出课堂，在更广阔的时空当中，学生看、听、思、写、悟，这就是学习最美好的样子。

案例 18：在"党旗绘制"中学党史
——"党旗绘制"跨学科项目化学习

跨学科项目化学习是以整合方式在各学科之间建立联系，旨在寻求学科之间的内在联结以解决真实的问题，提升学生的综合能力。绘制党旗是基于小学数学和党史、美术学科的核心概念，指向深度学习品质的学科项目化学习实践探究。学生在党旗的绘制过程中，收获数学美、艺术美，并感悟英烈保家卫国的壮烈诗篇，铭记党的光辉历史，培养忠党爱国情操。

《义务教育课程方案（2022 年版）》培养目标中明确指出："义务教育要在坚定理想信念、厚植爱国主义情怀、加强品德修养、增长知识见识、培养奋斗精神、增强综合素质上下功夫，使学生有理想、有本领、有担当，培养德智体美劳全面发展的社会主义建设者和接班人。"如何结合学生的日常学习加强党史教育，如何让革命传统教育真正唤起学生的共鸣，引导学生积极回溯峥嵘岁月及建党百年的历史，是各学科教师都需考虑的问题。

我们生活的世界是一个系统、有机的整体，对小学生来说，单纯的党史教育课虽然能使他们对历史有所了解，但对其内心的唤醒以及产生共鸣效果有限。项目化学习是用整体化的思维推进学科课程内容综合化、课程协同化，打破学科界限，用跨学科设计课程内容，建立不同学科领域知识间的联系，实现知识与生活的整合，提升学生的综合能力。

为此，我们开展了"党旗绘制"跨学科项目化学习活动，通过走访温州革命历史纪念馆、温州革命烈士纪念馆，将党史教育、视觉美、数学美、艺术美跨学科融合，践行忠党爱国的价值观教育。

—— 项目过程 ——

一、确立目标，制订计划

根据《义务教育数学课程标准（2022 年版）》及项目化学习特点制订本

次学习目标为：①在党旗绘制中，灵活运用数对确定位置、圆规画圆以及垂直平行等知识，初步了解尺规作图。②通过讨论、制订活动计划以及信息收集、筛选、分析判断与研讨等实施过程，提升合作、研究、策划、思考、交流、协作、自我管理等多方面能力，发展实践能力和创新能力。③通过实地参观温州革命历史纪念馆、温州革命烈士纪念馆、阅读《中国共产党党旗档案》一书、自主调查、全班展示交流等活动，进一步完善对党旗、党史的认识（如图 5.18.1）。

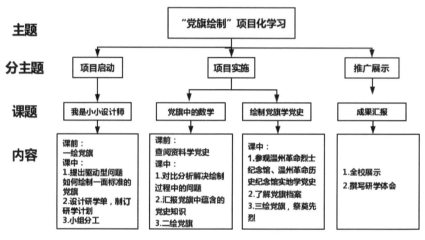

图 5.18.1

二、过程展示，实践启示

党旗绘制分为三个阶段。第一阶段，组织学生认识中国共产党的象征——党旗，引导学生思考如何绘制一面党旗，并要求学生自主收集相关资料画一面党旗。这是一次美术教育，学生从美术的角度发现党旗中的基本要素，如圆弧、长方形等图形以及相关的色彩等。第二阶段，引导学生从数学的角度去对比、观察并思考如何绘制一面标准的党旗，明确党旗里面蕴含的数学元素。第三阶段，在走访党史教育基地的过程中增进对党旗、党史的认识，展示成功的党旗绘制成果缅怀先烈。具体的实践过程如下。

片段一　任务驱动，提出问题

上课伊始，教师向学生展示一绘党旗的作品，问：这些绘的党旗存在什么问题？（出示图 5.18.2：部分一绘作品）

图 5.18.2

生：镰刀和锤头画得太难看了。

师：镰刀和锤头组成的图案是什么呢？

生：是中国共产党的党徽。

师：中国共产党党徽是由镰刀和锤头组成的，它是中国共产党的象征和标志。

生：他们绘的党徽位置不对，都是随意画的。

师：想要绘一面标准的党旗，绘制正确的党徽，我们需要研究哪些问题？

生1：怎样画准镰刀和锤头的位置。

生2：镰刀和锤头的特征及画法。

生3：党徽由几部分组成。

……

师：想要绘好党徽，需要先知道它的组成，请仔细观察党徽，它是由哪些图形组成的？

生1：镰刀由两段圆弧组成，外面一段，里面一段。

生2：我觉得镰刀的外面有两段圆弧，里面也有两段圆弧，应该是由4段圆弧组成的。

生3：锤头是两个长方形，其中一个长方形还要去掉一角，变成弧线。

师：我们可以通过查阅相关资料来了解党徽究竟是怎么绘出来的，这样才能绘得更准确。除此以外，这次"党旗绘制"活动，我们还要探究党旗的哪些知识？

生1：了解党旗设计的由来。

生2：了解党旗的设计意图。

......

【活动思考】

绘制党旗是一项比较复杂的活动，涉及圆的有关知识，所以我们组织了六年级学生参与研学。虽然学生会用圆规画圆，但是第一次绘制党旗时，27 位同学没有一位能进行标准绘制，原因在于党旗中镰刀 (不包括刀把) 的绘制非常复杂，它需要确定 5 个不同的圆心和半径，而非学生所猜测的 2 段圆弧或是 4 段圆弧。学生展示自己的非标准党旗作品，在相互评价中逐渐意识到学习"党旗绘制"的必要性。于是我顺势提出研学的驱动问题："如何绘一面标准的党旗？"围绕该问题促使学生提出相关研究问题，通过归纳整理，明确研学任务：怎样绘一面标准的党旗；了解党旗的由来；了解党旗设计的意图。

片段二　实践调查，项目深入

经过课外调查，学生展示学习成果，明确党徽的画法。

师：在这张 36 cm×24 cm 的长方形纸张上，你是怎么确定党徽位置的？

生1：需要将这个长方形纸张进行 4 等分，党徽在党旗的左上方；然后再将左上角的这个小长方形的长等分成 18 份、宽等分成 12 份。

生2：党徽的位置在从左往右数空 4 格，从上往下数空 3 格，从下往上数空 1 格的边长为 8 格的正方形内（如图 5.18.3）。

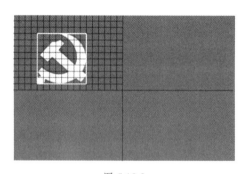

图 5.18.3

生3：确定党徽位置后，需要将正方形进行细分，要把边长再进行 32 等分，并标好行列序号。

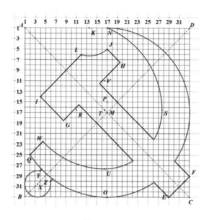

图 5.18.4

师：锤头中，点 G，你知道在哪里吗？（出示图 5.18.4）

生5：就是找列8、列9的中间，然后再找行18、行19的中间。

生6：可以用数对（8.5，18.5）表示。

师：是的，这个32等分还是不够精准，如果能64等分就精准了，由于纸张有限，我们做不到这么细分。那么其他相关的点的位置，你们清楚吗？跟你的小组成员介绍一下。

学生汇报绘制党徽关键点的位置及半径：圆心 K（13.5，1），半径为 KJ；圆心 M（17，17），半径为 MN；圆心 P（17，15），半径为 PO；圆心 R（11，16.5），半径为 RN；圆心 T（16.5，16.5），半径为 TS；圆心 V（16.5，11），半径为 UV；圆心 X（3.5，30.5），半径为 XY。几何画板呈现党徽的绘制过程。

学生第二次绘制党旗，教师巡视指导。

【活动思考】

党旗中蕴含了丰富的数学知识，画锤头需要用到平行与垂直以及圆规画圆等知识，画镰刀则需要确定6个不同的圆心画6段圆弧，也就是说整幅图一共需要确定7个不同的圆心才能绘制完成。整个绘制过程通过几何画板演示，更加直观形象。但是圆弧的衔接还是需要学生自己实践总结经验，所以仅有五分之一的学生能绘出标准的党旗。课上，我邀请这些绘出标准党旗的学生担任小老师，与老师共同指导其他学生。

片段三　参观绘制，总结深化

组织学生参观温州革命历史纪念馆与温州革命烈士纪念馆，并在温州革命烈士纪念碑前，进行第三次绘制党旗活动。下面为部分党旗绘制作品（如图5.18.5）。

图 5.18.5

研学活动尾声，教师带领学生总结和回顾"党旗绘制"活动过程。学生欣赏《中国共产党党旗档案》一书中征集的各种党旗图片。

师：经过这次活动，你有什么要和大家分享的吗？

生1：温州革命烈士纪念馆里所记录的都是我们温州的英雄，是我们国家的英雄。他们每一个人都值得我们去致敬，去铭记。

生2：我们现在的生活来之不易，是由无数先烈用汗水与鲜血换来的，我们要认真学习革命先辈们"流血、流汗、不流泪"的精神。

生3："没有共产党就没有新中国……"这次，我更深刻了解了革命战争时期的困难与艰苦，也向烈士们致以最崇高的敬意！

……

【活动思考】

在访谈中，我们了解到27位参与研学活动的学生中，有19位学生认为绘制标准的党旗是很难的。但是参观了温州革命历史纪念馆、温州革命烈士纪念馆，了解了革命先辈们为之努力的献身精神之后，很多学生想到那些革命先辈们即使面对如此艰苦的革命环境，却依然坚持到了最后，那么自己也不能轻言放弃。

—— 项目分析与反思 ——

1. 跨学科项目化学习赋予学生深刻的体验。本次项目化学习使学生对党旗的认识不仅仅停留在精准绘制的方法掌握层面上，而且对于党旗背后的历史有了更深刻的体验。在参观相关纪念馆之前，学生已经进行了两次党旗绘制活动。第一次，学生自查资料，饶有兴趣地画了两三个小时，但作品不尽如人意。第二次，教师带领学生从数形、色彩、线条等多个角度重新观察党旗，学生有了明显进步。第三次，学生参观相关纪念馆后，在教师的引领下运用已有的数学知识，使用圆规、直尺等多种画图工具，精准制图。跨学科项目化学习，以数学的方式对学生进行革命传统教育。

2. 跨学科项目化学习是转变学习方式的一种尝试。跨学科项目化学习有别于一般的课堂教学，教师的角色不再单纯定位为传授者。党旗的很多知识学生可以直接上网查询，教师也是通过这样的方式获得的。所以，我们要引导学生基于驱动问题自主探索学习。在这个过程中，我们针对学生的学习差异进行跟进辅导和小组互助，实现教师角色的转变，为实现学生能力素养的提升提供机会和空间，让学生在试误过程中进一步理解方法、内化思想，从而突破难点，获得成功体验。

3. 跨学科项目化学习锤炼学生的品格。本次活动采取浸入式学习，学生亲临温州革命历史纪念馆和温州革命烈士纪念馆，比单纯的学习党史更有收获。一步一步的绘制过程，在孩子们的眼中，就好像红军长征，虽然绘制有困难，但没有一位学生放弃，最终都完美地呈现了自己的绘制成果。这样的学习不仅锤炼了学生坚持不懈、努力认真的品格，更让每位参与的学生心中激起爱党、爱国的情怀。

案例 19：在丈量中品味榕树精神
—— "我和榕树共成长"主题研学活动

榕树是温州市市树，它冠大干粗、枝叶繁茂、四季常青，久经沧桑却盛而不衰，象征着温州的自然风貌和温州人民朝气蓬勃、奋发向上的精神风貌。

"多么贫瘠的土地，乃至乱石破崖，它都能破土而出，盘根错节，傲首云天。"习近平总书记曾如此赞颂榕树的顽强生命力。在温州三垟湿地公园，生长着一棵特别的榕树，为习近平亲植榕树。2005 年 5 月 20 日，时任浙江省委书记习近平考察三垟湿地时亲手种植，并发表了重要讲话："温州市委、市政府一定要把温州生态园保护好、利用好、建设好，要把生态园这件事办好，办成对子孙后代积德的善事，办成造福于当地群众的一件实事，办成生态建设的一件好事。"一棵榕树，寄托了习总书记对温州发展和生态建设的期待。

2020 年 9 月 30 日，2016 级全体学生，在老师和家长的陪同下徒步五公里，来到这棵习近平总书记亲植榕树旁，在此迎接自己的十周岁成长礼。（如图 5.19.1 所示）举办十周岁成长礼是温州大学城附属学校的传统，为了让孩子们能更加庄重地迎来自己成长路上的第十个春秋，学校还专门开辟了一条"习榕成长经典研学路线"。

图 5.19.1

每年 9 月，五年级学生从学校出发，步行至三垟湿地公园的榕树下，既锻炼自身意志品质，也让学生们更加深刻地领会习近平总书记所说的"绿水青山就是金山银山""幸福是奋斗出来的"。"十年成长，梦想启航，胸怀家国，志存高远，让最优秀的自己跟世界站在一起。"在校长的寄语中，在榕树的见证下，孩子们开启了人生新征程。

转眼间，这群孩子即将迎来小学毕业，在制作成长手册时回忆起十周岁成长的重要时刻，想起了榕树的特殊记忆。时隔一年半，学生在茁壮成长，榕树也在以肉眼看不见的速度生长着。但是，榕树的生长，真的看不见吗？是否能从数学的角度来见证榕树的生长？于是，"我和榕树共成长"主题研学之旅由此开启。

一、确定目标，制订计划

研究榕树的生长，具体要研究什么？六年级下册数学教材中刚好有关于比例的知识，能通过测量影子长度以及比例来确定物体的高度。因此，六年级数学教师接到任务时，第一反应是测量榕树的高度。但只研究高度，对六年级的孩子来说太没有挑战性了，经过讨论，确定了还要引导学生去研究榕树的叶片数量、围栏面积等。

接着，我们组织了 24 位学生开展研学。老师交代研学目的后，让学生来说一说可以研究哪些内容来证明榕树在生长，学生的回答超出了我们的想象。学生提出可以研究榕树的树高、叶片数量、占地面积、树龄等近 20 个话题。引导学生对问题进行整理和归纳后，我们最终确定了图 5.19.2 中的研究内容。

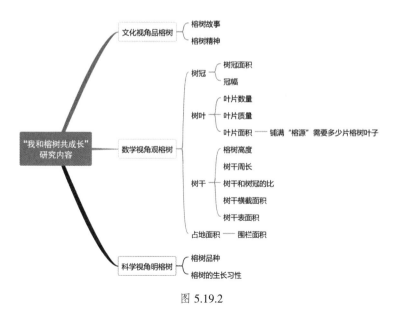

图 5.19.2

研究内容有了，怎么得到答案呢？学生针对自己所选的内容展开了讨论，分组设计研学单，确定自己的研究思路。

二、实地探访，收集数据

2022 年 4 月 21 日，我们带着这群孩子再次来到这棵习近平总书记亲植榕树旁，寻找问题答案。

（一）不量影长，怎么算树高

当天晴空万里，对于要测影子长度的学生来说非常有利：只要量出树的影长、学生自己的身高和影长，利用比例知识就能求出树的高度；同样道理，能求出冠幅，进而把树冠近似成圆形来求面积。然而到了现场才发现，榕树在围栏里面，人无法进去近距离测量；而影子有的在围栏里面，有的在外面连廊屋顶上，这该怎么测量？

学生改变测量影长的策略，拍下同学和榕树合照按比例算高度。

（二）叶子太多，怎么数

研究叶片的学生到达现场就开始数叶子，但是没想到叶片数量远超想象，刚数了一些，风一吹又要重数。于是学生提出从最小的树杈开始数，再去数树杈的数量。但是一棵榕树的树杈数量还是很多，学生决定再次分解，以一丛树枝为单位，数这个树枝上有多少树杈，再数有多少个树枝。

（三）榕树特点，怎么找

选择从文化和科学角度去研究榕树的小组，除了网上查找相关资料外，怎么在现场收集到自己想要的数据呢？到了现场他们发现，可以将自己搜集到的资料进行验证。比如榕树"独木成林"的特点很大程度上来源于它的根，在现场，学生就发现了榕树的树干周围缠绕着许多侧根和气生根，并将其画了下来。（如图 5.19.3）同样，学生对榕树的叶片形状等加以验证。

图 5.19.3

三、整理数据，汇报结果

（一）数学视角观榕树，解锁榕树生长数据

经过实地研究和上网查找资料后，学生将收集的数据进行整理并计算，得到研究结果。学生用的方法多样，让我们大开眼界。

1. 树高——数说"昂首挺拔的榕树"。

测量树高的小组，汇报了自己的方法。

生1：我们小组在研究树高时想到两种方法。一种是测量影长，但是我们到现场才发现，树的影子有一部分在屋檐上，这样我们就没法准确去量，也没法很好操作。于是我们选择了第二种，用照片中高度的比来进行计算。这种测量方法也有以下两种思路。

测量方法一：在树的旁边放一个参照物，手机拍照后，算出参照物实际高度与图上高度的比，再按比例将照片上榕树高度进行放大。测量方法二：在树的旁边放一个参照物，然后把参照物叠至和榕树一样高，最后把参照物的数量乘参照物的实际高度。（如图5.19.4）

（方法一）　　　　　　　　　（方法二）

图5.19.4

两种方法计算出来的榕树高度大约为11.50米。

2. 叶片数量——数说"枝繁叶茂的榕树"。

生2：看到榕树的一瞬间，我们顿时就惊呆了。榕树庞大无比、枝繁叶茂，一眼望不到尽头。我们之前的计划全部被推翻了。但还好我们没有乱了阵脚，而是聚在一起从长计议。由于榕树过于壮大，我们无从下手，只能临时改变方案。经过陈老师的指导并反复思考后，我们确定了新的方案。即先数一枝大枝上连接的中枝、小枝的数量，在数出得数后，将得数乘以大枝的数量算出总的枝条数量，最后把得出的枝条数量乘以一枝小枝上叶子的数量，乘积就是总的叶子数量。有了新的方案以后，我们顿时精神大振，又投身于榕树的研究中。但是庞大的榕树有着不计其数的枝叶，计算过程十分复杂。

在经过长时间的艰难计算后，我们算出树枝的数量约为2.5万枝，再将树枝总量乘上一小枝上大约的叶子数量，我们算出这颗榕树大约有惊人的75万片叶子。我们将得数与资料进行对比发现，找到的资料与我们的答案相差甚远，这可能是与榕树的大小有关。但为了提升研究的精准性，我们耐下性子，又细心地验算一遍。经过不断验算，我们得出结论：如果方法无误，那么这棵榕树大约有2.5万条枝条，75万片叶子。

师：那么，75万片叶子，是什么概念？请研究围栏面积的同学来分享自己的研究结果。

生3：我被这棵榕树惊到了，一把郁郁葱葱的"遮阳伞"笼盖着一大片土地，叶子密密麻麻地长着。我们一行四人找来了卷尺，开始测量榕树周围的围栏。其他三人一条边一条边地测量，我负责画图记录。每条边都四舍五入到了十分位。（如图5.19.5）

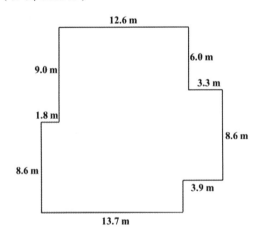

图 5.19.5

我们用大长方形减去小长方形，得出的结果是约261.67平方米，是我们家的 2 至 3 倍！接下来，我们把整个"榕源"看成了一个近似的长方形，量出了两条边，算出它的面积约为 34.6×34.2=1183.32 平方米。我觉得这个数据够惊人。这个园子接近 2 亩地呀！最后几个问题相对就轻松多了。我在地上随机捡了 10 片叶子看作椭圆形，放在方格本上测出长半轴和短半轴，再用公式计算面积（椭圆面积公式：π× 长半轴 × 短半轴）。最后得出的平均数约为 10.3 平方厘米 / 片，我们借助了先前同学们求的总叶片数量，这一棵榕树的叶子面积共约 773 平方米，不能铺满整个"榕源"，但是大约有 3 个围栏面积！相信大家都被这个数据惊到了！

3. 冠幅——数说"冠大干粗的榕树"。

测量冠幅的小组，用上了勾股定理，六年级学生能用上这样的方法，值得称赞。

生 4：因为围栏我们进不去，没法测量冠幅。于是我们想到了勾股定理，在外面测量一条垂直于冠幅的线段，再测量斜边，就能算出冠幅的长度。（如图 5.19.6）

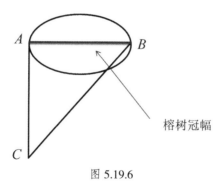

图 5.19.6

计算过程：

由测量得：线段 AC 的长度为 16 米，线段 BC 的长度为 23 米，线段 AB 为榕树冠幅的长度。

∵∠BAC=90°，根据勾股定理得：$AB^2+AC^2=BC^2$，

∴$AB^2=BC^2-AC^2=23^2-16^2=273$，

∵$AB>0$，

∴$AB≈16.5$ 米。

而测量树冠面积的小组，没有选择我们所设想的计算不规则图形的方

法，而是将树冠俯视图近似成椭圆，利用椭圆面积公式计算出树冠面积。

生5：我们请老师用无人机在和树冠齐平的地方，测量出高度为9米。

接着让无人机上升到31米处，拍下一张树冠的照片。让一位同学站在旁边，也拍下一张照片，再用尺子在照片上量出树冠近似成的椭圆长半轴和短半轴的长度。最出利用椭圆面积公式求出树冠面积大约是172平方米。

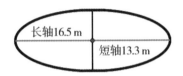

计算过程如下：

椭圆面积 =π× 长半轴 × 短半轴；

也就是 $S=π×(16.5÷2)×(13.3÷2)≈172$（平方米）。

师：原来树冠的面积比我们这个教室还大。

学生测量出来的全部数据见表5.19.1：

表 5.19.1　榕树测量的数据统计表

树冠	树冠面积		约 172 平方米
	冠幅		约 16.5 米
树叶	叶片数量		约 75 万片
	叶片质量		约 0.2 克 / 片
	叶片面积	铺满 "榕源" 的叶片数量	约 115 万片
树干	榕树高度		约 11.50 米
	树干周长		上层约：3.3 米 下层约：3.5 米
	树干高和树冠的高比		32：19
	树干横截面积		上层约：0.8671 平方米 下层约：0.9722 平方米
	树干表面积		约 18.22 平方米
围栏面积			约 261.67 平方米

（二）文化视角品榕树，解锁榕树生长精神

一组组榕树的生长数据，让孩子们切实感受到了榕树叶茂如盖、傲然挺立的特点。那么，在榕树身上，还藏着什么特别的故事呢？学生继续研究，将视角转向温州其他榕树：他们去往江心屿，在那里知道了"樟抱榕"的故事，在"市树长廊"和"榕林诗径"中感受榕树旺盛的生长力；更是在茶山当地找到了一棵千年榕树，历经千年风霜仍郁郁葱葱，傲然挺立，切实感受到榕树顽强的生命力。

"谁言独木不成林，一望巨冠天半阴。""烟笼冠盖郁葱葱，历尽风霜姿更雄。"学生对自己搜索到的这些赞美榕树的诗词有了深刻的体验。

1. 科学视角明榕树，解锁榕树生长密码。

一棵榕树，独木成林，傲然挺立，它是怎么做到的呢？学生试着从生物学角度去查找原因。通过上网查找资料和请教科学老师，他们知道了其实这与榕树长在雨水充沛的热带、亚热带，生命力极为旺盛有关。榕树独木成林的根本原因在于它那粗壮的大树枝上会垂下一簇簇胡须似的"气根"，榕树枝条上生长的气生根，向下深入土壤形成新的树干，称之为"支柱根"。榕树可向四面无限伸展，其支柱根和枝干交织在一起，形成稠密的丛林，因此被称为独木成林。

2. 说研学体验，品榕树精神。

学生小硕感慨：我们是学校第一批从数学的角度去看这棵榕树的学生。我们的数据要给之后的学弟学妹们提供参考。这么说，我们肩负的使命真不轻啊！

学生小翔总结自己的研究结果，说：从科学的角度看榕树，榕树展现着自己强大的生存能力与顽强的生命力，让榕树"坚强不屈"的意志得以体现。从文化的角度看榕树，榕树所包含的关于人们真挚的情感是无限的。

学生小骞、小泽等人总结：这一次的经历让我们学习到了许多知识。我们研究的过程不正如同榕树精神一般百折不挠、坚韧不拔吗？只有不断钻研，才能枝繁叶茂，才能顶天立地，才能做大丈夫！我们终于明白陈校长带我们来研学的目的了，既要算出榕树高大的体格，也要品出榕树伟岸的精神。

……

在这次研学过程中，教师所扮演的更多是协助者的角色，在学生遇到问题时提供适当的帮助。而学生成了活动的主导者，他们在遇到问题时调整自己的研究思路，在解决问题时用上了丰富的课外知识。更重要的是，他们的测量，为后来者提供了研究这棵榕树的第一手数据。不管是思维还是情感，学生都得到了质的发展。

学生在研究中知道了榕树之所以枝繁叶茂、生命力旺盛，根本在于它深耕厚植，根深蒂固，能够从广袤而深邃的大地中汲取丰富而充足的营养。作为新时代的少先队员，要学习榕树这种扎根大地、渴望营养的品质，牢记习爷爷的嘱托：新时代少先队员要热爱祖国，热爱人民，热爱中国共产党，树立远大理想，培养优良品德，勤奋学习知识，锻炼强健体魄，培养劳动精神，从小学先锋、长大做先锋，努力成长为能够担当民族复兴大任的时代新人。习近平总书记亲植的这棵榕树，既见证了孩子们的十周岁成长礼，又给孩子们上了一堂生动的成长课，它将深植在每一个孩子的心中，和孩子一起成长，共筑中国梦！

（参与指导：倪洁洁、陈洁、徐滨伊、陈泽南等老师；整理撰写：倪洁洁老师）

小课题研究类案例

案例 20：在掷骰子游戏中寻找数学规律
——"掷一掷：游戏公平吗？"研究过程与思考

【适合年级】

五年级

【课题说明】

人教版小学数学教材五年级上册第四单元"可能性"之后，安排了"掷一掷"实践活动。它以游戏的形式探讨可能性的大小，让学生经历观察、猜想、验证等探究过程。教材通过让学生同时掷两个相同的骰子（六个面上分别写着数字 1~6），把两个朝上的数字相加，看看和可能有几种情况，这是一个"组合"问题。学生可以根据之前所学的"组合"知识，把两个数字相加的和的所有情况罗列出来，然后进行分析比较。在此基础上，研究"求两个骰子朝上数字的差（较大数 − 较小数）"与"求两个骰子朝上数字的积"。因此，我以"掷一掷：游戏公平吗？"为主题设计了导学单，让学生利用空闲时间与家人进行游戏体验，并尝试寻找游戏背后的数学原理。

该项小课题分为两课时教学，研究时间共计一周。第一课时分"激趣引入，展开课题""提出问题，设计路径"两个环节，主要带领学生基于小课题的具体情境提出疑问并设计具体的操作步骤。接着学生进行课后的小组合作探究。第二课时组织学生进行中期研究汇报，帮助学生解决研究过程中遇到的困难。最后学生在课后将研究成果撰写成报告，教师组织学生进行展示。

【研究目标】

1. 综合运用所学知识探讨事件发生的可能性，并尝试撰写研究小报告。

2. 亲身经历观察、猜想、验证等学习过程，渗透数形结合思想，发展数学应用意识和创新意识。

3. 积累数学活动经验，感受成功的体验，提高学习数学的兴趣。

—— 研究过程 ——

（一）激趣引入，展开课题

基于教材中"掷一掷"一课内容，启发学生进一步探究概率事件的兴趣。引导如下：

之前我们已经上过"掷一掷"一课，有谁还记得之前骰子游戏的内容吗？

生1：有两组数。A组是5、6、7、8、9五个数，B组是2、3、4、10、11、12六个数。我们计算两个骰子掷出来的点数之和，发现了A组的数虽然比B组少，但是出现的概率却大一些。

生2：我们还发现了，各个点数的和出现的概率都不同。

师：是的，这个游戏很有意思，那么根据上次的课，你觉得我们还可以研究哪些问题？

生1：我们还可以研究两个骰子点数的差。

生2：我们还可以研究两个骰子点数的积。

……

师：同学们的提议都非常好，今天我们就来继续探索"掷一掷"。

（二）提出问题，设计路径

1.提出问题。

根据学生的讨论，提出研究问题：

（1）掷一掷骰子，得到两个骰子朝上的点数的差，哪些数出现的概率大，哪些数出现的概率小？

（2）掷一掷骰子，得到两个骰子朝上的点数的积，哪些数出现的概率大，哪些数出现的概率小？

2.设计研究思路。

引导学生围绕提出的猜想，设计验证过程。通过组内讨论，初步制订研究方法。接着教师组织学生进行小组汇报，确定该项小课题的具体研究步骤。此时可以鼓励学生对该项课题研究提出其他补充建议，教师和学生对建议进行评估，具体需要考虑该项建议是否与本课题相关，是否有助于完成该项课题。

（三）小组合作，尝试探究

学生根据课堂上制定的研究方案，各自利用课外时间完成小课题研究。研究过程中，对于学习水平高的小组可以鼓励其自行完成小课题研究，其间教师根据情况进行适当的点拨和提醒，引导学生再探究。对于学习水平相对较低的小组，教师为其提供相关的助学单帮助小组推进研究。

助 学 单

小组成员：＿＿＿＿＿＿＿＿＿＿＿＿＿＿＿＿＿＿＿

［研究问题］

掷一掷骰子，得到两个骰子朝上的点数的差，哪些数出现的概率大，哪些数出现的概率小？

［材料准备］

两颗一样的骰子、碗、笔、记录单

［操作方法］

两人合作，一人投掷骰子，一人负责记录结果，反复投掷骰子100次。为了确保游戏数据准确，每次都将骰子投入碗中，让骰子充分翻滚。

［研究过程］

（1）算出两颗骰子朝上数字相减的差，并填在下表中。

骰子差	0	1	2	3	4	5
次数						

（2）请将这些数据绘制成条形统计图。

（3）根据上面的数据，小组讨论，并把你们的发现记录下来。

我的发现：_____

（4）小组讨论，思考：为什么有些数出现的次数多，有些数出现的次数少？说说看可能的原因是什么。

_____

（5）请你试着将每一个差的算式都列出来，看看有什么新的发现。

骰子差	0	1	2	3	4	5
可能的组合（以算式罗列）						
共几种						

［研究结论］

对比观察以上两张表格中的数据，说说你的研究结论。

_____

温馨提示：如果你要进行其他拓展研究，可以参考以上的步骤，自行设计研究方案进行研究。最后将你的研究过程与结果撰写成报告。

（四）中期汇报，组间互学

各小组将初步研究的情况进行汇报。引导学生在汇报研究进展的同时，提出遇到的各类困难。教师引导其他学生，针对困难提出解决建议。同时让各个组学习其他组好的做法，改进自己的研究方案。

（五）撰写报告，汇报成果

将学生研究小报告打印，张贴在班级展示处，引导学生阅读分析与评价。现选择其中的一篇，作为研究范本。

"掷一掷：游戏公平吗?"研究报告

五（4）班　小朱

上次我们和徐老师一起研究了抛骰子的问题（两个骰子点数相加）。今天，我再来研究一下关于抛骰子更多的玩法。

首先是两个骰子朝上的点数相减，我先抛了60次，发现抛出相差是1的次数最多，而相差是4的最少。我又做了几次试验，但结果都不太相同。那我们怎样才能知道到底抛出哪个相差数的概率更大呢？

后来我想到了课堂上老师曾经教过我们的"表格法"。

得出以下结论：

	1	2	3	4	5	6
1	0	1	2	3	4	5
2	1	0	1	2	3	4
3	2	1	0	1	2	3
4	3	2	1	0	1	2
5	4	3	2	1	0	1
6	5	4	3	2	1	0

0：6次　1：10次　2：8次　3：6次　4：4次　5：2次

看来1的概率确实是最大的。

为了证实这个想法，我设计了一个比赛，规则是抛到两个骰子朝上的点数之差为2、3、4的时候我赢，反之则妈妈赢。因为妈妈说，抛的次数越多，越接近期望值，所以我们一共抛了430次，最后的结果是210：220，虽然还是有10分的差距，不过对于430次来说，已经很接近了。

研究骰子朝上的点数相差其实与相加是差不多的，所以，我又研究了关于骰子点数相乘的问题。因为两个骰子点数相乘的可能性更多，因此我直接用了"表格法"。

	1	2	3	4	5	6
1	1	2	3	4	5	6
2	2	4	6	8	10	12
3	3	6	9	12	15	18
4	4	8	12	16	20	24
5	5	10	15	20	25	30
6	6	12	18	24	30	36

出现次数

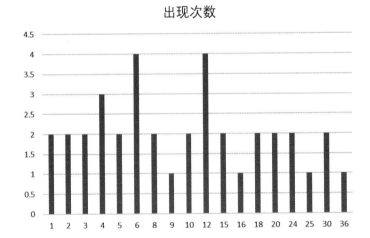

为了使结果更明显，我制作了一个图表。

从中可以看出，两个骰子朝上的点数乘积可能性最大的是 6 和 12，可能性最小的是 9、16、25 和 36。同样，证实想法最好的办法就是进行试验。我一共抛了 170 次，如我所想的，其中，点数乘积为 6 的有 25 次，点数乘积为 12 的有 17 次。而点数乘积为 36、25、1 的都只有 2 次。其他点数乘积的结果相差不大，均为 11 次左右。

【研究思考】

"掷一掷"是一节非常有趣的实践活动课，学生在充分参与猜想、验证等探究过程中体验可能性大小。学习难度不大，需要动手试验，学生喜欢。

一、将"教"变成"学"

在"掷一掷"这节课中，一般会先列出两个骰子朝上的两个数字之和的所有可能，再让学生进行游戏比赛。在研究中发现和的组成情况有所不同，造成和的可能性大小不同。学生始终在课前预设的教案中按部就班地完成游戏任务，得出相应的规律。且一节课时间有限，对于每一个学习个体来讲，掷骰子的次数不可能那么多，体验不可能很充分。因此，需将课堂上教师的"教"变成课堂外学生的"学"。试验次数由学生来确定，直到自己满意为止。这样的学习，才是真正的学习。同时，为了研究方便，学生会邀请家长一起参与，让亲子关系更加融洽。

二、将"少"变成"多"

教材只安排了研究"求两个骰子朝上两个数字的和"的情况，并没有引导学生再研究"求两个骰子朝上两个数字的差与积"。将教材上规定的一项研究内容变成三项研究内容，丰富了学生的认知。通过活动，学生对可能性的体验更加深刻，打开了其研究数学之门，初步掌握了数学研究的策略，激发了研究数学的兴趣，培养了良好的意志品格。小朱同学为了研究"两个骰子朝上的两个数字之差"，自己先掷了60次还觉得不够，又掷了几次；接着与妈妈又掷了430次骰子，这样的研究精神是难能可贵的。

三、将"说"变成"写"

常规的课堂教学，对于研究获得的结论，仅限于让学生进行口头表达。在平时教学中，学生如果能将研究结果口头表达清楚，已经是非常不容易了。但是，对于"掷一掷"研究，我并没有满足于此。因为教与学的方式已经发生了很大变化，教师没有教案，只有导学单，学生的研究更加自主、更具个性化，体验更加深刻了。如果让学生仅仅停留在口头表达，说一说之后很快就过去了，也就忘记了。但是要求学生写下来却不容易，需要学生对掷骰子试验数据与过程进行记录，对其进行分析、比较，寻找到蕴含在其中的规律性知识，然后再试图找到背后的数学原理。"写"会让学生的思考更加深刻，考虑更加全面。

案例 21：深挖一题资源　拉长探究过程
——"怎么做，容积最大？"研究过程与思考

【适合年级】

五、六年级

【课前说明】

学生在五年级下学期学习了"长方体和正方体"这一单元，掌握了长方体和正方体的特征；能正确计算长方体和正方体的表面积和体积（包括容积）；能运用这些知识解决简单的实际问题。人教版五年级下册数学教材中有这样一道题：一块长 30 cm，宽 25 cm 的长方形铁皮，从四个角各切掉一个边长为 5 cm 的正方形，然后做成盒子。这个盒子的容积是多少？这道题引发了我的思考。一是此题要求将铁皮做成一个无盖的长方体，需要学生将二维平面图形做成三维立体图形，需要借助材料进行动手操作。二是此题要求"从四个角各切掉一个边长为 5 cm 的正方形"，如果剪掉边长为 4 cm、6 cm 的正方形呢？三是此题提供了一块长方形铁皮，如果换成一块正方形铁皮呢？经过这样的思考，发现此题并不简单。它存在很大的探究空间，其中还蕴藏着一些数学秘密。为此，我将此题作为小课题帮助学生进行学习探究，并设计导学单助学。

该项小课题需要课内教学两课时，共计约一周时间。第一课时分为"激趣引入，展开课题""提出问题，设计路径"两个环节，主要带领学生明确研究的目标，即寻找折出最大容积的长方体的方法，并制订研究方案。接着学生进行课后的小组合作探究。第二课时主要是组织学生进行中期研究汇报，帮助学生解决研究过程遇到的如快速定位研究区间的技巧等问题。最后学生在课后将研究成果撰写成报告，教师组织学生进行展示。

【研究目标】

1. 能将一块长方形铁皮从四个角各切掉一个边长相同的正方形，做成一个无盖的长方体，并能正确地计算它的容积。

2.在动手操作、分析比较、计算验证等活动中，渗透数形结合思想，发展空间观念，培养推理能力。

3.体验解题策略的多样性及探究成功的喜悦，激发学生学习数学的兴趣。

【研究重点】

从长方形或正方形铁皮的四个角各切掉一个边长相同的正方形，做成一个无盖的长方体，发现容积大小的规律。

【研究难点】

用不同的方法将一块长方形或正方形铁皮做成一个无盖的长方体。

—— 研究过程 ——

（一）激趣引入，展开课题

由教材习题展开讨论，激发学生探索体积问题的兴趣，引导如下：

数学与生活是密不可分的，我们学习的许多知识都能够帮助我们解决生活中的问题。

比如，人教版五年级下册教材第120页第13题：一块长方形铁皮（如图5.21.1），从四个角各切掉一个边长为5 cm的正方形，然后做成盒子。这个盒子的容积是多少？这题大家都做过了。现在请你想一想，它在我们生活中的哪里可以应用？

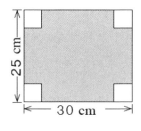

图 5.21.1

生1：叠纸盒，寄快递时能用到。

生2：一块大玻璃做鱼缸。

……

师：同学们说得真好，都能够在生活中找到应用。假设你是快递公司的老板，现在准备用这样的长方形纸板来做无盖纸盒。那么，你希望这个纸盒怎么样才好？

生：我希望这个纸盒的容积越大越好。

师：你真会思考，那到底减掉多大正方形，做成的纸盒容积最大呢？这个问题值得我们深究。

（二）提出问题，设计路径

1. 提出问题。

根据学生的讨论提出研究问题：减去边长是几的小正方形，剩余部分折成的无盖长方体容积最大？

2. 设计研究思路。

引导学生围绕该问题展开讨论，发现需要用尝试法列表解决。通过组内合作，初步制订研究方法。此处重点解决：

（1）表格如何设计？

（2）要尝试哪些数据？按照怎样的顺序去尝试？

（3）怎样确定找的数据是最大的？

其中问题（3）是本课的难点，由于选择尝试的实验数据是离散的，因此学生找到的往往是相对最大的数据，而不是绝对最大的。由此，需要引导学生重点讨论：

师：如果我们尝试减去的正方形的边长都是自然数，假如减去 3 cm 的时候最大，那么这个数据就是我们要的结果吗？为什么？

生：不一定。因为最大的结果可能是个小数，不一定正好是整数。

师：那接下来我们要怎么研究呢？

生：先找到最大的自然数，然后找它附近的一位小数试一试，看看计算的结果是否比 3 cm 的时候大。

你的方法可真好！如果附近某个一位小数计算的结果确实比 3 cm 的时候大，并且是其中最大的，这个就是我们要的结果吗？

生：也不一定，也许它附近的两位小数算出来的结果更大，还要试一试两位小数。

师：那找到两位小数里最大的，就一定最大了吗？按照这样思考，你有什么话要说？

生：那有可能要研究三位小数、四位小数、五位小数……

师：是的，如果按照这样研究，我们人力肯定做不到，所以老师这里建议大家，我们只研究到两位小数为止。

根据讨论出来的研究思路，小组设计统计量表。此处要引导学生思考，设计怎样的表格来记录，表头、内容分别是什么？

（三）小组合作　尝试探究

学生根据课上制订的研究方案，各自利用课外时间完成小课题研究。对于学习水平相对较低的小组，教师为其提供相关的助学单帮助小组推进研究。

助学单

小组成员：_____

［研究问题］

长方形纸板，四个角各剪去一个正方形并折成一个长方体，怎么样做，容积最大？

［材料准备］

记录单、计算器

［研究过程］

（1）当减去的小正方形边长为整数时

小正方形边长（cm）	做成的无盖长方体的容积（cm^3）

注：在计算容积的时候，建议将算式也列到表格中，方便检查。

我发现，当减掉的小正方形的边长是（　　　）cm 的时候，做成的无盖长方体的容积最大，容积为（　　　）cm³。

思考，接下来我要寻找（　　　）cm 至（　　　）cm 之间的一位小数，为什么？

（2）当减去的小正方形边长为（　　　）cm 至（　　　）cm 之间的一位小数时

小正方形边长（cm）	做成的无盖长方体的容积（cm³）

我发现，当减掉的小正方形的边长是（　　　）cm 的时候，做成的无盖长方体的容积最大，容积为（　　　）cm³。

思考，接下来我要寻找（　　　）cm 至（　　　）cm 之间的两位小数，为什么？

（3）当减去的小正方形边长为（　　　）cm 至（　　　）cm 之间的两位小数时

小正方形边长（cm）	做成的无盖长方体的容积（cm³）

我发现，当减掉的小正方形的边长是（　　）cm 的时候，做成的无盖长方体的容积最大，容积为（　　）cm^3。

温馨提示：如果你要进行其他的拓展研究，可以参考以上的步骤，自行设计研究方案进行研究，并将你的研究过程撰写成报告。

（四）中期汇报，组间互学

各小组将初步研究的情况进行汇报。引导学生在汇报进展的同时，提出遇到的各类困难。此处重点讨论快速定位研究区间的技巧。

以其中一个研究例子重点展开，简要展示准确结果及其计算过程，初步渗透无理数的概念；引导学生思考相关拓展研究。

（五）撰写报告，汇报成果

将学生研究报告打印，张贴在班级展示处，引导学生阅读分析与评价。现选择其中的一篇，作为研究范本。

"怎么做，体积最大"研究报告
六（6）班　小王

一、研究背景

元旦假期，老师给我们布置了小课题学习任务，题目如下：

人教版五年级下册教材第120页第13题：一块长方形铁皮（如图），从四个角各切掉一个边长为 5 cm 的正方形，然后做成盒子。这个盒子的容积是多少？

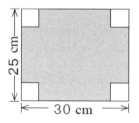

我们从长方体体积公式为长 × 宽 × 高，得出盒子的容积：

$V＝（30-5×2）×（25-5×2）×5=1500$ cm^3

那么，试着剪去不同长度的正方形的角，怎样剪，体积才会最大呢？

二、研究过程

1. 方法一：直接去掉四个角。

（1）计算剪去的小正方形边长是整数的。

小正方形边长	做成的无盖长方体的容积
1 cm	$28 \times 23 \times 1=644$（$cm^3$）
2 cm	$26 \times 21 \times 2=1092$（$cm^3$）
3 cm	$24 \times 19 \times 3=1368$（$cm^3$）
4 cm	$22 \times 17 \times 4=1496$（$cm^3$）
5 cm	$20 \times 15 \times 5=1500$（$cm^3$）
6 cm	$18 \times 13 \times 6=1404$（$cm^3$）

通过以上列表，我们发现小正方形边长为 5 cm，无盖长方体的容积最大，为 1500 cm^3。

（2）计算剪去的小正方形边长是小数的。

第一步：研究剪去的小正方形边长接近 5 cm 的。

小正方形边长	做成的无盖长方体的容积
4.9 cm	$20.2 \times 15.2 \times 4.9 \approx 1504.5$（$cm^3$）
5 cm	$20 \times 15 \times 5=1500$（$cm^3$）
5.1 cm	$19.8 \times 14.8 \times 5.1 \approx 1494.5$（$cm^3$）

研究发现，剪去的小正方形边长为 4.9 cm，做成的无盖长方体容积最大。

第二步：研究剪去的小正方形边长小于 5 cm 的（一位小数）。

小正方形边长	做成的无盖长方体的容积
4.4 cm	$21.2 \times 16.2 \times 4.4 \approx 1511.1$（$cm^3$）
4.5 cm	$21 \times 16 \times 4.5=1512$（$cm^3$）
4.6 cm	$20.8 \times 15.8 \times 4.6 \approx 1511.7$（$cm^3$）
4.8 cm	$20.4 \times 15.4 \times 4.8 \approx 1508.0$（$cm^3$）

第三步：研究剪去的小正方形边长接近 4.5 cm 的（两位小数）。

小正方形边长	做成的无盖长方体的容积
4.49 cm	$21.02 \times 16.02 \times 4.49 \approx 1511.9644$（$cm^3$）
4.51 cm	$20.98 \times 15.98 \times 4.51 \approx 1512.0244$（$cm^3$）
4.52 cm	$20.96 \times 15.96 \times 4.52 \approx 1512.0376$（$cm^3$）
4.53 cm	$20.94 \times 15.94 \times 4.53 \approx 1512.0397$（$cm^3$）
4.54 cm	$20.92 \times 15.92 \times 4.54 \approx 1512.0307$（$cm^3$）

2. 方法二：一些特殊的拼接情况。

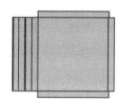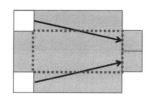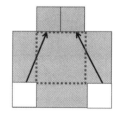

（1）$25 \times 25 \times 1.25 = 781.25$ cm^3

（2）$23.75 \times 12.5 \times 6.25 \approx 1855.5$ cm^3

（3）$15 \times 17.5 \times 7.5 = 1968.75$ cm^3

研究发现用第三种方法做成的无盖长方体容积是最大的。

三、拓展延伸

问题：一块正方形铁皮怎样剪，容积才会最大呢？

研究：在边长为 18 cm 的正方形铁皮的四个顶点处，各剪掉一个同样的正方形，再折成一个无盖的长方体。

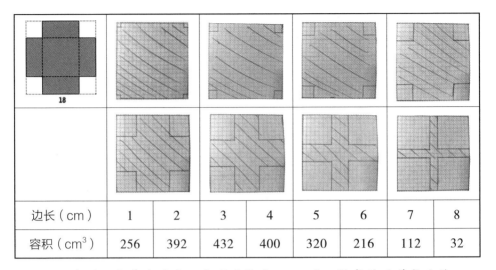

边长（cm）	1	2	3	4	5	6	7	8
容积（cm³）	256	392	432	400	320	216	112	32

发现：当剪去的小正方形边长为 3 cm 时，做成的无盖长方体的容积最大。

问题：如果剪去的小正方形边长是小数（如 2.9 cm、3.1 cm）呢？研究结果如下表。

边长（cm）	2.9	3	3.1
容积（cm³）	431.636	432	431.644

我用这种方法继续研究了边长为 12 cm、24 cm、30 cm、36 cm 的正方形铁皮，发现剪掉边长分别为 2 cm、4 cm、5 cm、6 cm 的小正方形，做成无盖长方体的容积最大。

【教学思考】

学生在元旦假期，在导学单的帮助下完成预定的小课题学习任务，收获颇丰。

一、做的方法，自己想

将一块长方形或正方形铁皮做成一个无盖长方体，制作方法很多。可以从四个角各剪掉一个同样的正方形，再做成一个无盖的长方体；可以从宽或长的两个角各剪掉一个同样的正方形，焊接到对边再做成一个无盖的长方体。这些方法并非老师直接给予，让学生在教材习题的启发下，在导学单的帮助下，自己去想。学生边做边想，边想边做，在动手操作中打开研究思路，体验解题策略的多样性，获得成功的喜悦。

二、研究步骤，自己排

将一块长方形或正方形铁皮做成一个无盖的长方体，直到发现容积大小的规律，是很不容易的。学生需要经过几个不同的步骤进行研究，并不是一步到位的。先研究剪掉的小正方形的边长是整数，发现剪掉边长为 5 cm 的小正方形做成无盖长方体的容积最大；接着研究剪掉的小正方形的边长为接近 5 cm 的小数，发现剪掉边长为 4.9 cm 的小正方形做成无盖长方体的容积更大；再接着继续研究，发现剪掉边长为 4.5 cm 的小正方形做成无盖长方体的容积最大；最后研究剪掉的小正方形的边长是两位小数。学生发现规律后，再接着研究其他方法。整个研究过程需要学生自主安排，并由浅入深、由易到难，循序渐进地推进与实施。

三、研究报告，自己写

研究方案有了，研究过程中也获得了一些数据。学生须及时进行整理分析，提出下一步的研究计划。完成整个研究过程之后，特别重要的工作就是对数据进行整理与分析，从中发现蕴藏着的规律性知识。最后，将自己的研究过程、研究结果等进行梳理，并总结成文。

案例 22：在真实的问题情境中真实学习
——"如何测量高度"研究过程与思考

【适合年级】

六年级

【课题说明】

人教版数学教材将"比和比例"的学习分成两个阶段，六年级上学期学习比的知识，六年级下学期学习比例的知识。"比和比例"知识与生活之间的联系非常密切，在生活中应用非常广泛。通过学习，学生能够运用"比和比例"知识解决一些简单的实际问题。这些问题虽然来源于实际生活，但都是写在纸上的。从理论上讲，学生能运用知识解决这些问题，教学目标即可达成。从实际学习效果来讲，学生并非亲身体验，并未在真实的问题情境中真实地解决问题。为此，我设计了"如何测量高度"导学单，引导学生进行小课题学习。

该项小课题分为两课时教学，时间共计一周。第一课时分"激趣引入，展开课题""提出问题，设计路径"两个环节，主要带领学生讨论可用的测量高度的方法，并引导学生确定研究对象，制定研究策略。接着学生进行课后的小组合作探究。第二课时主要是组织学生进行中期研究汇报，帮助学生解决研究过程中遇到的困难，重点突破用"比"的方法来测量物体的高度。最后学生在课后将研究成果撰写成报告，教师组织学生进行展示。

【研究目标】

1. 能够运用"比和比例"知识，比较准确地测量高楼大厦等较高物体的高度。

2. 在查阅资料、实地测量、整理数据、分析比较等探究活动中，发展学生空间观念与量感，培养推理能力。

3. 应用所学知识解决简单的生活实际问题，发展学生的应用意识与创新意识。

【研究重点】

运用所学知识比较准确地测量较高物体的高度。

【研究难点】

能对测量方法进行合理解释。

—— 研究过程 ——

（一）激趣引入，展开课题

创设生活情境，激发学生探究较高物体高度的兴趣。引导如下：

在生活中，每当我们经过一栋高楼大厦、一棵大树、一根旗杆、一座高塔或者是一座大山时（PPT出示图片），你是不是很好奇这些高大的物体到底有多高呢？这些物体的高度我们能够测量吗？有什么好的办法来进行测量呢？

生：对于大楼我可以通过测一层楼的高度，再数一数一共有几层楼，就能算出整幢楼的高度。

师：你的方法真不错，那如果碰到的是旗杆或者大山这样的，没有一层一层的，该怎么办呢？

生：可以利用我们学过的"比和比例"的知识，来测影子的长度帮助解决。

……

（二）提出问题，设计路径

1. 提出问题。

根据学生的讨论，确定并分解研究问题如下：

（1）有哪些方法可以帮助我们测量高度？

（2）如何利用"比和比例"的知识准确地测量较高物体的高度？

2. 设计研究思路。

引导学生围绕研究问题，设计研究思路。通过组内讨论，初步设计用比例测量高度的方法。接着教师组织学生进行小组汇报，此处可以先将学生能想到的方法进行梳理。如：

（1）用比的方式去测量物体影子的高度。

（2）用楼梯台阶数去计算楼房高度。

（3）用激光测距仪进行测量。

……

接着，引导学生课后去寻找其他方法。同时，要求组内确定一个要实际测量的较高物体作为研究对象，并制订研究计划。

（三）小组合作，尝试探究

学生根据课上制定的研究方案，各自利用课外时间收集学习各种测量方法。研究过程中，对于学习水平高的小组可以鼓励其自行完成小课题研究，其间教师根据情况进行适当的点拨和提醒，同时引导学生发散思维继续拓展研究。对于学习水平相对较低的小组，教师为其提供相关的助学单帮助小组推进研究。

助学单

小组成员：_____

［研究问题一］

有哪些方法可以帮助我们测量物体的高度？

［研究方法］

上网查找资料、借书阅读、询问他人

［研究记录］

方法一：用比例的知识测量高度

方法二：

方法三：

［研究问题二］

我选择用＿＿＿＿＿方法，测量＿＿＿＿＿的高度。

［材料准备］

＿＿＿＿＿＿＿＿＿＿＿＿＿＿＿＿＿＿＿＿＿＿＿＿＿＿＿＿＿＿＿＿＿＿＿＿

［研究方法］

＿＿＿＿＿＿＿＿＿＿＿＿＿＿＿＿＿＿＿＿＿＿＿＿＿＿＿＿＿＿＿＿＿＿＿＿

［具体过程］

＿＿＿＿＿＿＿＿＿＿＿＿＿＿＿＿＿＿＿＿＿＿＿＿＿＿＿＿＿＿＿＿＿＿＿＿

［研究结果］

＿＿＿＿＿＿＿＿＿＿＿＿＿＿＿＿＿＿＿＿＿＿＿＿＿＿＿＿＿＿＿＿＿＿＿＿

（四）中期汇报，组间互学

各小组将初步研究的情况进行汇报。引导学生在汇报进展的同时，提出遇到的各类困难。教师重点帮助学生用"比和比例"的知识来测量高度。同时让各个组听取其他组好的做法，改进自己的研究方案。

（五）撰写报告，汇报成果

将学生研究报告打印，张贴在班级展示处，引导学生阅读分析与评价。现选择其中的两篇，作为研究范本。

<h3 style="text-align:center">"如何测量高度"研究报告</h3>

六（3）班　小连

一、研究背景

在生活中，有很多高度或者宽度都不容易直接测量的物体，比如高楼大厦、大树、旗杆、塔、大山的高度和河面的宽度等，直接测量相对比较麻烦。如果我们应用数学知识，采用间接测量，会相对容易得多，大家操作起来也方便。下面我想与大家分享，在只有铅笔和卷尺的条件下如何测量我家所住这幢楼的高度的。

二、测量方法

在百度上，我搜索到了好几种测量建筑物高度的方法。主要有以下几种：

1. 直接测量法。从楼顶放绳子，直接测量绳子的长度。对于可以爬到顶层的建筑物，在有足够长的绳子的情况下，这也是一种很好的测量方法，测量的尺子不需要很长，只需量出绳子长即可。但这种方法对于不能到达顶层或者顶点的物体是不适用的。

2. 从楼顶扔一石块，测定落地时间。在小区里，这种方法我可不敢尝试。而且测量的时间会存在比较大的误差，这一方法直接被我舍弃了。

3. 用测绘设备，测定设备对楼顶的视角，记录设备高度与高楼间的距离。测绘设备我没有，但这原理我可以利用。

4. 用气压计测量地面与楼顶的大气压力，然后用这个大气压力差就可以计算出大楼的高度。我没有气压计，果断放弃。

百度上还有很多方法，我想：能不能只借助尺子和简单的物件就可以计算出我所住的这幢楼的高度呢？

三、研究过程

1. 方法一：测量楼梯台阶数去计算楼房高度。我所住的这幢楼共15层，第一层是架空层，36级台阶，每级台阶15厘米。第2层至第15层每层18级台阶，每级台阶15厘米。第16层是露台和电梯井，电梯井有5米高，通过计算可以得到这栋楼的高度大约为：36×15+18×15×14+500=4820（厘米）=48.20（米）。（如图5.22.1）

图5.22.1

2. 方法二：在同一时刻、同一地点，在阳光的照射下，物体的高度与影子的长度的比值是一个定值。根据这一原理，我准备了一支铅笔，先量出这支铅笔的长为19厘米。接着量出这栋楼的影子长为69米，再马上量出这支铅笔的影子长为27厘米。通过物高与影子长的比值是一个定值，得到 $\dfrac{楼高}{楼的影子长} = \dfrac{铅笔长}{铅笔影子长}$，计算得

楼高为：$0.19 \times 69 \div 0.27 = 48.56$（米）。（如图 5.22.2）

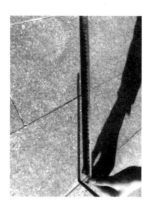

图 5.22.2

3. 方法三：利用两个三角形相似的原理。具体操作：在离 N 点 10 米处放一个平面镜，沿 NA 后退到点 C，正好从镜子中看到楼顶 M 点，测得 $AC=0.32$ 米，我的眼睛离地面的高度为 1.5 米，根据光的反射原理"入射角等于反射角"可知，过点 A 作法线 AD，$\angle BAD = \angle MAD$。所以 $\angle BAC = \angle MAN$，又因为 $\angle BCA = \angle MNA = 90°$，所以 $\triangle BCA \backsim \triangle MNA$，所以 $\dfrac{MN}{BC} = \dfrac{AN}{AC}$，代入得，楼高 $MN = 10 \times 1.5 \div 0.32 = 46.875$（米）。（如图 5.22.3）

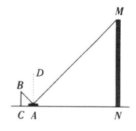

图 5.22.3

四、总结与启示

虽然用以上三种方法测得楼高的值各不相同，但它们的值已经非常接近，说明我这三种测量楼高的方法都可行。接下来我想去温州大学城商务中心测一下茶山镇的最高楼，据说有 120 米高，很想去验证一下。

用三角测量方法计算山峰高度

六（4）班　小钱

摘要：元旦的登山活动，引发了我对计算山峰高度的思考，让我明白测量山的海拔高度是一项科学的工程。通过查阅文献及对各种方法的筛选，根据现有的实际测量条件，此文采用了简化的三角测量方法，利用相似三角形的三条边之间的比求出山峰高度。最后在实际运用中，通过大罗山山峰高度计算，与百度地图大罗山盘台角山海拔高度对比，发现误差为 23.5 米，证明这个方法的确可行，但还可以改进。

关键词：相似三角形、山峰高度、三角形边比

元旦早上，风和日丽，爸爸提议全家人一起去爬大罗山，去除一下连续多日下雨天的"霉味儿"，也让我在紧张的学习压力下，适当放松一下心情。当我们到达山顶时，爸爸问我："你能计算出你爬了多高吗？"我一时愣住了，无法回答爸爸提出的问题。于是等我们回到家以后，我迫不及待地上网查询计算山峰高度的方法。这时我才明白，测量山的海拔高度还是一个庞大的工程，要建立起一个大地测量网方能完成。此外，我们可以构造简单的三角形来粗略计算出山峰的高度。

山峰高度计算的研究，中外古代学者都做了大量的相关工作。比如，刘徽（约 225—295）在《海岛算经》共有九问，其中就有关于测高的问题。古希腊的学者泰勒斯在很久以前也用过类似的方法，测量出某座金字塔的高度为 134 米。欧洲中世纪晚期的十字仪作为当时最重要的测量工具，测量的原理与用相似三角形测量山高的原理相同。随着科学技术的发展，现代科学的出现使山峰高度的计算也更为精确和科学。

一、查阅相关研究

测量山峰高度，首先必须确定参照点，这是前提条件。然后，再确定所测量的山峰是相对高度还是绝对高度。绝对高度，俗称海拔高度，以海平面为参照点；相对高度，一般以地面、山脚等其他地方为参照点。世界各国普遍把海平面作为测量高度的标准参照点，又称为零点。以零点为参照点的山峰高度，就是海拔高度，也是绝对高度。我国的零点是青岛黄海的平均海平面。通过海拔计算山峰的高度有以下几种测量方法。

气压测量法。这是测量峰高最简单的方法，只需一个气压计，再懂得一点数学知识，任何人都可以计算出山峰的高度。海平面大气压约是 100 千帕（101.3 千帕四舍五入之后），它随海拔升高而降低。海拔 3000 米以下，每升高 100 米，气压下降约 1 千帕；海拔 3000～5000 米，每升高 100 米，下降约 0.8 千帕；等等。只要测出山峰的气压，就可以计算出山峰的近似海拔高度。

水沸点测量法。水的沸点与大气压有关，可以据此间接计算山峰高度。因为海拔升高，气压下降，水的沸点随之下降。一个标准大气压下，水的沸点是 100℃。当水的沸点下降 1℃，气压下降约 3 千帕，海拔升高约 300 米。

温度测量法。在无热源、无遮护的情况下，空气温度随海拔增高而降低。一般情况下，海拔每升高 100 米，最高气温下降 0.5℃，平均气温也下降 0.5℃（海拔 4000 米以下）。

三角测量法。三角测量法被广泛使用，它是利用三角形的数学知识，以山高为一条直角边，在地面上做出一组相似三角形，然后根据已知条件，计算山高。

水准测量法。水准测量是利用提供水平视线的仪器（如水准仪），测定地面不同点之间的高差，并以此推算高度的一种方法。

水准测量法一般耗时较长，但它能够把误差控制在每千米 0.5 毫米以内，这也是目前世界上最精确的测量方法之一。

GPS 测量法。GPS 就是全球定位系统，利用这个系统测定山峰高度，就是 GPS 测量法。要在山峰最高点安放 GPS 仪器，用以连接天上数颗 GPS 卫星，并传送信号，确定它准确的空间位置。得出 GPS 仪器的空间位置和距离后，再结合其他地形测量数据，就可以计算出山峰高度，即最为准确的海拔高度。目前 GPS 测量法精度已达到厘米量级，且应用越来越广。

通过对众多测量方法的了解，我知道，除了三角测量法，其他方法都比较复杂，而且也需要专业的工具支持。所以我决定采用三角测量法来计算大罗山山峰的相对高度。三角测量法是利用相似三角形来计算高度，该知识内容已经超出了小学的数学范围，但掌握起来并不困难。通过查阅网上资料，以及爸爸的讲解，我便了解了利用相似三角形计算山峰高度的原理。

二、确定三角测量法

在三角测量法的使用中，主要涉及相似三角形的相关知识，本小节先对应用到的知识做一个简单的介绍，然后再详细描述山峰高度的求解原理。

1. 相似三角形。

两个三角形，它们的三个角分别相等，它们的三条边成比例，我们称这两个三角形为相似三角形。用符号"∽"表示，读作"相似于"，相似三角形对应边的比叫作相似比（或相似系数）。如图 5.22.4 展示的 6 个图形，都是相似三角形的示例。

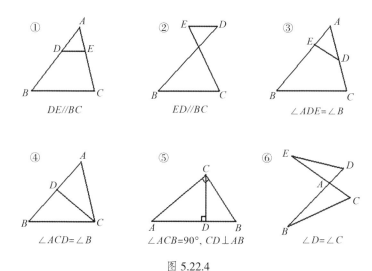

图 5.22.4

图 5.22.4 ① 中，$\triangle ADE \backsim \triangle ABC$，根据相似三角形对应边成比例的性质，两个三角形的对应边比相等：$\dfrac{AD}{AB} = \dfrac{DE}{BC} = \dfrac{AE}{AC}$。

2. 山峰高度三角测量法计算原理。

图 5.22.5 中阴影部分为我们要计算的山峰，其中 A 点为该山峰的顶点，AB 为峰点到地面 B 的垂直距离，即山峰的高度。为了计算山峰高度 AB，我们先拿两根笔直的棍子，把两根棍子垂直插在地面上，使得两根棍子的 D、F 点与 B 点位于同一水平线上，并且 CD 和 EF 两根棍子平行于 AB。我们再在地面 BDF 直线上找到 G 点让 ACG 为直线，找到 H 点让 AEH 为直线，接着便构成两组相似三角形。如图 5.22.5 所示，$\triangle CGD \backsim \triangle AGB$，$\triangle EHF \backsim \triangle AHB$。

图 5.22.5

利用三角形边的比，计算 AB 距离的过程如下：

$\triangle CGD \backsim \triangle AGB$ 得到：$\dfrac{GD}{GB} = \dfrac{CD}{AB}$，$\triangle EHF \backsim \triangle AHB$ 得到：

$\dfrac{HF}{HB} = \dfrac{EF}{AB}$。

$$\begin{cases} \dfrac{GD}{GB} = \dfrac{CD}{AB} \Rightarrow GD \times AB = CD \times GB \\ \dfrac{HF}{HB} = \dfrac{EF}{AB} \Rightarrow HF \times AB = EF \times HB \end{cases}$$

这两条公式里，我们可以用卷尺量得 GD 距离，HF 距离，FG 距离，CD 和 EF 两根棍子的长度也已知，所以我们可以用两个公式计算得到：

$$\begin{cases} GD \times AB = CD \times GB \Rightarrow GD \times AB = CD \times (GD + DB) = CD \times GD + CD \times DB \cdots\cdots ① \\ HF \times AB = EF \times HB \Rightarrow HF \times AB = EF \times (HD + DB) = EF \times HD + EF \times DB \cdots\cdots ② \end{cases}$$

以上两个公式中，AB 是我们要求的山峰高度，DB 距离没有办法测量，两个公式有两个未知数，所以我们把 DB 这个未知数给去掉，公式① $\times EF$，公式② $\times CD$，两个公式相减得到：

$$EF \times GD \times AB - CD \times HF \times AB = EF \times CD \times GD - CD \times EF \times HD$$

所以最终我们得到山峰高度为：$AB = \dfrac{EF \times CD \times (GD - HD)}{EF \times GD - CD \times HF}$

3. 简化三角测量方法

在第 2 点的基础上，我把三角测量方法进行了简化，让 CD 和 EF 的长度相同，并且都变成 1（单位米或厘米等），然后 EF 棍子立在 G 点位置上，这样 F、G 两个顶点变成 1 个顶点，如图 5.22.6 所示。

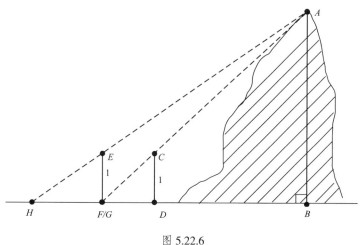

图 5.22.6

这样山峰高度的公式得到了简化，变成如下：

$$\begin{cases} \dfrac{FD}{FB} = \dfrac{CD}{AB} \Rightarrow FD \times AB = CD \times FB \Rightarrow GD \times AB = FB \\ \dfrac{HF}{HB} = \dfrac{EF}{AB} \Rightarrow HF \times AB = EF \times HB \Rightarrow HF \times AB = HB \end{cases}$$

$$AB = \frac{HB - FB}{HF - GD} = \frac{HF}{HF - GD}$$

我们看出取棍子长度为 1 单位后，山峰高度 AB 跟棍子的长度没有关系，只跟棍子顶端与山顶成一条直线在地面相交点的距离有关，即 HF 和 GD。这个方法对传统的三角测量法进行了简化，求解山峰高度更加简单啦！

三、实验内容——大罗山高度计算

接下来把这个原理套用到实际测量中来，我需要 2 根一样长的棍子用以测量。为了计算过程更加简单，我拿的 2 根棍子长度都是 1 米。2 根棍子垂直地插在地面上（CD 和 EF），组成三角形的形状，如图 5.22.7 所示。

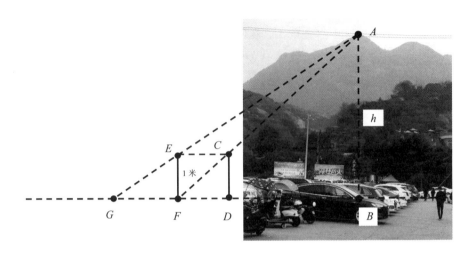

图 5.22.7

通过图 5.22.7，我们可以知道 $\triangle CFD \backsim \triangle AFB$，$\triangle EGF \backsim \triangle AGB$，然后用卷尺量出 FD 距离为 12.35 米，GF 距离 12.37 米。

$\triangle CFD \backsim \triangle AFB$ 得到：$\dfrac{FD}{FB}=\dfrac{CD}{AB}$，所以 $FD \times AB = FB \times CD$

$\triangle EGF \backsim \triangle AGB$ 得到：$\dfrac{GF}{GB}=\dfrac{EF}{AB}$，所以 $GF \times AB = GB \times EF$

所以 $AB=\dfrac{GF}{GF-FD}=\dfrac{GF}{GF-FD}=\dfrac{12.37}{12.37-12.35}=618.5$（米）

最终我们计算得到大罗山山峰（盘台角山）高度为 618.5 米。

结果分析：通过查询百度地图的海拔数据，温州市区的海拔高度为 7 米，因此大罗山山脚的海拔大约在 7 米，而大罗山盘台角山的海拔高度为 649 米。最终，大罗山盘台角山的相对高度准确的值为 642 米，而我们所用的直角三角测量方法计算所得的高度为 618.5 米，误差为 23.5 米。由以上可知，这个方法也不错，但精确度还可改进，需要用到更精确的测量尺寸。

四、研究结论

通过这次研究，我知道计算山峰高度可以有很多种科学方法，而其中的三角测量法对我来说相对更为实用，而且我对这个方法进行了进一步的简化。当然这种测量方法还可以对建筑高度、事物高度进行测量，在生活中用处广泛，值得一提。

【教学思考】

此次测量活动对于学生来讲，并非常规意义上利用直尺测量。不一样的测量，学生有不一样的体验。

一、在实践中学习

"如何测量高度"不在常规课堂上学习，不需创设模拟真实的情境，而是让学生在真实情境中，围绕着真实问题进行探究，让学习真实发生。从多位学生的研究报告中，我选择了两位学生的研究报告作为范例。其中一位学生采用实地测量楼梯台阶高度等方法，推算出自己居住大楼的高度；另一位学生采用简化三角测量方法，通过实地测量，算出学校旁边大罗山的高度。

二、在跨界中学习

学生在查阅资料中，发现测量大山高度的方法有很多，如气压测量法、水沸点测量法、GPS测量法、温度测量法等。这些方法不仅仅局限于小学数学知识，还涉及初中的数学知识，以及科学知识等。在研究过程中，查阅古人与数学家研究该问题的数学史料，学生丰富了知识，打开了视野，拓宽了研究思路。学生感受数学来源于生活，数学与其他学科之间密切联系，激发了研究的兴趣。

三、在比较中学习

测量山高有多种方法，涉及的学段与学科有所不同，学生在比较中对测量方法的理解将更加深刻。在整个学习探究活动过程中，至少要进行三次比较。第一次比较，在查阅资料时，对网上或书籍中的不同测量方法进行比较，找到适合自己的方法；第二次比较，在实地测量研究过程中，对出现的多种方法进行比较，找到最佳的测量方法；第三次比较，对实地测量的结果与实际高度进行比较，验证测量方法的可行性与测量结果的准确性。

───── 阅读学习类案例 ─────

案例 23：以操作探究　促阅读理解
——"瓷砖的形状"阅读指导与思考

【适用年级】

五年级

【课前思考】

"瓷砖的形状"研究的对象是生活中常见的瓷砖，针对这一内容人教版教材安排有《图形的密铺》一课来研究。研究图形的密铺，一般情况下教师都让学生先动手操作，然后引导学生发现有的图形能够密铺，有的不能；接着在两种不同情况的比较中，学生则需要用到多边形内角和等知识帮助寻找原因，从而理解并掌握图形的密铺规律，整个学习探究过程充满着数学味与探究味。

但是，为什么要研究"图形的密铺"，学生不是很清楚。学生只是在教师的安排下进行学习，没有强烈的学习兴趣与欲望。究其原因，主要是我们没能将"图形的密铺"知识与生活中的现象结合起来，脱离了实际研究问题，从而使学生研究动力不足。因此，我先用《有趣的数学旅行3——几何的世界》一书中"为什么没有正五边形瓷砖"进行阅读探究。

【教学目标】

1. 能够读懂"为什么没有正五边形瓷砖"材料；能够正确地计算正多边形的一个内角的度数；能够掌握密铺图形的特征。

2. 在文本阅读、动手操作等探究活动中，体验解决问题策略的多样性，发展空间观念。

3. 体验"图形的密铺"等数学知识与日常生活之间的密切联系，发展数学的应用意识。

在文本阅读、动手操作等探究活动中，掌握密铺图形的特征。

—— 学导过程 ——

一、阅读材料

1.揭示课题：同学们，这节课我们一起来研究"瓷砖的形状"，请问：你们家里的地面或者墙上的瓷砖是什么形状？（生：正方形、长方形、六边形、三角形）

2.提出问题：为什么没有正五边形的瓷砖呢？

3.阅读文本：边读边思考，并将自己读不懂的地方画上记号。

为什么没有正五边形的瓷砖

日常生活中，你也许观察过人行路的地面、高层建筑的墙面、盥洗室地面的瓷砖。这些瓷砖形状各异，有些是正方形的，有些是长方形的，有些是正三角形或者正六边形的。

但是，我们基本上看不到正五边形或者正七边形的瓷砖。这是因为，单一的正五边形或者单一的正七边形瓷砖无法完整地覆盖住墙面或者地面。

下面让我们从数学角度来研究一下。

从图 5.23.1 中我们可以看出，正 n 边形的一个内角度数为 $180° \times \dfrac{(n-2)}{n}(n \geq 3)$。如果正 n 边形可以覆盖住一个地面或者一个墙面，就要求正 n 边形的一个顶点应该刚好围绕着 x 个正 n 边形（如图 5.23.2）。此时，x 必须是大于或等于 3 的整数，并且 x 个内角和刚好为 $360°$。

即：$x \times$ 正 n 边形的一个内角度数 $= x \times 180° \times \dfrac{(n-2)}{n} = 360°$

$x = \dfrac{2n}{n-2}$

因为 $x \geq 3$

所以 $2n \geq 3(n-2)$

$n \leq 6$

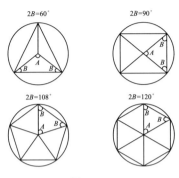

图 5.23.1

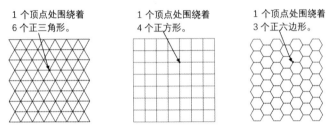

正三、四、六边形都分别可以覆盖一个平面。

图 5.23.2

所以，这个正多边形的边数必须小于等于 6。又因为 x 是整数，当 n 为

5 时，$x = \dfrac{2 \times 5}{5 - 2} = \dfrac{10}{3}$，所以 x 只能是 3、4、6。也就是说，只有正三角形、

正方形和正六边形平铺后可以完整覆盖一个平面。

二、提出问题

看完这则资料，你有什么问题？

生：什么是正五边形？

生：正 n 边形一个内角度数是多少？

生：为什么只有正三角形、正方形与正六边形瓷砖？

生：正五边形就是五条边都相等的五边形。

师：第一个问题已经解决，剩下两个问题我们一起来研究。

三、共同探究

1.用正三角形、正方形、正五边形、正六边形磁力板当作瓷砖，以桌面

当地面或者墙面平铺一下，然后看一看，你有什么发现？

生1：正三角形、正四边形、正六边形是可以铺满的。（如图 5.23.3 的 ①②③）

生2：正五边形是不可以铺满的，有许多"缺口"。（如图 5.23.3 的 ④）

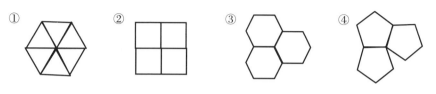

图 5.23.3

师："缺口"这个词用得好。

2.讨论：为什么有的可以铺满，有的却有缺口呢？

（1）学生讨论。

（2）学生汇报。

生1：正六边形的一个角为 120°，三个角拼在一起等于 360°，正好是一个周角；正方形的一个角是 90°，四个角拼成一个周角；正三角形的一个角是 60°，六个角拼成一个周角。（请学生继续在黑板上铺，发现确实如此）

师：正六边形的一个角是 120°，你是怎么知道的？

生2：正六边形可以分成四个三角形，每个三角形的内角和 180°，正六边形的内角和是 720°，因此，一个角是 120°。

生3：我是根据阅读材料里的公式计算的，正 n 边形的一个内角度数为 $180° \times \dfrac{(n-2)}{n}(n \geq 3)$，如果 n 等于 6，计算得到每个角的度数也是 120°。

生4：我们还可以看图计算，将正六边形等分成六个正三角形，$\angle B$ 等于 60°，因此，$2\angle B = 120°$。（如图 5.23.4）

图 5.23.4

师：用五边形去铺，为什么会有缺口呢？

生1：正五边形每个角都只有 180°×(5-2)÷5=108°，三个拼在一起只有 324°，四个拼在一起又超过了 360°，铺了以后不是有缺口，就是重叠在一起。

3. 其他正多边形可以密铺吗？比如正七边形、正八边形。

（1）学生继续探究。

（2）研究汇报。

生1：七边形的一个内角度数：180°×(7-2)÷7≈128.6°。我们不管用几个七边形去拼，都不能得到一个周角。

生2：八边形的一个内角度数：180°×(8-2)÷8=135°。我们不管用几个八边形去拼，都不能得到一个周角。

（3）思考：哪些正多边形可以密铺？

生：正多边形的一个角的度数必须是 360 的因数，360 的因数有 1、3、4、5、6、8、9、10、12、15、18、20、24、30、36、40、45、60、72、90、120、180、360，因此，只有正三角形、正方形、正六边形这三种图形可以密铺。

4. 再读文本，谈谈你的感受。

四、拓展延学

1. 选择一般的三角形、四边形研究密铺问题。

师：除了正三角形、正方形、正六边形这三种图形可以密铺，一般三角形、四边形有没有可能也能密铺？结果会如何？（如图 5.23.5）

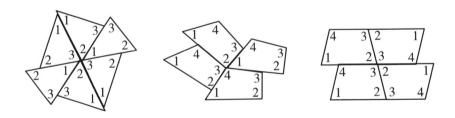

图 5.23.5

生：三角形内角和 180°，四边形内角和 360°，所以肯定能拼出一个

360°，但拼完一组后，有好多缺口啊，再接着拼有点困难。

生：应该是可以的，只要能拼出 360° 就应该是可以的。

师：你看，我用等腰梯形做了一个密铺，完全可以（如图 5.23.6），那么其他的一般三角形和一般四边形是否可以密铺，同学们回家再接着研究。

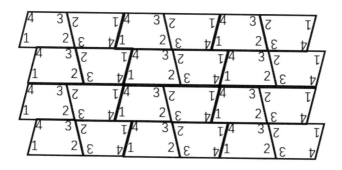

图 5.23.6

【教学思考】

学生的数学学习内容应当是现实的、有意义的和富有挑战性的。将图形的密铺与生活实际联系起来，让学生的数学学习有了现实感，让课堂多了一份生机。

一、在阅读中初步了解

常见的瓷砖形状以正方形、长方形居多，但也有正三角形与正六边形。原以为瓷砖的形状与数学关系不大，它取决于厂家的生产需要或意愿，厂家想将它做成什么形状，就将它做成什么形状。当真正进行探究时，我们才发现原来没有正五边形的瓷砖，从而激发了学生探究的欲望。为了培养学生自主学习的能力，适当地降低探究的难度，增加学生参与面，我采用了数学阅读学习模式。让学生在阅读中了解，并提出自己不懂的问题。为接下来的"共同探究"指明了方向，为教学找到了"关键处"。

二、在探究中帮助理解

数学阅读材料不同于其他学科，它蕴含着一些抽象的数学知识与思想方法。虽然配置了一些直观图，还是难以理解。对于这些疑难点，我们不能只靠教师的讲授促进问题的解决，而要让学生在提出问题的同时，激起学生研究的欲望，让学生带着这些问题展开有目的的思考。这节课中，学生提出了一些困惑，我并没有直接帮助他们解决问题，而是将各种形状的磁力板发给学生进行拼摆，让他们通过努力自己尝试解决。经过一番操作后，学生发现有些图形能够密铺，而有些则不能密铺，这些跟它们的每个角的度数有关。提出问题能有效激发学生探究的欲望，带着问题能让学生边操作边思考，有利于学生更快、更有效地找到答案，并获得相应的学习方法。

三、在再读中深入反刍

反刍是指某些动物进食经过一段时间以后将半消化的食物从胃里返回嘴里再次咀嚼。那么，数学阅读也是如此。第一次阅读只能初步了解文本；接着通过操作研究解决其中的疑难问题，加深对文本的理解；最后再次阅读文本，反复琢磨，拓展研究，完成阅读学习任务。通过研究，学生对文本有了新的、深层次的理解，带着这种理解再去阅读文本，会有一种遇"知音"的感觉，读懂文章的内涵，同时还能在文本中得到新的启示、新的思考。如本文的再次阅读，学生就从正多边形拓展到了一般三角形、四边形的密铺研究，有效打开了学生思考的空间。

案例 24：阅内容　读道理
——"圆柱容球"阅读指导与思考

【适合年级】

六年级

【课前思考】

"圆柱容球"来源于人教版小学数学六年级下册"圆柱的体积"之后的"你知道吗?"。教材将圆柱和球这两种立体图形放在一起，让学生用联系的眼光看问题，拓展学生知识面的同时，激发了学生探究立体图形的兴趣和欲望。小学数学并没有涉及球体相关内容的学习，但是学生学习圆柱和圆锥时，经常会问："老师，球的体积怎样计算?"那么，如何让学生对复杂的球体展开研究呢? 我安排了以下几个步骤去实施：首先，学生阅读文本，知道"圆柱容球"的相关知识，并提出问题。其次，小组合作交流，利用学具进行动手操作，从而得到球体的体积公式，圆锥、球体、圆柱的体积关系，球体的表面积公式。最后，引出球体的体积证明公式以及阿基米德的墓碑这一数学文化知识。

【教具准备】

圆柱容球学具、水、卷尺、标准足球、计算器

【教学目标】

1. 阅读文本，利用"圆柱容球"模型来说明球体的体积公式，并知道球体的表面积公式。

2. 经历问题的提出、探究、解决等过程，以及动手操作等形式，培养学生转化意识，发展空间观念。

3. 了解相关的数学文化，感受数学源于生活又用于生活，体验数学成功的喜悦。

—— 学导过程 ——

一、阅读文本

1.对话引入。

师：这节课我们一起学习"圆柱容球"，看到课题，你想说些什么？

生1：圆柱容球中，圆柱和球体的体积有什么关系？

生2：圆柱里放一个球就是圆柱容球吗？

生3：圆柱容球中，圆柱的体积肯定大于球体，但表面积呢？

生4：球体的体积和表面积有没有公式？

2.阅读材料一：请同学们在读的过程中，边读边思考，记录自己读不懂的问题，也可记录上述能解决的问题。

◎你知道吗？◎

圆柱容球

古希腊著名的数学家阿基米德（Archimedes）是历史上最杰出的数学家之一。按照他生前的遗愿，人们在他的墓碑上刻了一个"圆柱容球"的几何图形。为什么阿基米德希望在自己的墓碑上刻圆柱容球的图形呢？这是因为在他众多的科学发现当中，以圆柱容球定理最为满意。

如图，圆柱容球就是把一个球放在一个圆柱形容器中，盖上容器上盖后，球恰好与圆柱的上、下底面及侧面紧密接触。

如图，当圆柱容球时，球的直径与圆柱的高和底面直径相等。假设圆柱的底面半径为 r，那么圆柱的体积 $V_柱 = \pi r^2 \times 2r = 2\pi r^3$。阿基米德发现并证明了球的体积公式是 $V_球 = \frac{4}{3}\pi r^3$，所以 $V_球 = \frac{2}{3} V_柱$，即当圆柱容球时，球的体积正好是圆柱体积的三分之二。

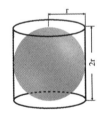

阿基米德还发现，当圆柱容球时，球的表面积也是圆柱表面积的三分之二。

你能求出球的表面积吗？

二、提出问题

师：圆柱容球中，圆柱和球到底是怎么放置的，它们之间有什么关系？

生1：圆柱的底面半径就是球的半径，圆柱的高就是球的直径。一个圆柱内，刚好放一个球体。

生 2：为什么球体的体积公式为 $V=\frac{4}{3}\pi r^3$？球体的表面积公式是什么？

三、共同探究

请同学们带着这些问题，先独立思考，再小组合作研究。

问题 1：球体的体积公式 $V=\frac{4}{3}\pi r^3$ 是怎么推导的？

生 1：根据已有的材料，我将半径为 5 cm 的球体放进底面半径为 5 cm、高 10 cm 的圆柱内部，然后将水倒入圆柱，直到与圆柱上底面持平，然后将球拿出，观察到水面在高度的三分之一处。（如图 5.24.1）通过计算，圆柱的体积为 $V_{圆柱}=\pi r^2 h=\pi r^2 \times 2r=2\pi r^3$，水的体积为 $2\pi r^3 \div 3=\frac{2}{3}\pi r^3$，则球体的体积 $V_{球体}=2\pi r^3-\frac{2}{3}\pi r^3=\frac{4}{3}\pi r^3$。

图 5.24.1

师：有疑问吗？

生 2：用灌水的方式，会不会还不太准，只能说是估计？

生 3：我们组灌水后发现，水的体积超过了三分之一，可能球还要下压。

师：在圆柱容球中灌水能说明球体的体积公式，能帮助我们发现圆柱和球体积之间的关系。

师：刚才我们在圆柱容球中发现了圆柱、球的体积关系，如果增加与圆柱等底等高的圆锥，那么，这三者的体积又有什么关系？同学们先讨论，再试着找一找它们的关系。

问题 2：等底等高的圆锥、球体、圆柱，体积有什么关系？

生 1：我们组用数据代入法先分别计算出相应的体积，再找关系。如果底面半径为 5 cm，高为 10 cm，那么圆锥的体积是 $\frac{1}{3}\times 3.14 \times 5^2 \times 10=\frac{785}{3}$ cm³，

球体的体积是 $\frac{4}{3} \times 3.14 \times 5^3 = \frac{1570}{3}$ cm^3，圆柱的体积是 $3.14 \times 5^2 \times 10 = 785$ cm^3，

则它们的比是 $\frac{785}{3} : \frac{1570}{3} : 785 = 1 : 2 : 3$。

生2：我们组直接用半径 r 和高度 $h=2r$ 进行推理。圆锥的体积是

$\frac{1}{3}\pi r^2 \times 2r = \frac{2}{3}\pi r^3$，球体的体积是 $\frac{4}{3}\pi r^3$，圆柱的体积是 $\pi r^2 \times 2r = 2\pi r^3$，则它

们的体积之比是 $\frac{2}{3}\pi r^3 : \frac{4}{3}\pi r^3 : 2\pi r^3 = 1 : 2 : 3$。

生3：我们知道等底等高的圆锥和圆柱的体积之比是 $1:3$，而这节课我

们知道圆柱容球中，水占 $\frac{1}{3}$，球体体积：圆柱体积 $=2:3$，圆柱体积不变，

所以，等半径等高的圆锥体积：球体积：圆柱体积 $=1:2:3$。

师：不同方法都能说明这三者关系为 $1:2:3$，同学们真有想法！

问题3：**球体的表面积公式是什么？**

生1：根据材料，球体的表面积是圆柱表面积的三分之二，那么根据圆

柱容球，半径为 r，则我们先算圆柱的表面积 $=2 \times$ 圆柱底面积 $+$ 圆柱侧面

积 $= 2\pi r^2 + 2\pi r \times 2r = 6\pi r^2$，则球体的表面积是：$\frac{2}{3} \times 6\pi r^2 = 4\pi r^2$。

师：虽然现在我们证明不了球体的表面积公式，但是我们可以利用足

球的表面积计算。请每个小组试着利用卷尺测量，计算出足球的表面积，与

公式对比看看，感受它们之间的表面积关系。

生1：我们先把足球表面分为正五边形和正六边形，发现分别有12块

和20块。然后将正五边形分割成三角形和梯形进行面积的计算，将正六边

形分割成两个相同的梯形进行计算，通过测量有以下数据。（如图 5.24.2）

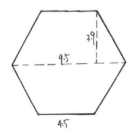
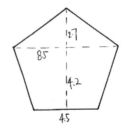

图 5.24.2

正五边形的面积为：

$[8.5 \times 2.7 \div 2+(4.5+8.5) \times 4.2 \div 2] \times 12=465.3$（cm^2）

正六边形的面积为：

$(4.5+9.5) \times 3.9 \div 2 \times 2 \times 20=1092$（cm^2）

足球的表面积为：

$465.3+1092=1557.3$（cm^2）

我们测量出足球的周长约为 70 cm，那么半径 $=70 \div \pi \div 2$，大约是 11.146 cm，通过球体的面积公式计算得到：

$4\pi r^2 = 4 \times 3.14 \times 11.146^2 \approx 1560$（cm^2）

师：其他组呢？

生 2：我们组差 50 cm^2 左右。

师：可能是什么原因呢？

生 3：可能是测量的误差。球体的表面是曲面，而我们用平面的方法进行计算，产生了误差。

师：看来，球体的表面积计算，我们大致可以判断公式的正确性，但存在着一定的误差。虽然有误差，但通过操作我们已经了解了球体表面积与圆柱表面积之间的关系，等以后进入高等数学的学习之后，你们就能完整地证明它了！

四、拓展延学

阅读以下材料（阿基米德的墓碑以及祖暅原理）：你读懂了什么？能证明球体的体积公式吗？

阿基米德的墓碑

历史上的科学家如繁星般众多，但是如阿基米德这般伟大的科学家却寥寥无几。他对圆周率、杠杆原理、抛物线的研究非常著名，并且还在物理学上留下了很多有价值的东西，他利用这些知识发明了当时最先进的科学技术。他在洗澡的时候发现浮力原理的故事广为人知。

但是他的离世却让人唏嘘不已。传说在阿基米德晚年，在叙拉古与它的盟国罗马共和国分裂后，罗马派了一支舰队来围城。当时阿基米德负责城防工作，他设计制造了一些灵巧的机械来摧毁敌人的舰队。他用投火器将燃烧的东西弹出去烧敌人的船舰，用一些起重机械把敌人的船只吊起掀翻，以致后来罗马人甚至不敢过分靠近城墙，只要看见城墙出现像绳子之类的玩意儿，就吓得赶快逃跑。然而三年以后，即在公元前212年，该城还是被攻陷了。据说罗马兵入城时，统帅马塞拉斯出于敬佩阿基米德的才能，曾下令不准伤害这位贤能。而阿基米德似乎并不知道城池已破，又重新沉迷于数学的深思之中。一个罗马士兵突然出现在他面前，命令他到马塞拉斯那里去，遭到阿基米德的严词拒绝，于是阿基米德不幸死在了这个士兵的刀剑之下。另一种说法是：罗马士兵闯入阿基米德的住宅，看见一位老人在地上埋头作几何图形（还有一种说法是他在沙滩上画图），士兵将图踩坏，阿基米德怒斥士兵："不要弄坏我的圆!"士兵拔出短剑，这位旷世绝伦的大科学家，竟如此地在愚昧无知的罗马士兵手下丧生了。马塞拉斯对于阿基米德的死深感悲痛。他将杀死阿基米德的士兵当作杀人犯予以处决，并为阿基米德修了一座陵墓，在墓碑上根据阿基米德生前的遗愿，刻上了"圆柱容球"这一几何图形。

这个图形中的有趣关系是这样的：

圆柱的底面半径为 r，高为 h，所以圆柱的体积为 $\pi r^2 h$，圆锥的体积是 $\frac{1}{3}\pi r^2 h$。

球形的体积是 $\frac{4}{3}\pi r^3$，因为与圆柱内切，$h=2r$。所以，

圆锥：球：圆柱 $= \frac{2}{3}\pi r^3 : \frac{4}{3}\pi r^3 : 2\pi r^3 = 1:2:3$

阿基米德发现这个规律，觉得1、2、3的比例关系非常有趣。

阿基米德也是古希腊迷信宇宙是数学调和的产物的哲学家之一。他们认为1、2、3……这个正整数数列是宇宙最重要的组成部分。

祖暅原理（公元6世纪）

祖暅（gèng）：幂势既同，则积不容异。

祖暅原理：夹在两个平行平面之间的两个几何体，被平行于这两个平面的任意平面所截，如果截面（阴影部分）的面积都相等，那么这两个几何体的体积一定相等。

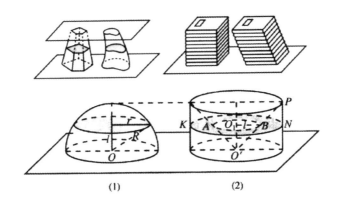

(1)　　　　　　　(2)

这个原理由卡瓦列利于1635年提出，被称为"卡瓦列利原理"。

【教学思考】

将教材上的"你知道吗？"改编成数学阅读课，让学生在阅读中寻找困惑，在师生共同探究中解惑，打开了学生的研究思路。

一、在阅读中收获

这节阅读课，通过给定的一份课内资料，两份课外资料，学生自行进行阅读，感受数学文化的魅力，体会数学的思考方法，达到获取数学知识的目的。从课内资料部分来看，学生可以解决比如圆柱容球中圆柱和球体的大小关系问题，能解决体积和表面积的公式是什么，但还不能解决如何得到球体的体积和表面积公式，只知道"表面"，不知道"内涵"。从课外资料部分来看，学生能够掌握数学背后的一些文化知识，感受到数学的魅力，学有余力的学生甚至可以理解正确的推导方法，达到分层教育的目的。因此，在数学阅读课中，要充分让学生自主阅读、提出问题、合作交流、解决问题、拓展延学、反思总结，以达到会学的目的。

二、在操作中提高

数学阅读课不仅仅在于阅读，更重要的是理解内容中的数学本质。这节课先让学生从阅读内容中提炼重要信息，通过独立思考，再进行小组合作。期间，一共安排了两处动手操作。其一，学生从圆柱容球倒水实验中清晰观察到，水的体积占圆柱体积的三分之一，可以得到球体占圆柱的三分之二，从而推导出球体的体积公式。其二，在测量并计算球体表面积时，小组内部要有明确分工，多边形的计数、多边形各部分的测量、球体的测量、表面积的计算、数据的分析等。学生在思考的同时，进行着大量的操作活动来促进对知识的理解，对数学知识进行深入的探究。

三、在总结中升华

数学阅读课，虽然是学生从中提炼问题，解决问题，但也离不开教师的指导。通过每一个问题的解决，教师和学生都对其进行小结回顾，判断方法的可行性，从而使学生真正理解数学知识。在球体体积公式的倒水实验中，师生会发出这个操作是否精确的疑问。在球体表面积的计算中，误差是怎么出现的？出现的可能有哪些？在课外阅读资料研学后，你能理解验证的方法吗？对这些问题进行讨论，使学生收获满意的答案；在更多的阅读资料下，学生收获到的知识更加饱满，不仅是学习数学知识，更是学习数学文化，理解数学思想方法。

案例25：在涂涂画画与微课学习中悟理
——"地图与颜色"微课助学与思考

【适用年级】

五、六年级

【课前思考】

给地图涂色，至少需要几种不同的颜色？答案很简单，只需要4种颜色。这么大的地图，这么多的国家、城市，为什么只要4种颜色？若教师采用讲解法，学生认真听讲是可以听懂的，但仅是听懂答案，学生没有体验，更无法内化，能力也不能得到提升。因此，这样的内容更有必要引导学生充分参与涂色问题的探究过程，让学生体验化难为易、化繁为简的转化数学思想方法，让学生充分经历猜想、验证、比较、分析等探究过程，初步发现四色问题或四色定理。再结合南开大学顾沛教授有关"四色问题"的讲座，介绍一百多年来，数学家探索研究四色问题的过程，让学生感受数学家的探究精神和求知热情，激发学习数学的兴趣。

【教学目标】

1. 了解地图涂色的基本原则，掌握给地图涂色的方法，并能正确地给一些简单的地图涂上最少种类的颜色。

2. 在动手操作、猜想验证、分析比较等探究活动中，渗透转化的数学思想方法，培养推理能力。

3. 体验数学与生活之间的联系；渗透数学文化，感受数学家的探究精神和求知热情。

—— 学导过程 ——

一、揭示课题，提出问题

1. 揭示课题。

课件呈现世界地图，揭示课题：地图与颜色。

2. 提出数学问题。

师：观察地图，你脑海中有哪些数学问题？

生1：这张世界地图上有多少个国家？

生2：哪些国家涂的颜色是相同的？

生3：为什么要涂上颜色呢？

生4：地图上的颜色至少需要多少种？

……

师：谁能回答这些问题？

生1：我看过一些资料，记得世界上有220多个国家和地区。

生2：涂色是为了区分不同国家的界线。

生3：涂色也是为了美观一些。

生4：相邻的两个国家颜色是不同的，如中国是红色的，周边的国家都没有红色的，蒙古是黄色的，朝鲜也是黄色的，哈萨克斯坦是绿色的，一看就一目了然。

师：为什么不是一个国家涂一种颜色呢？

生1：如果每个国家一种颜色，颜色就会太多了。

生2：颜色太多印刷费太贵了。

师：一张世界地图至少需要几种颜色呢？

生1：我觉得可能需要10种颜色。

生2：我认为只需要20种颜色。

生3：我觉得需要15种颜色。

生4：我觉得可能只需要8种颜色，因为我刚才认真观察了世界地图，发现涂的颜色种类也不多。

……

师：那么，我们怎么研究这个问题呢？能不能拿一张没有涂色的世界地图来研究？

生1：国家太多了，不好研究。

生2：也可以化难为易进行研究，先研究几个国家再找规律。

师：太棒了！遇到较难的数学问题就想到将其转化成简单的数学问题进行研究，这是一种数学的研究方法。

二、探索研究，发现规律

1. 研究 3 个国家、4 个国家的涂色问题。

（1）下图中不同的区域表示不同的国家。（如图 5.25.1、5.25.2）

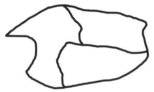 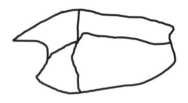

图 5.25.1   图 5.25.2

每相邻两个国家涂不同的颜色，至少需要涂几种颜色？

请先独立涂一涂，再和同桌交流。

反馈：呈现学生作品。

师：看看同学们的作品，你有什么想说的？

生：三块区域需要 3 种颜色，4 块区域有人用 3 种，有人用 4 种。

生：大家涂的颜色都不一样，太难分辨了，还不如用字母表示简单。

（2）学生再操作，不同区域用不同的字母表示。

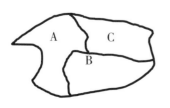 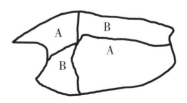

图 5.25.3   图 5.25.4

生：3块区域就用3种颜色，4块区域不用3种，只要2种颜色就够了。（如图5.25.3、5.25.4）

生：4块区域最多4种，最少2种就够了，相对的不相邻，颜色就可以一样。

比较：为什么4个国家涂的颜色反而比3个国家的少呢？

生：因为它们不相邻，相邻的才要不同颜色。

2.研究5个国家、6个国家的涂色问题。

（1）设疑：如果国家的个数增加，那么涂色需要的颜色种数会不会增加呢？

图5.25.5　　　　　　　图5.25.6　　　　　　　图5.25.7

（2）读图：它们有什么不同？

生1：第一幅地图只有5个国家（图5.25.5），第二幅地图多了1个国家（图5.25.6），第三幅图也多了1个国家（图5.25.7）。

生2：第二幅图与第三幅图都有6个国家，但是国家的位置有所不同。

（3）学生操作，交流汇报。

师：图5.25.5用了几种不同的颜色？

多数学生用了3种颜色，个别学生用了4种颜色。

生1：我用了4种不同的颜色（如图5.25.8）。

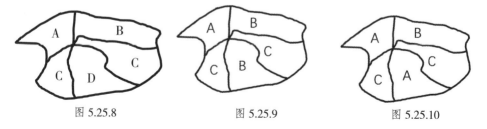

图5.25.8　　　　　　　图5.25.9　　　　　　　图5.25.10

生2：我觉得D可以改成A，也可以改成B，只需要3种不同的颜色。（如图5.25.9、5.25.10）

师：图5.25.6呢？请分别用了2种、3种、4种颜色的同学把作品贴黑板上。

（多数学生用了2种不同的颜色，少数学生用了3种不同的颜色）

师：观察同学们的作品，你们有什么意见或建议？

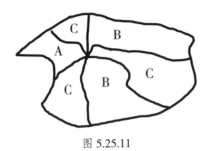

图 5.25.11

生2：如图5.25.11我觉得只用2种不同的颜色就可以了，将图中B改成A，将C改成B。（如图5.25.12）

生3：只要将图中B改成A，原来的C不用改了。（如图5.25.13）

生4：不用这么麻烦，只要将图中A改成B就可以了。（如图5.25.14）

师：用A、B，A、C或者B、C都只有2种不同的颜色，真棒！

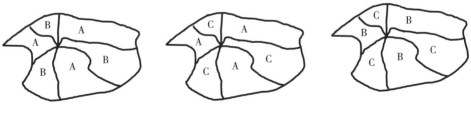

图 5.25.12   图 5.25.13   图 5.25.14

师：为什么多了1个国家，涂的颜色却少了1种呢？

生1：刚才5个国家是单数，如果填了4个国家，第5个国家不能再填A、B了，只能填C，就出现了3种不同的颜色。（如图5.25.15）

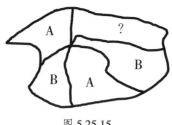

图 5.25.15

生2：6个国家是双数，按A、B、A、B、A、B涂色，正好只需2种不同的颜色。

师：按照这样的规律，图5.25.7只需要2种不同的颜色吗？谁愿意把你们的作品给大家呈现一下？其他同学想想给他们提点什么意见或建议更好。（呈现学生作品如图5.25.16、5.25.17、5.25.18）

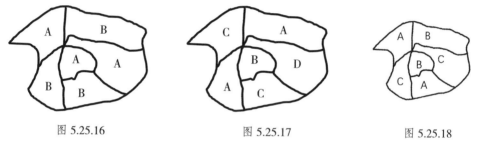

图 5.25.16   图 5.25.17   图 5.25.18

生1：图5.25.16涂2种颜色不够，这样会出现两个相邻的国家涂得是同一种颜色，可以改成如图5.25.19，或者跟图5.25.18一样也可以。

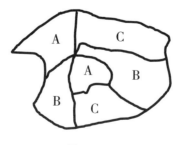

图 5.25.19

生2：图5.25.17涂4种颜色太多了，可以将D改成A，将右上方的A改成B。（如图5.25.20）

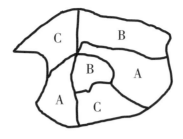

图 5.25.20

师：为什么同样是 6 个国家，却至少需要 3 种颜色呢？

生：这 6 个国家当中有 3 个国家是相互连在一起的，这 3 个国家就需要用 3 种不同的颜色，因此，2 种颜色就不够。

3. 研究 11 个国家的涂色问题。（如图 5.25.21）

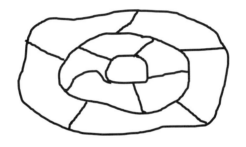

图 5.25.21

（1）猜想：需要涂几种不同的颜色？

生 1：5 种。

生 2：6 种。

生 3：4 种。

……

（2）学生操作后汇报。

生：我用了 4 种不同的颜色。（如图 5.25.22）

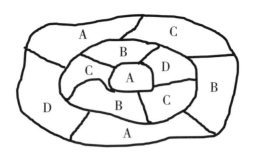

图 5.25.22

师：如果这几个国家的外围是海洋，请问给这张地图涂色，至少需要几种不同的颜色？

生1：5种！海洋用颜色E来涂。

生2：只需要4种就可以了！

师（反问）：4种！行吗？

请同桌两位同学讨论一下。

生：可以的。我们将第2圈中左下方涂B的国家改成涂D，将第3圈中涂D的国家改成涂B，海洋就可以涂D了。（如图5.25.23）

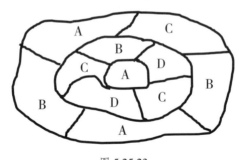

图 5.25.23

师：太棒了！

三、自主设计，深入研究

1.请你设计一幅地图，要求相邻两个国家涂不同的颜色（用不同的字母代替不同的颜色），看一看至少需要涂几种颜色？

呈现学生部分作品（如图5.25.24）：

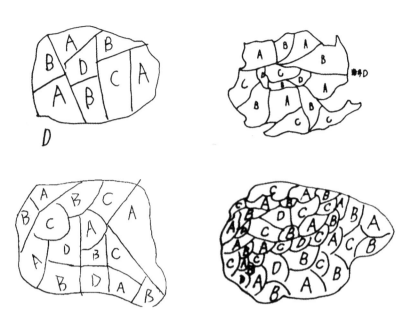

图 5.25.24

2.反思总结。

师：请同学们回顾刚才的研究过程，你发现了什么？

生1：不一定国家越多，涂的颜色就越多。

生2：国家的数量不同，涂色的种类也不同。

生3：至少需要4种不同的颜色。

四、全课总结，文化渗透

1.微课学习。

学习南开大学顾沛教授"四色问题"讲座，以下是微课讲座部分内容。

四色问题也称四色猜想或四色定理，是英国大学生古色利兄弟在1852年首先提出。他们是在为一张英国地图着色时发现的。为了使任意两个具有公共边界的区域颜色不同，似乎只需要四种颜色就够了。

但是他们证明不了这一猜想。于是，请教了英国数学家德·摩根，希望能够得到帮助。摩根很容易地证明了三种颜色是不够的，至少需要四种颜色，但是他没有能够解决这个问题。他将这个问题转给其他数学家研究，包括著名数学家哈密顿。但是四色猜想问题并没有引起一些数学家的重视。

　　直到 1978 年，英国数学家凯莱进行了一番思考之后，认为这不是一个轻易能够解决的问题，并在当年的《伦敦数学会文集》上发表《论地图着色》的文章，才引起了更大的注意。1979 年，一位英国律师肯泊在美国数学杂志上发表论文，宣布证明了四色猜想。但在 11 年后，一位叫希伍德的年轻人指出，肯泊的证明中有严重的错误。一个看起来简单，且似乎容易说清楚的问题，研究起来居然如此困难，这引起了许多数学家的兴趣，体现了这个问题的魅力。

　　实际上，对于地图的着色问题，各个国家的形状大小不重要，而主要在于各个国家的相对位置关系。从数学上看，地图着色问题的实质在于地图的拓扑结构。在解决四色猜想问题遇到严重困难的时候，数学家不得已进行退让。退而求其次，去证明与四色猜想相仿但弱一些的问题。这种退让有两个方向，一种退让是证明五色足够，这个命题很快由希伍德证明；另一种退让是减弱结论。原来是对任意多个国家地图着色，现在减弱为对有限个国家地图着色。了解对于困难的问题研究者如何退让，迂回进行研究也是一种数学素养。关于减弱命题的结论，1920 年富兰克林证明了，不超过 25 个国家的地图，四色猜想是正确的；1926 年雷诺兹证明了，不超过 27 个国家的地图，四色猜想是正确的；1936 年富兰克林证明了，不超过 31 个国家的地图，四色猜想是正确的；1968 年挪威数学家奥雷证明了，不超过 40 个国家的地图，四色猜想是正确的；但是他们都没有最终证明四色猜想问题。直到 1972 年美国伊利诺伊大学的哈肯和何佩尔在前人给出算法的基础上开始用计算机证明，到 1976 年 6 月他们终于证明了四色猜想。他们使用了 3 台超高速电子计算机，用了 1200 小时终于解决了这个问题。这是一个惊人之举，当 1977 年发表研究成果时，当地邮局为了纪念专门设计了邮戳"四色足够"加盖在信封上。这是人类第一次用计算机证明，拓展了人们对证明的理解。计算机的证明能否与人工证明效用相当呢？这引发了数学家从数学和哲学的角度对证明的思考，同时也让我们汲取到数学文化的营养。其实就实际应用来看，真正做地图染色时未必有人在意是否只用了四种颜色，然而数学家仍然对此感兴趣，并投入了大量的时间和精力，这反映人类对客观规律的探索精神和求知热情，这是一种理性的精神和科学的态度，这也是我们可以汲取的文化营养。四色猜想这一难题一百多年得以解决的曲折过程，让我们感受到数学的魅力。

2. 全课总结。

【教学思考】

给地图上的国家涂色（相邻的国家不同色），能否用四种不同的颜色呢？看似简单的问题，困扰了人类很多年，结果于1976年靠大型计算机给出了解答。虽然有人给出了证明，但用的都是图论等高等理论。这样一个有趣的问题，怎样让小学生也有所体验呢？这节课试图进行一些有益的探索实践。

一、在经历猜想中验证过程

世界地图上有220多个国家和地区，而且要求相邻的国家不同色，那么至少需要涂几种不同的颜色呢？学生凭着自己已有的知识与经验进行"胡乱"猜测，但足以说明一般情况下我们对四色问题鲜有研究，常规思维都会停留在10～20种颜色。猜测可以杂乱无章，但研究必须从简入深。学生从简单的3个国家的涂色开始逐步探究，再经历4个国家、5个国家、6个国家、11个国家的自主涂色问题探究活动，逐步发现只需要4种不同的颜色就可以进行涂色。验证的结果与猜测的结果形成了鲜明对比，研究的过程与结果不断冲击学生的观念，国家数量越来越多，涂色需要的颜色却并没有不断增加，这让学生感到震撼。

二、在对比沟通中加深理解

比较是理解的基础，通过比较可以挖掘现象背后的数学原理，激发学生积极思考，让学习走向深入。在研究过程中，多次运用"比较"的方法。第1次比较：4个国家涂色至少需要2种颜色还是4种颜色？第2次比较：4个国家涂的颜色反而比3个国家的少？第3次比较：5个国家至少涂3种还是4种颜色？第4次比较：6个国家至少涂3种颜色还是2种颜色？……在同一幅地图涂色种类的比较中，在不同国家数量的地图的涂色种类比较中，学生逐步了解涂色的基本原则，掌握给地图涂色的方法，并能正确地给有限个国家的地图涂上最少种类的颜色。同时，培养学生的推理能力。

三、在数学文化渗透中感悟原理

四色问题看似简单，其实并不简单，它需要高等理论来证明。研究过程中学生能发现四色问题，但是不清楚其中蕴含着的数学原理，也并不了解数学家为此进行的孜孜不倦的探索与研究。作为小学数学老师，我们无法跟学生解释清楚四色原理，因此需要借助"外力"来帮助学生解惑。所以在学生研究四色问题之后，我用微视频的方式向学生介绍一些数学家研究四色问题的艰辛过程的数学文化史料，让学生感受到数学家对客观规律的探索精神和求知热情，巧妙渗透一种理性的精神和科学的态度，激发学生探究数学的兴趣与积极性。

　　纵观小学数学拓展课的研究过程，前十五年，我们主要关注"教什么，怎么教"；近几年来，我们更加关注"学什么，怎么学"。研究转向，打开了小学数学拓展课研究的另一扇窗。这种转向，让我有了更多地为孩子服务的机会。虽然我任职温州市瓯海区教育局党委委员、两所名校校长以及担任省、市名师工作室导师，工作有点"忙"，但仍然坚持每周三给学生上两节数学拓展课，且这种研究兴趣越来越浓厚。不仅吸引了同事听课，更让学生在课中玩转数学，激发学习兴趣，提高数学素养。

　　2021 年 10 月 15 日，温州大学与温州市瓯海区教育局主办的"罗山·塘河缘"教育高峰论坛暨"陈加仓办学理念"研讨会在温州大学城附属学校召开。中国教育报刊社副社长吕同舟、《中国教师报》编辑部副主任褚清源、《中国教师报》记者钟原、江西教育出版社总编辑桂梅、杭州师范大学初等教育学院原院长徐丽华等多位专家莅临指导。本次活动有主题报告、课例展示、名家思想汇、校园文化广角、师友说、高校乡土文化展、新书发布会、文艺节目、家校共育纪录片等丰富多彩的形式，呈现学校"谐同"教育生机焕发的新样态。同时将小学数学拓展课研究历程及成果分为孕育阶段、初步探究阶段、深入研究阶段、总结提升阶段、推广辐射阶段进行梳理，并以折页形式向大家展示，得到了与会专家的充分肯定。

　　小学教学拓展课的研究转向也得到了桂梅总编辑等专家的充分肯定，并约定将"小学数学拓展课的最新研究成果"交给江西教育出版社出版发行。桂梅总编辑返回江西南昌的第二天，魏文远编辑就发来了 2022 年江西教育出版社选题计划书，并确定在 2022 年 3 月份交稿。我特别感动于江西教育出版社领导与编辑敏锐的眼光以及高效的做事方式，同时，也"逼"着自己进行梳理总结。

"繁杂"的工作，让我不能静心投入，只能利用寒假时间，进行整理总结。截至 2022 年 2 月 6 日（农历虎年正月初六），我终于完成了《小学数学拓展课：学什么，怎么学》一书的初稿。2 月 12 日，我邀请了陈加仓名师工作室学员唐慧荣、符玲利、戴本琴、伍渊泼、戴志远、谷尚品等老师参与研讨，重点找出书稿中存在的问题。如"理论部分"思路不够清晰，逻辑体系未理顺；"案例部分"中"小课题学习"还需要进一步修改与提炼。症结虽已找到，但未达成一致的修改意见。于是，我将它进行了两个星期的"冷"处理。2 月 26 日，我们再次集中研讨，终于确定了调整方案，并于 3 月 6 日完成了此书的第二稿。

此后，我继续邀请了陈加仓名师工作室成员唐慧荣、符玲利、伍渊泼、戴本琴、陈肖慧、杨威、徐滨伊、徐学蕾及符玲利名师工作室学员陈婷婷等老师，参与阅读修改。在此表示衷心的感谢。

此书中的一些案例或观点曾在浙江省教育厅组织的"百人千场"名师送教活动中展示，曾发表在《小学数学教师》《教学月刊》《中国教师报》《浙江教育报》等报纸杂志。在此，特别感谢杭州师范大学初等教育学院原院长徐丽华教授、《中国教师报》编辑部副主任褚清源、《小学数学教师》执行主编蒋徐巍、《教学月刊》副主编邢佳立和编辑王永锋等专家的指导与支持。非常感谢福建师范大学章勤琼教授为此书写序，肯定了我们的研究成果。

由于本人水平有限，书中难免存在纰漏，敬请各位读者多提宝贵意见，以利于鞭策我们的研究继续进行、不断进步，更好地服务于学生的发展。

陈加仓

2022 年 4 月 16 日